2020年度安徽省哲学社会科学规划一般项目
“近代徽州社会基层治理经验研究”（项目编号：AHSKY2020D32）

转型与应对

清末民初徽州民间纠纷与社会治理

张　萍◎著

安徽师范大学出版社
ANHUI NORMAL UNIVERSITY PRESS
·芜湖·

图书在版编目(CIP)数据

转型与应对:清末民初徽州民间纠纷与社会治理/张萍著.—芜湖:安徽师范大学出版社,2022.5

ISBN 978-7-5676-5667-3

Ⅰ.①转… Ⅱ.①张… Ⅲ.①地方政府—行政管理—研究—徽州地区—近代 Ⅳ.①D693.62

中国版本图书馆CIP数据核字(2022)第080680号

转型与应对:清末民初徽州民间纠纷与社会治理 张萍◎著

责任编辑:翟自成　　责任校对:蒋　璐

装帧设计:王晴晴　冯君君　　责任印制:桑国磊

出版发行:安徽师范大学出版社

芜湖市北京中路2号安徽师范大学赭山校区　　邮政编码:241000

网　　址:https://press.ahnu.edu.cn

发 行 部:0553-3883578　5910327　5910310(传真)

印　　刷:苏州市古得堡数码印刷有限公司

版　　次:2022年5月第1版

印　　次:2022年5月第1次印刷

规　　格:700 mm ×1 000 mm　1/16

印　　张:19.75

字　　数:304千字

书　　号:978-7-5676-5667-3

定　　价:69.80元

目　录

绪 论

一、研究区域与时段界定

区域史的研究，大致兴起于20世纪80年代，学者们试图通过对不同区域[①]的研究，找到一条呈现“整体历史”的多维路径，而徽州作为传统中国最具典型意义的区域社会之一，一直广受学者们的关注。

徽州，简称“徽”，古称歙州，又名新安，地处皖、浙、赣三省交界处，山多田少、溪流纵横。其自唐宋以来形成了一府六县的格局，即徽州府下辖歙县、休宁、祁门、黟县、绩溪、婺源（今属江西），一直延续至近代。但由于徽州人多旅居在外经商，故本书的研究范围并不局限于徽州本土，即不只包括一府六县“小徽州”中出现的民间纠纷及治理方案，还包括旅外徽商经营地即“大徽州”中涌现出的矛盾与应对机制。

清末民初之际，国内政权更迭、战乱频仍，僻处皖南一隅的徽州本土即“小徽州”也经历着转型阵痛的打击，政治混乱，经济萧条，风俗败坏。在此背景下，素称健讼的徽州民众为争夺有限资源与保卫自身权益而愈益纷争不断。同样，旅外徽商聚集之地“大徽州”也不平静。徽商在客居地建立了以“联络乡谊、救助同乡”为宗旨的会馆公所、殡所义阡等善堂组织，在其善堂运营中也时常遭遇当地土著的阻挠和破坏。这些都给“大小徽州”的当权者带来了治理考验。本书在全面梳理清末

① 学者们进行区域研究时，首选的是以行政区划为单位进行切入。当然也有学者尝试以市场、流域为中心开展相关研究的。如施坚雅《中华帝国晚期的城市》，王尚义、张慧芝《关于创建“历史流域学”的构想》等。参见胡恒：《皇权不下县？——清代县辖政区与基层社会治理》，北京师范大学出版社2015年版。

民初徽州民间纠纷资料并与晚清以前进行纵向对比的基础上，总结归纳出清末民初徽州民间纠纷的特点及徽州宗族、徽商协助官府开展的治理措施，以期加深学界对转型期“大小徽州”民间社会的了解。

本书研究的时段为清末民初（1840—1928）近九十年。众所周知，1840年是中国历史发展的分水岭。鸦片战争后，中国的社会性质发生变化，独立自主的中国逐渐滑入半殖民地半封建社会的深渊。在这“数千年未有之变局”中，偏处皖南一隅的徽州民间社会也发生了诸多变化，新的矛盾和纠纷日益凸显，这为我们开展民间纠纷及社会治理研究提供了平台。1927年对乡村政权建设来讲，是一个重要节点，作为县级政权派出机构“区”的设置，改变了传统社会“县”以下不设治的传统，使得乡村自治的空间被大大压缩。而伴随着1928年“东北易帜”的完成，中华民国在形式上完成了中国的统一，中国历史掀开了新的篇章。

在正式研究之前，有必要先厘清民间纠纷与社会治理的概念。本书所研究的民间纠纷，主要是传统社会所定义的有关土地、债务、继承和婚姻等户婚田土细故，即民事纠纷部分。这些细故之所以引起当时民众的重视与关注，源于生产力低下，以家庭为单位的财产十分有限。因此，在今天看来价值不高的细故，在当时却极有可能是他们日常生活中不可或缺的重要资产①。他们为捍卫自身的财产利益不受侵犯，故而纷争不断。“治理”一词可以拆分开来理解，“治”的本义是水的名称，后引申为有效管理、治理。“理”的本义是指攻玉的方法，后引申为遵循规律、规则、道理、秩序行事。至战国晚期，人们已将“治”与“理”二字的引申义合并为“治理”一词，指国家管理应按照某种规律、规则行事②，即管理控制社会之意。故狭义的“社会治理”即平息纷争，广义的“社会治理”即管理控制社会。本书所研究的社会治理是广义的，即取其管理控制社会之意。在传统家国同构的体制下，封建统治机构主要是借助各地的宗族、乡绅对民间社会进行管控，纠纷治理与行政管理是合二为一的。

① 田涛:《千年契约》,法律出版社2012年版,第141页。

② 卜宪群:《中国古代“治理”探义》,《政治学研究》2018年第3期。

二、既有研究与思路方法

民间纠纷的研究，很早就引起了国内外学者的兴趣。他们关注的焦点主要集中在以下两个方面：其一是传统中国社会的诉讼性质，其二是纠纷调处的方式。关于传统中国社会的诉讼性质，主要有三种观点，即无讼说、健讼论和调和说。关于无讼说，费孝通[①]、梁治平[②]、张晋藩[③]等人认为中国是个无讼社会，任志安《无讼：中国传统法律文化的价值取向》[④]，何铭《论“无讼”》[⑤]，李显冬、姜涛《传统“无讼”观与移植法律在当代中国的碰撞与融合》[⑥]，游志强《“无讼”思想对中国古代法制的影响与当代启示》[⑦]等文，分别从思想文化根源、政治基础、经济基础、社会基础和法律文化基础等方面探讨了无讼思想的成因及影响。与无讼说相反，邱澎生[⑧]、陈宝良[⑨]、侯欣一[⑩]、邓建鹏[⑪]等人认为无讼只是一种理想的境界，好讼才是中国社会的现实。日本学者夫马进曾开创性

① 费孝通认为传统中国的社会秩序是“皇权无为，衙门无讼”，并根据自己20世纪30年代在苏南农村生活的社会事实进行佐证，提出了“礼治秩序”的理论命题。他认为礼治机制在乡土社会发挥着纠纷解决与秩序维持的主导功能，打官司也就成了一种可羞之事，表示教化不够，甚至被认为是“败类”人物所为。详见费孝通：《乡土中国 生育制度 乡土重建》，商务印书馆2015年版。

② 梁治平：《寻求自然秩序中的和谐——中国传统法律文化研究》，商务印书馆2013年版。

③ 张晋藩：《中国法律的传统与近代转型》，法律出版社2009年版。

④ 任志安：《无讼：中国传统法律文化的价值取向》，《政治与法律》2001年第1期。

⑤ 何铭：《论“无讼”》，《江苏大学学报》（社会科学版）2004年第6期。

⑥ 李显冬、姜涛：《传统“无讼”观与移植法律在当代中国的碰撞与融合》，《学习与探索》2006年第4期。

⑦ 游志强：《“无讼”思想对中国古代法制的影响与当代启示》，《华侨大学学报》（哲学社会科学版）2019年第4期。

⑧ 邱澎生：《“法律文化”对法律史研究的效用：评梁治平编〈法律的文化解释〉》，《新史学》1999年第2期。

⑨ 陈宝良：《从“无讼”到“好讼”：明清时期的法律观念及其司法实践》，《安徽史学》2011年第4期。

⑩ 侯欣一：《清代江南地区民间的健讼问题——以地方志为中心的考察》，《法学研究》2006年第4期。

⑪ 邓建鹏：《健讼与贱讼：两宋以降民事诉讼中的矛盾》，《中外法学》2003年第6期；《健讼与息讼——中国传统诉讼文化的矛盾解析》，《清华法学》2004年第1期；《清代健讼社会与民事证据规则》，《中外法学》2006年第5期。

地将明末以后的中国社会形容为“诉讼社会”[①]。日本学者滋贺秀三认为，较之现在的日本民事诉讼，清代中国的“打官司”与民众日常生活的距离可能要近得多[②]。黄宗智也是健讼论的支持者，他认为中国官方的表达与实践存在背离，官方的表达给我们的印象是民事诉讼不多。然而，现实的诉讼档案显示的却是另一番图景，即大多数涉讼者都是普通民众，普通乡民进入法庭的数量足以使法律诉讼成为大多数村庄集体记忆的一个组成部分[③]。

相比以上两种观点，持调和说的学者则要理性客观得多。徐忠明、杜金《清代诉讼风气的实证分析与文化解释——以地方志为中心的考察》[④]，范愉《诉讼社会与无讼社会的辨析和启示——纠纷解决机制中的国家与社会》[⑤]，王宗勋《好讼与无讼：清代清水江下游两种不同权利纠纷解决机制下的区域社会》[⑥]，黄艺卉《诉讼人口比与清代诉讼实态——以巴县为例》[⑦]等文，以地方志和区域文书为研究切入点，认为好讼与无讼没有统一的标准，需结合地域特点、时代背景、人口比例、经济发展水平等进行综合考量。正所谓“‘健讼’‘无讼’实则是一个话语的表达，官方及书写者关于‘健讼’的描述与‘无讼’一样，是一个基于道德和现实层面的价值判断”[⑧]。

关于纠纷调处的方式，学界对此研究相对较为成熟，普遍认为民间纠纷调处分为官府调处、民间调处（具体可包括宗族调处、中人调处、

① [日]夫马进：《明清时代的讼师与诉讼制度》，载[日]滋贺秀三等著，王亚新、梁治平编：《明清时期的民事审判与民间契约》，法律出版社1998年版。

② [日]滋贺秀三：《清代中国的法与审判》，创文社1984年版。

③ 黄宗智：《清代的法律、社会与文化：民法的表达与实践》，法律出版社2014年版。

④ 徐忠明、杜金：《清代诉讼风气的实证分析与文化解释——以地方志为中心的考察》，《清华法学》2007年第1期。

⑤ 范愉：《诉讼社会与无讼社会的辨析和启示——纠纷解决机制中的国家与社会》，《法学家》2013年第1期。

⑥ 王宗勋：《好讼与无讼：清代清水江下游两种不同权利纠纷解决机制下的区域社会》，《贵州大学学报》（社会科学版）2016年第6期。

⑦ 黄艺卉：《诉讼人口比与清代诉讼实态——以巴县为例》，《法律和社会科学》2018年第1期。

⑧ 吴佩林：《清代地方社会的诉讼实态》，《清史研究》2013年第4期。

亲邻调处、士绅调处和乡保调处等）两种方式，且民间法与国家法之间进行了很好的配合。如郑秦、张晋藩、冯尔康[①]等人看到了宗族在民间调解中的特殊作用。朱勇、梁治平等人认为，宗族、家族等“民间法”或“习惯法”与“国家法”互动存在，由此构成了二元格局[②]。傅衣凌认为，乡族族规、乡例等“私法”，其在解决民间纠纷方面起着国家法无法替代的作用[③]。日本学者滋贺秀三认为，清代民事诉讼是一种教谕式调解，州县官审理的主要依据是情理而非严格意义上的律令[④]。黄宗智从档案研究出发，认为中国由地方自身提名的“乡保”等准官员在纠纷调解中起到了很大的作用[⑤]。

除全国范围内的总体研究外，20世纪八九十年代后，伴随着各地文书资料及官方档案的开放出版，区域诉讼研究也大放异彩。学者们开始以区域研究为着力点，探寻民间纠纷的解纷机制及相应的治理研究。有关这方面的研究成果层出不穷，研究的热点主要集中在文书与档案资料比较丰富的黔东南、四川巴县、台湾等地区[⑥]。日本学者滋贺秀三在对台

① 郑秦:《清代法律制度研究》,中国政法大学出版社2000年版;张晋藩:《中国法律的传统与近代转型》,法律出版社2009年版;冯尔康:《清代宗族、村落与自治问题》,《河南师范大学学报》(哲学社会科学版)2005年第6期。

② 朱勇:《清代宗族法研究》,湖南教育出版社1987年版;梁治平:《清代习惯法:社会与国家》,中国政法大学出版社1996年版。

③ 傅衣凌:《中国传统社会:多元的结构》,《中国社会经济史研究》1988年第3期。

④ [日]滋贺秀三:《清代诉讼制度之民事法源的考察——作为法源的习惯》,载[日]滋贺秀三等著,王亚新、梁治平编:《明清时期的民事审判与民间契约》,法律出版社1998年版。

⑤ 黄宗智:《集权的简约治理:中国以准官员和纠纷解决为主的半正式基层行政》,载黄宗智主编:《中国乡村研究》第五辑,福建教育出版社2007年版。

⑥ 如梁聪:《清代清水江下游村寨社会的契约规范与秩序——以文斗苗寨契约文书为中心的研究》,人民出版社2008年版;梁聪、刘振宇:《清代黔东南地区社会变迁与苗民民间纠纷解决方式的演变——以锦屏县文斗解纷文书为分析材料》,载陈金全、汪世荣主编:《中国传统司法与司法传统》,陕西师范大学出版社2009年版;吴才茂:《理讲、鸣神与鸣官:民间文献所见明清黔东南纠纷解决机制的多元化研究》,载常建华主编:《中国社会历史评论》第十五卷,天津古籍出版社2014年版;吴才茂、李斌:《清代黔东南地区的乡村社会控制——以新见官文书为中心》,《中国社会经济史研究》2017年第1期;邓建鹏:《清代州县讼案的裁判方式研究——以“黄岩诉讼档案”为考查对象》,《江苏社会科学》2007年第3期;陆娓:《清代乡里调解制度研究——以“黄岩档案”和“巴县档案”为例》,《求索》2013年第11期;魏顺光:《清代坟产争讼中的“民间调处”——以巴县档案为中心的考察》,《江汉论坛》2013年第4期等。

湾淡新档案进行研究后指出，在民间纠纷层面，国家审判与民间调停同时进行、相互补充，民间社会秩序因此而得以良性运转[①]。黄宗智在对台湾淡新、四川巴县等档案资料研究的基础上，对滋贺秀三的观点提出了质疑。他认为地方官审判是基于律例反映当事者一方的主张，完全不同于民间调停。据此他提出了一个“第三领域”的概念，认为清代许多诉讼并不是在官府审判或民间调停层面完成的，而是在乡保和衙役作用下于独立于此的“第三领域”内解决的[②]。日本学者寺田浩明在比较滋贺秀三和黄宗智两人的观点后，重新探讨了民事审判的特点。如在对明清乡村秩序的考量上，他认为明末乡村社会中缔结的禁约、乡约、盟约与个人间的私约、调停以及地方官告示和审判等，在相互对抗与统合中，一起构成了明清乡村秩序[③]。日本学者武内房司、岸本美绪在对清水江流域进行考察后，也认可契约在处理林业纠纷中的重要意义，当人们逾越这个规范时，民间纠纷的解决途径主要有理讲、鸣神、鸣官三种[④]。

在区域研究中，以涉及徽州地区的研究最为突出。众所周知，徽学的萌芽、发展及繁荣，经历了数十年的艰辛历程。20世纪50年代，伴随着大批徽州文书的发现与流传，徽州地区开始引起学者们的关注，20世纪80年代后，徽学作为一门新学科蔚然兴起，涉及的研究领域也十分广泛[⑤]。有关徽州民间纠纷与诉讼的研究，国内涉及较早的学者为叶显恩，

---

① [日]滋贺秀三：《清代州县衙门诉讼的若干研究心得——以淡新档案为史料》，载刘俊文主编，姚荣涛、徐世虹译：《日本学者研究中国史论著选译》第八卷《法律制度》，中华书局1992年版。

② 黄宗智：《清代的法律、社会与文化：民法的表达与实践》，法律出版社2014年版。

③ [日]寺田浩明：《清代民事司法论中的“审判”与“调停”——兼论菲利普·黄的近作》，《中国史学》第5号，1995年；[日]寺田浩明：《明清时期法秩序中“约”的性质》，载[日]滋贺秀三等著，王亚新、梁治平编：《明清时期的民事审判与民间契约》，法律出版社1998年版。

④ [日]武内房司：《鸣神和鸣官：清代贵州苗族林业契约文书所见苗族的习俗和纷争处理》，载唐立、杨有赓、[日]武内房司主编：《贵州苗族林业契约文书汇编（1736—1950年）》第三卷《史料·研究篇》，东京外国语大学2003年版；[日]岸本美绪著，张微译：《贵州山林契约文书与徽州山林契约文书比较研究》，《原生态民族文化学刊》2014年第2期。

⑤ 日本学者中岛乐章认为，徽州文书的研究领域大致可分为九类，即土地制度史研究，地主制及租佃关系研究，佃仆制、奴仆制研究，赋役制度研究，徽州商人研究，家族、宗族制度研究，诉讼、纠纷及地方行政研究，社会史、生活史研究，教育、民间信仰及民众文化研究。参见[日]中岛乐章著，郭万平、高飞译：《明代乡村纠纷与秩序：以徽州文书为中心》，江苏人民出版社2010年版。

他在《明清徽州农村社会与佃仆制》中，在论述徽州佃仆制之余，也提及了徽州祠堂、族长、族田在解决民间纠纷中所起的作用[①]。到了20世纪90年代，伴随着徽学研究热的兴起，徽州民间纠纷与诉讼研究也取得了很大的进展。大体来看，其研究范围和内容主要集中在诉讼文本、法制文化、解纷机制和地方社会这四个方面。

1. 对诉讼文本的研究

对诉讼文本的研究主要集中在如何对诉讼文书或法律文书进行科学分类，毕竟这是开展相关研究的前提。卞利在《明清徽州社会研究》一书中，从文书内容性质方面将明清徽州法律文书分为六大类，即田宅买卖文书、土地租佃文书、诉讼文书、官府司法文书、乡规民约（民间习惯法）、讼师秘本类[②]。韩秀桃从官府审案流程方面将诉讼文书分为四大类，即告状文书、审案文书、干证文书和息讼文书[③]。郑小春在此基础上增加了案卷文书，即分为五个类别，包括互控文书、审判文书、干证文书、息讼文书、案卷文书[④]。熊远报依据诉讼文书递交的历程，将徽州诉讼文书分为三种类型，即原件文书、诉状的草稿及民间抄录并保存的相关诉讼文书、抄招给帖。阿风在此基础上，依据徽州诉讼文书的存在形态和诉讼过程，进行了更科学的分类。如他认为从诉讼文书的存在形态来看，可概括为三类，即诉讼案卷与官府发出的诉讼文书、“执照”与“抄招帖文”、民间文书[⑤]。

2. 对法制文化的研究

对徽州法制文化的研究，主要集中在两个方面：一是对徽州法律文化本体的解读即“无讼与健讼”的争论，二是通过徽州法律文化来验证中国传统法律在基层运作的弹力空间即“国家法与民间法”的关系。

传统中国社会虽然有“无讼”的政治理想，然而，近些年来的研究

① 叶显恩:《明清徽州农村社会与佃仆制》，安徽人民出版社1983年版。

② 卞利:《明清徽州社会研究》，安徽大学出版社2004年版。

③ 韩秀桃:《明清徽州的民间纠纷及其解决》，安徽大学出版社2004年版。

④ 郑小春:《明清徽州诉讼文书研究》，安徽大学博士学位论文，2007年。

⑤ 阿风:《明清徽州诉讼文书研究》，上海古籍出版社2016年版，第18页。

发现，传统中国特别是徽州地区实际上是一个“好讼社会”。徽州早在两宋时期就形成了“民习律令，性喜讼”的社会风气，到明清时期则发展为“俗多负气，讼起微杪，而蔓延不休”[①]。关于这方面的研究，以卞利最多。他在20世纪90年代相继发表了一系列论文，如《明中叶以来徽州争讼和民俗健讼问题探论》《明清徽州民俗健讼初探》《明代徽州的地痞无赖与徽州社会》等，探讨了明清徽州健讼的性质、内容及根源。他指出明清徽州争讼之习源于宋代，在明代中叶基本定型，其健讼内容主要涉及田宅、山林、坟墓、水利、婚姻、继承和债务等方面，明代徽州健讼的根源在于地痞无赖横行[②]。韩秀桃从法律文化学的视角切入民间社会后认为，所谓的“无讼”实际上是国家统治层面的人们对于民间社会的一种“远距离想象”的结果。对于明清的徽州人来讲，并不是“健讼”之风的盛行使得民间纠纷和民间诉讼有增无减，恰恰相反，正是民间纠纷的必然性和必要性促使民众选择了调解或诉讼[③]。阿风在对明清徽州诉讼文书深入探讨的基础上，指出宗族的发展与国家政策的调整是徽州健讼的重要原因，徽州健讼现象不仅是为着经济目的，更是宗族寻求国家认同的过程[④]。

关于国家法与民间法的互动关系，学者们分别从村规民约、宗族公

① 许承尧撰，李明回、彭超、张爱琴校点：《歙事闲谭》卷十八《歙风俗礼教考》，黄山书社2001年版，第605页。

② 参见卞利：《明中叶以来徽州争讼和民俗健讼问题探论》，载《明史研究》第三辑，黄山书社1993年版；《明清徽州民俗健讼初探》，《江淮论坛》1993年第5期；《明代徽州的地痞无赖与徽州社会》，《安徽大学学报》（哲学社会科学版）1996年第5期；《明代徽州的民事纠纷与民事诉讼》，《历史研究》2000年第1期。

③ 韩秀桃：《法理与私情之间——关于明清徽州民间纠纷以及解决方式的几点认识》，《清华法治论衡》2006年第2期。

④ 阿风：《明清徽州诉讼文书研究》，上海古籍出版社2016年版。

约[①]、民间合约[②]、民间私约和民间习惯[③]、禁约合同[④]等方面入手，探讨了其与国家法之间既融合又冲突的关系。

3. 对解纷机制的研究

对于徽州民间纠纷的解纷机制，学者们分别从不同层面进行了探讨。在民间视角方面，卞利认为，徽州民间纠纷一般是先由宗族，再由“文会”，如不能决，则讼于官[⑤]。陈柯云与卞利一样，也关注到了地方宗族在解决民间纠纷中的重要作用，陈柯云认为，明中叶以后，随着宗族权势的日益加强，某些宗族组织逐渐控制了乡村的司法仲裁权，形成了“家法大于国法”的局面。徽州宗族大都规定，当族内发生纠纷争执等事时，由宗族族长、房长等主持的审判，是解决争执的首要必经程序。族人不许不经宗族，径自向官府投诉，也不许自行解决，要一听宗族裁判[⑥]。关于文会的解纷职能，众多学者也进行了相关解读[⑦]。

除民间视角外，还有部分学者从官方层面对此进行了探讨。周绍泉

① 卞利：《明清徽州的村规民约研究》，南京大学博士学位论文，2005年；《明清时期徽州的宗族公约研究》，《中国农史》2009年第3期。

② 郑小春：《明清徽州宗族与乡村治理：以祁门康氏为中心》，《中国农史》2008年第3期；《清代徽州的民间合约与乡村治理》，《安徽大学学报》（哲学社会科学版）2009年第1期。

③ 田涛：《徽州民间私约研究及徽州民间习惯调查》上册，法律出版社2014年版；春杨：《清代民间纠纷调解的规则与秩序——以徽州私约为中心的解读》，《山东大学学报》（哲学社会科学版）2008年第2期。

④ 童旭、丁亚兰：《论清代徽州禁约合同——兼议与禁约告示、禁约碑之区别》，《西南政法大学学报》2013年第5期；陈云朝、童旭：《论清代徽州禁约合同——以俞藏48件徽州禁约文书为中心》，《安徽师范大学学报》（人文社会科学版）2014年第4期。

⑤ 卞利：《明清徽州民俗健讼初探》，《江淮论坛》1993年第5期。

⑥ 陈柯云：《明清徽州宗族对乡村统治的加强》，《中国史研究》1995年第3期。

⑦ 葛庆华利用方志等材料分析了徽州文会的组成类别及相应功能，即在教育、娱乐的功能之上，又衍化出教化与仲裁的功能。施兴和、李琳琦从教育史研究出发，在肯定文会教育功能的基础上，也谈及其具有教化与仲裁的职能。唐力行也对文会构成和职能进行了细致分析，认为单姓村落的文会，一般来说是由同族文人组成，除发挥上述提及的科举与亲善作用外，还具有仲裁功能。在多姓村落，文会是由几个宗族的乡绅组成，具有地缘和血缘双重特征，当地方上每有超越宗族的事务或各宗族之间发生矛盾冲突时，就由文会等来协调。参见葛庆华：《徽州文会初探》，《江淮论坛》1997年第4期；施兴和、李琳琦：《明清徽州的书屋、文会及其教育功能》，《华东师范大学学报》（教育科学版）2000年第4期；唐力行：《延续与断裂：徽州乡村的超稳定结构与社会变迁》，商务印书馆2015年版，第65—66页。

在《明清徽州诉讼案卷与明代地方裁判梗概》一文中，利用争产帖文、状文、拘票、信牌等官方诉讼原件，在概括明清徽州诉讼案卷特点的基础上，探讨了里长、老人等官府设立的基层组织在地方裁判体制中所起的作用，以及各个时期所起的地位的变化。其在该文中还对黄宗智所谓的“第三领域”进行了批判，指出里老拘审的地位虽在明末已渐沦丧，但在地方裁判与息讼案件中，都是“揆理准情，缘情定法”，根本不存在所谓的“第三领域”[①]。郑小春也认为明初以实现“乡村自治”为目的的里老制度，在缓解官府办案压力、维护乡村稳定方面一度起到了相当大的作用[②]。

更多的学者则是从官民结合的角度看待徽州民间纠纷的解决。如常建华认为，乡约与徽州宗族统治的结合，使得徽州宗族乡约化，宗族与官府互动密切，基层社会日趋稳定[③]。杨克峰、王海洋也执此观点，认为明中期后，徽州地区出现的宗族乡约化，使得官府借助宗族力量教化民众，只要不发生民众暴动等威胁其统治的行为，官府更趋向于向这种民间习惯让步[④]。刘道胜指出，明清徽州地方纠纷与诉讼多在民间范畴内得以调处，并在各阶段有不同的特点。大体来看，明中期以前民间纠纷由里长和老人加以裁判，明中期以降至清，保甲、乡约逐渐取代里老调处；明中期后，宗族和文会等民间团体在调处中发挥的作用增大[⑤]。

日本学者中岛乐章自20世纪90年代开始，相继撰写了《从〈茗洲吴氏家纪〉看明代的纠纷处理程序》《明代后期徽州乡村社会的纷争处理》《围绕明代徽州一宗族的纠纷与同族统合》《清代徽州的山林经营、纷争

① 周绍泉：《明清徽州诉讼案卷与明代地方裁判梗概》，《第七届明史国际学术讨论会论文集》，1999年。

② 郑小春：《里老人与明代乡里纷争的解决：以徽州为中心》，《中国农史》2009年第4期；《明初徽州里老人理讼制度刍议》，《厦门大学法律评论》2013年第1期。

③ 常建华：《明代徽州的宗族乡约化》，《中国史研究》2003年第3期。

④ 杨克峰、王海洋：《明代徽州民间财产继承方式和国家继承法的冲突与整合》，《重庆交通大学学报》（社会科学版）2010年第1期。

⑤ 刘道胜：《明清徽州的民间调处及其演变——以文书资料为中心的考察》，《安徽师范大学学报》（人文社会科学版）2008年第4期。

及宗族形成——祁门三四都凌氏文书研究》等一系列论文，探讨了明清两代特别是明代纠纷的解纷机制[①]。中岛乐章在《明代乡村纠纷与秩序：以徽州文书为中心》一书中认为，在明代前中期徽州乡村社会中，里长与老人一起在纠纷诉讼处理中发挥了重要作用。明后期后，老人制难以维持乡村秩序，乡约、保甲逐渐取代以往的老人制担当起纠纷处理重任，但此时里甲制并未完全退出历史舞台，仍与保甲、乡约并存，成为与宗族、村落相联结的基本乡村组织[②]。熊远报在《清代徽州地域社会史研究》一书中，以婺源县的两起纠纷为例，探讨了中人、宗族、乡约、保甲、官府对解决村内纷争的不同作用。他认为，村落内、村落间的纠纷是由当地乡约平息，而同族内纠纷多由宗族担当调停和仲裁，族内村内生员也常常作为调停者出现[③]。日本学者涩谷裕子在《明清徽州农村的"会"组织》中对具有解纷职能的文会组织进行了总结，他认为文会作用有二，一是具有科举考试预备班的性质，二是起着亲善的作用[④]。韩国学者朴元熇通过对明代歙县柳山方氏与吴氏、潘氏围绕真应庙祀产百年之争分析后认为，随着明代商品经济的发展，生存竞争日益激烈，宗族间的纠纷时常发生，而里甲制的衰落，纠纷调解功能衰弱的现实，更加剧了明中叶后徽州乡村社会的失衡状态[⑤]。韩国学者金仙憓在其博士学位论文中对明代里老人理讼制度进行了认真梳理[⑥]。韩国学者权仁溶从分析众

---

① 参见[日]中岛乐章：《从〈茗洲吴氏家纪〉看明代的纠纷处理程序》，载周绍泉、赵华富主编：《'95国际徽学学术讨论会论文集》，安徽大学出版社1997年版；《明代后期徽州乡村社会的纷争处理》，《史学杂志》1998年第9号；《围绕明代徽州一宗族的纠纷与同族统合》，《江淮论坛》2000年第2、3期；《清代徽州的山林经营、纷争及宗族形成——祁门三四都凌氏文书研究》，《江海学刊》2003年第5期。

② [日]中岛乐章著，郭万平、高飞译：《明代乡村纠纷与秩序：以徽州文书为中心》，江苏人民出版社2010年版。

③ 熊远报：《清代徽州地域社会史研究》，汲古书院2003年版。

④ [日]涩谷裕子：《明清徽州农村的"会"组织》，载周绍泉、赵华富主编：《'95国际徽学学术讨论会论文集》，安徽大学出版社1997年版。

⑤ [韩]朴元熇：《从柳山方氏看明代徽州宗族组织的扩大》，《历史研究》1997年第1期。

⑥ [韩]金仙憓：《明代徽州之诉讼与乡村组织研究》，高丽大学博士学位论文，2003年。

多的赋役文书和诉讼案件入手，探讨了明清时期丈量与里甲制的实态[①]。韩国学者洪性鸠以隆庆六年（1572）祁门《文堂陈氏乡约家法》为例，探讨了乡约制定与实施过程中，与宗族及国家政权之间协同互动的密切关系[②]。

上述学者的研究，让我们看到了官方准行政组织与民间力量在解决徽州民间纠纷中所起的作用。

4.对地方社会的研究

关于这方面的研究成果，主要集中在两个方面：一是以点带面，通过追踪民间纠纷或诉讼个案解决的历程，来观察当时徽州社会的状况；二是以此为起点，进一步分析调解人或调解机制在推动纠纷解决中所起的作用及加强纠纷治理的措施。关于第一个方面即透过纠纷个案看社会，一直以来都是学者们关注的焦点，且大多数学者都选择主仆纠纷或墓祠纠纷作为个案分析的切入点。如周绍泉、陈柯云、阿风、张萍、黄忠鑫、冯剑辉等人即以主仆纠纷为研究切入点[③]，阿风、卜永坚、张佩国、郑小

① [韩]权仁溶:《从祁门县“谢氏纷争”看明末徽州的土地丈量与里甲制》,《历史研究》2000年第1期。

② [韩]洪性鸠:《明代中期徽州的乡约与宗族的关系——以祁门县文堂陈氏乡约为例》,《上海师范大学学报》(哲学社会科学版)2005年第2期。

③ 周绍泉:《清康熙休宁“胡一案”中的农村社会和农民》,载周绍泉、赵华富主编:《’95国际徽学学术讨论会论文集》,安徽大学出版社1997年版;陈柯云:《雍正五年开豁世仆谕旨在徽州的实施——以〈乾隆三十年休宁汪、胡互控案〉为中心》,载《清史论丛》编委会编:《清史论丛》,辽宁古籍出版社1996年版;阿风:《明代后期徽州诉讼案卷〈不平鸣稿〉探析》,载中国社会科学院历史研究所明史研究室编:《明史研究论丛》第九辑,紫禁城出版社2011年版;张萍:《清代徽州民间社会秩序初探——以清康熙三十二年一佃仆纠纷为例》,《淮南师范学院学报》2008年第1期;黄忠鑫:《清代徽州边缘村落的大小姓纠纷——以〈跳梁记事〉为中心》,载《徽学》第八卷,黄山书社2013年版;冯剑辉:《明代徽州“义男”新探——以嘉靖祁门主仆互控案为中心》,《安徽大学学报》(哲学社会科学版)2014年第6期。

春[①]等人即以墓祠纠纷为个案探讨。日本学者中岛乐章和熊远报分别以主仆纠纷[②]和婺源西关坝建立[③]为研究个案，在剖析其解纷方式之余，也带领读者从另一个侧面了解明清徽州社会。

关于第二个方面，即分析调解人或调解机制在推动纠纷解决中所起的作用及加强纠纷治理的措施，学者们也展开了相关研究。如前所述，大多数学者均认可诸如宗族等社会组织、里老保甲乡约等准行政组织在协助官府调解纠纷中所起的重要作用，除此之外，还应包括士绅等社会精英的参与[④]。中国传统乡村社会是由官方保甲制度、民间宗族组织和乡绅统治结合在一起的乡村自治。关于纠纷治理方面的研究，以陈瑞最多，他先后发表了《明清时期徽州宗族对社会问题的控制》《明清时期徽州宗族内部的社会秩序控制》《明清时期徽州宗族内部合同条约的控制功能》《明清徽州官府和社会力量对停丧不葬问题的管控与治理》等文章。他认为明清时期官府和宗族参与治理的社会问题主要包括赌博、盗窃、溺女、假命图赖、凶暴、健讼、生态环境恶化、停丧不葬等，参与治理的手段主要包括订立合同条约、颁发告示、经济资助与教化、调解、惩罚和送

---

① 阿风：《从〈杨干院归结始末〉看明代徽州佛教与宗教之关系——明清徽州地方社会僧俗关系考察之一》，载《徽学》2000年卷，安徽大学出版社2001年版；卞永坚：《明清徽州程元谭墓地的纠纷：以〈新安程氏家乘〉为中心》，载《徽学》第五卷，安徽大学出版社2008年版；张佩国：《风水与坟业的历史民族志——清代光绪十八年绩溪司马墓"盗葬案"探析》，《西南民族大学学报》（人文社会科学版）2011年第3期；张佩国：《祖先与神明之间——清代绩溪司马墓"盗砍案"的历史民族志》，《中国社会科学》2011年第2期；郑小春：《汪氏祠墓纠纷所见明清徽州宗族统治的强化》，《安徽大学学报》（哲学社会科学版）2007年第4期。

② [日]中岛乐章：《明末徽州的佃仆制与纷争》，《东洋史研究》1999年第3号。

③ 熊远报：《清代徽州地方地域纷争中的社会结构形态——以乾隆时期婺源县西关坝诉讼案为中心》，《东洋学报》1999年第1号。

④ 陈柯云认为，明清徽州的乡约掌握在乡绅地主之手，既加强了乡绅地主的实力，又起到了填补基层统治漏洞和空白的作用。叶舟以明末休宁士绅金声在救荒减灾、缉盗、地方防护和乡村教化等方面所起的作用为切入点，探讨了传统士绅在面临社会危机时的行为及其作用。唐力行、张翔凤认为，传统中国社会国家与民众之间存在着巨大的权力空间，这一空间由乡绅和宗族祠堂来填补，他们之间紧密结合，担当起了基层政权的众多管理职能，从而有效实现了对地方社会的控制。参见陈柯云：《略论明清徽州的乡约》，《中国史研究》1990年第4期；叶舟：《危机时期的士绅与地方：以休宁金声为例》，《安徽史学》2005年第1期；唐力行、张翔凤：《国家民众间的徽州乡绅与基层社会控制》，《上海师范大学学报》（哲学社会科学版）2002年第6期。

官惩治等，在这些治理措施下，才维持了徽州宗族社会秩序的稳定与徽州社会的持续繁荣[①]。除陈瑞外，王灿、张小坡等人也围绕遏制健讼、发展教育和严禁烟赌等问题展开了论述[②]。此外还有学者以个案研究为切入点，探析了民间合约、内在机制等措施在宗族治理中的特殊地位[③]，以及保甲制在村族治理中的重要作用[④]。

综上所述，多年来国内外学者已从诸多方面对徽州民间纠纷及与此相关的纠纷治理问题进行了多方位的研究，取得了丰硕的成果。但也存在明显不足，这主要表现在以下三个方面。其一，研究时段及内容单一。目前关于徽州民间纠纷的研究，从时段上来看大都集中于明清时期，特别是明后期与清前期，清末民初这一转型时段甚少有学者涉及。从内容上来分析，主要停留在解纷机制层面，缺乏对治理举措及成效的长效机制的探讨。其二，研究视角局限。缺乏宏观与微观、纵向与横向对比研究的视角。其三，研究资料利用不足。学者们利用文书与方志资料有余，缺乏家谱、官方文集与征信录资料的综合采用。这些不足使得本书的研究有了进一步深入细化的空间。

本书的研究可分为四个部分。第一部分为第一、二两章，拟在广泛占有明清两代及民国初年纠纷诉讼原始资料的基础上，在纵向对比中概括出清末民初徽州民间纠纷的总体类型与时代特色，管窥此时段民间社

---

① 参见陈瑞:《明清时期徽州宗族对社会问题的控制》,《中国农史》2007年第4期;《明清时期徽州宗族内部的社会秩序控制》,《安徽师范大学学报》(人文社会科学版)2007年第2期;《明清时期徽州宗族内部合同条约的控制功能》,载《徽学》第六卷,安徽大学出版社2010年版;《明清徽州官府和社会力量对停丧不葬问题的管控与治理》,《安徽大学学报》(哲学社会科学版)2019年第5期。

② 参见王灿:《从互控文书看明清徽州健讼之风》,《安徽大学学报》(哲学社会科学版)2018年第6期;张小坡:《民国时期旅外徽州人所办刊物与改造徽州社会的舆论动员》,《安徽大学学报》(哲学社会科学版)2011年第4期。

③ 参见郑小春:《明清徽州宗族与乡村治理:以祁门康氏为中心》,《中国农史》2008年第3期;郑小春:《清代徽州的民间合约与乡村治理》,《安徽大学学报》(哲学社会科学版)2009年第1期;李鹏飞:《分合均衡:明清徽州宗族有序治理的内在机制——以安徽歙县雄村曹氏宗族为例》,《中国农村研究》2017年第2期。

④ 刘道胜:《清末保甲编制与村族社会治理——基于光绪年间徽州三种保甲册的考察》,《安徽师范大学学报》(人文社会科学版)2015年第5期。

会矛盾的焦点所在，为后面开展纠纷治理研究做好铺垫。第二部分为第三、四两章，这是本书的主体部分。这两章主要采取的是综合研究与个案研讨相结合的方法。一方面以徽州宗族和地方官府为切入点，宏观探讨其在面对社会失序与纠纷迭起时采取的针对性治理措施及其效果。另一方面则以宗族和官府的视角进行治理个案的微观探讨，从而加深了对清末民初“小徽州”民间社会秩序的研究。第三部分为第五章，采用比较研究的方法。以旅外徽商在客居之地“大徽州”建立的善堂组织为例，着力探讨了其开展慈善救助活动的原因及与当地土著之间的纠纷冲突，正是在徽商群体和“大小徽州”两地官府的协同互动下，才构筑起了一套独立于官方之外的民间救助体系，在扩大徽商社会影响之余，更稳固了两地的社会秩序。第四部分为余论，总结全书。在梳理清末民初徽州社会纠纷应对与治理举措的基础上，客观评判其历史作用及治理实效，特别是对当代社会治理的借鉴意义。

本书在写作过程中，除采用历史学研究方法外，还注重借鉴文献学、社会学、法学、统计学、比较学等学科的方法与理论，尝试进行跨学科跨区域的综合研究。具体来讲，主要包括以下五种方法。

（1）区域与整体结合研究法。即将清末民初“大小徽州”纳入本书的时空与地理研究范畴，在二者的互动中管窥宗族、徽商、官府三者之间的良性互动。

（2）文献研究法。通过对文书资料的整理解读，归纳出共性与特性。

（3）统计分析法。在对清末民初民间纠纷类型和发生频率的讨论中，将会涉及大量的统计图表，对这些图表进行科学准确的研究，是开展定量与定性研究的基础。

（4）比较研究法。在本书的研究中，以1840年作为研究起点，但为找出清末民初（1840—1928）民间纠纷的特点，故将明及晚清以前的纠纷也纳入了研究范围，以资更好地进行比较。

（5）个案研究法。本书将借助征信录资料与官方文集，从微观上管窥宗族、官府协作配合、加强纠纷治理的方案。

三、对资料运用情况的说明

史学大师陈寅恪在《陈垣敦煌劫余录序》中说过一段著名的话："一时代之学术，必有其新材料与新问题。取用此材料，以研求问题，则为此时代学术之新潮流。治学之士，得预于此潮流者，谓之预流。其未得预者，谓之未入流。此古今学术史之通义，非彼闭门造车之徒，所能同喻者也。"①无独有偶，国学大师王国维也曾提及"古来新学问起，大都由于新发现"。徽学的兴起，显然是以大量徽州文书的不断发现、整理、出版为直接原因的。徽州文书不仅数量庞大、种类繁多，而且还有一个突出的特点，即表现为每一类文书在数百年的历史嬗递中能够保持前后连续，自成体系，而且各类文书之间又可彼此补充，相互印证，因而能够反映整个徽州地区政治、经济、文化、风习的沿革，亦能同时展示某一家族在数百年间的兴衰变迁。当然，在利用各类徽州文书资料进行研究时，也不能忽视各种族谱、方志、文集等编纂史料，"只有充分地占有各种史料，才能够充分发挥出徽州文书的史料价值，从而得出令人信服的结论"②。有鉴于此，笔者在写作过程中，力图在广泛占有徽州文书资料的基础上，辅以家谱、方志、官方文集、征信录与社会调查资料，在博采众长、去粗取精、去伪存真中勾勒出清末民初徽州民间社会的风情画卷。

（1）徽州文书资料。徽州文书是徽学产生的基础，也是民间纠纷与诉讼资料提取的源泉。周绍泉认为徽州文书具有数量多、种类多、关联研究领域广、时间跨度长等史料特点。的确，徽州文书涉及政治、经济、

① 陈寅恪：《金明馆丛稿二编》，上海古籍出版社1980年版，第236页。

② 阿风：《明清徽州诉讼文书研究》，上海古籍出版社2016年版，第186页。

文化、法制等诸多领域[①]，为我们开展定量分析提供了可能。具体来看，本书利用的徽州文书资料主要来源于以下书目（见表1）：

表1　引用徽州文书资料来源书目一览

序号	书目	编者	出版信息
1	《明清徽州社会经济资料丛编》第一集	安徽省博物馆	中国社会科学出版社1988年版
2	《明清徽州社会经济资料丛编》第二集	中国社会科学院历史研究所徽州文契整理组	中国社会科学出版社1990年版
3	《徽州千年契约文书》(宋元明编)20卷、(清民国编)20卷	王钰欣、周绍泉主	花山文艺出版社1991年版
4	《清乾隆年间契约文书辑录(一)》	杨晏平、张志清	《文献》1993年第4期
5	《徽州文书》一至六辑	刘伯山	广西师范大学出版社2005年版、2006年版、2009年版、2011年版、2015年版、2017年版
6	《安徽师范大学馆藏徽州文书》	周向华	安徽人民出版社2009年版
7	《中国历代契约粹编》(全三册)	张传玺	北京大学出版社2014年版
8	《安徽师范大学馆藏千年徽州契约文书集萃》10册	李琳琦	安徽师范大学出版社2014年版
9	《清至民国婺源县村落契约文书辑录》18册	黄志繁、邵鸿、彭志军	商务印书馆2014年版
10	《徽州合同文书汇编》11册	俞江	广西师范大学出版社2017年版
11	《中国徽州文书》(民国编)第一辑	黄山学院	清华大学出版社2010年版
12	《中国徽州文书》(民国编)第二辑	黄山学院	合肥工业大学出版社2016年版

① 王钰欣等人在《徽州文书类目》中，从历史学角度出发，将徽州文书分为九类，即土地关系与财产文书、赋役文书、商业文书、宗族文书、官府文书、教育与科举文书、会社文书、社会关系文书、其他文书。严桂夫在《徽州历史档案总目提要》中，从档案学角度出发，将徽州文书划分为七类，即政务类、土地类、赋税类、工商类、宗法类、文化类、邮政类。参见王钰欣等编：《徽州文书类目》，黄山书社2000年版；严桂夫主编：《徽州历史档案总目提要》，黄山书社1996年版。

（2）地方志、族谱家谱资料。徽州地区留存最早的地方志为南宋淳熙《新安志》，存世的明清至民国时期地方志多达四五十种，在这当中记载着徽州不同时期的风俗文化，为我们了解徽州民间社会提供了最佳注脚。除地方志外，徽州还是谱牒编纂最发达的地区之一，拥有数量庞大的族谱家谱资料。一些徽州族谱中不仅载有族规家法，而且还收录祖先坟墓、祠庙的诉讼纪事等。

（3）征信录资料。本书利用的征信录资料主要是汪慰纂修：《重建吴清山墓祠征信录》，民国十四年刻本；李琳琦、梁仁志整理：《徽商会馆公所征信录汇编》，人民出版社2016年版。

（4）官方文集。本书利用的官方文集主要是明末歙县知县傅岩的《歙纪》，明崇祯刻本；清光绪宣统年间刘汝骥的《陶甓公牍》，载《官箴书集成》编纂委员会编：《官箴书集成》第10册，黄山书社1997年版。

（5）社会调查资料。主要包括前南京国民政府司法行政部编，胡旭晟、夏新华、李交发点校：《民事习惯调查报告录》，中国政法大学出版社1998年版；田涛：《徽州民间私约研究及徽州民间习惯调查》上册，法律出版社2014年版。

第一章　明及晚清以前徽州民间纠纷类型及处理方式

明朝建立后，明初统治者开展了别开生面的普法教育，使得民间社会掀起了学习律例的热潮，“挂书（指明《大诰》）牛角田头读，且喜农夫也识丁”，人民的法制观念空前提高，这就为明清民间“健讼”观念的形成和发展奠定了基础。那么在此时段的徽州，民间“健讼”观念表现在哪些方面呢？官府和民间社会又是如何应对的呢？本章主要以明及晚清以前徽州地区出现的民间纠纷作为研究对象，通过搜罗整理已出版的各类徽州文书资料，从纠纷类型、双方关系、处理方式等方面进行细致考察，以此加深学界对此时段徽州民间社会的了解。

一、民间纠纷类型及各时段特点

对明及晚清以前徽州民间纠纷类型的梳理，有助于我们清晰地了解当时的社会矛盾与基层社会形态，也为第二章进行清末民初民间纠纷与明及晚清以前的比较研究打下坚实的基础。为更深入具体地论述问题，笔者将根据民间纠纷的解决方式，将其分为民间调解与上告官府两个类别，制成附表1《明及晚清以前徽州民间纠纷一览》。收入该表的纠纷案例共284件，在民间调解层面解决的为135件，上告官府的为149件。明代纠纷案例中记录最早的是在洪武二十五年（1392），最晚的是在崇祯十六年（1643），前后跨度251年。清代纠纷案例中记录最早的是在顺治二年（南明弘光元年，1645），最晚的是在道光十八年（1838），前后跨度193年。由此可见，收入附表1中的纠纷案例，几乎囊括了明及晚清各时段的历史，为我们进行样本分析和对比研究提供了充实的研究基础。为更清晰地分析明及晚清以前徽州民间纠纷的内容，笔者在附表1的基础上制成表1-1（单位：件）：

表1-1　明及晚清以前各朝徽州民间纠纷类型一览

年号（含时期）	山场纠纷	林木纠纷	坟山纠纷	坟茔纠纷	坟荫纠纷	主仆纠纷	地业、屋业等产业纠纷	租佃纠纷	经济、财产纠纷	人身伤害纠纷	家庭纠纷	妇女纠纷	其他
洪武	1	—	—	—	—	—	—	—	—	—	—	—	—
建文	1	—	—	—	—	—	—	—	—	—	—	—	—
永乐	1	—	—	—	—	—	—	—	—	—	—	—	—
宣德	2	—	—	—	—	—	—	—	—	—	—	—	—
正统	2	1	—	—	—	—	—	—	—	—	—	—	—
天顺	—	—	—	1	—	—	—	—	—	—	—	—	—
成化	6	4	—	—	—	—	2	—	1	—	—	—	—
弘治	3	—	—	—	—	1	—	—	—	—	—	—	—
正德	1	1	—	—	—	—	—	—	—	—	—	—	—
嘉靖	6	1	2	1	2	2	1	—	—	—	—	—	过继纠纷1
隆庆	1	1	1	—	1	2	—	—	—	—	—	—	—
万历	8	3	4	5	4	11	5	—	—	—	—	—	保护人身安全1，保护产业4
天启	—	2	—	2	—	2	1	—	—	1	—	—	保护人身安全1
崇祯	2	—	2	—	—	3	1	—	1	—	—	1	保护产业1
明中后期	—	—	—	—	—	1	—	—	—	—	—	—	—
明末清初	—	—	—	—	—	—	—	—	—	—	—	—	敲诈1
顺治	—	—	—	3	—	5	—	—	—	—	—	—	保护人身安全1，保护风水1

续 表

年号（含时期）	山场纠纷	林木纠纷	坟山纠纷	坟茔纠纷	坟荫纠纷	主仆纠纷	地业、屋业等产业纠纷	租佃纠纷	经济、财产纠纷	人身伤害纠纷	家庭纠纷	妇女纠纷	其他
康熙	5	2	3	4	—	8	5	1	3	—	—	—	保护祖坟3，诬告1，放排纠纷1
雍正	—	1	—	5	3	3	1	—	1	1	—	—	保护人身安全1，诬告1
清早中期	—	—	—	1	—	—	—	—	—	—	—	—	—
乾隆	6	2	8	9	2	10	6	2	2	—	1	1	保护祖坟3，保护产业1，人身失踪1，水利纠纷1
嘉庆	4	—	1	6	2	2	6	—	4	—	—	—	盗窃、诬告、敲诈各1，强讨强要1
道光前期	2	—	—	4	2	1	3	1	—	—	2	—	诬告1，敲诈1
嘉道年间	—	—	—	1	—	—	—	—	—	—	—	—	—
小计（件）	51	19	21	42	16	51	31	4	12	2	3	2	30
总计（件）	284												

首先分析明及晚清以前徽州民间纠纷的总体类型。统计表1–1中的数据可知，明及晚清以前徽州民间纠纷的类型，主要集中在坟葬、山林与主仆纠纷三个方面。坟葬纠纷（包括表1–1中所列的坟山、坟茔、坟荫纠纷）共计79件，占纠纷总数的27.8%。山林纠纷（包括表1–1中所列的山场、林木纠纷）共计70件，占纠纷总数的24.6%。主仆纠纷共计51件，占纠纷总数的18.0%。以上三项共计占纠纷总数的70.4%。排列其

后的分别为地业、屋业等产业纠纷，共计31件，占纠纷总数的10.9%。经济、财产纠纷共计12件，占纠纷总数的4.2%。剩下的则为租佃纠纷4件、家庭纠纷3件、妇女纠纷2件、人身伤害纠纷2件，分别占纠纷总数的1.4%、1.1%、0.7%、0.7%。过继、敲诈、诬告等其他纠纷共计30件，占纠纷总比例的10.6%。

上述纠纷的出现，既符合中国封建社会纠纷的总体特征，又极具徽州本土特色。“明清时期，徽州风气好讼，‘民之健讼者十之七八’。坟墓、田土纠纷和主仆互控等诉讼案件，在徽州时常发生”[①]，山林纠纷也连绵不绝。如表1-1所示，坟葬纠纷[②]（具体有盗占或盗葬、盗挖或损毁祖坟、盗伐荫木、侵占或重复买卖坟地、霸占风水等），在整个民间纠纷中所占的比例是很高的，达到了27.8%，这源于徽州社会的宗法特性。聚族而居的徽州人特别重视祖坟风水，认为祖墓一草一石，皆关乎宗族命运，一朝被损，就会伤筋动骨，祖孙不蕃。因此，保护祖先坟墓及其周围环境不受侵犯，就被视为宗族的头等大事，一旦祖墓风水被侵害，徽州人就会愤而告官，并累讼不休[③]。对此，清初歙人赵吉士就指出：“风水之说，徽人尤重之，其平时构争结讼，强半为此”[④]，“祖坟荫木之争，辄成大狱”[⑤]。坟葬纠纷中，为保护祖坟风水与龙脉，许多宗族还立下了保祖合同[⑥]，力保自家祖坟不被他人破坏。正是因为各宗族对祖坟的常年维护和定时祭扫，才使得徽州出现了“千年之冢，不动一抔”的局面。除了坟葬纠纷数量众多外，田土和山林纠纷在徽州也屡见不鲜。这是因为在山多田少、地狭人众的徽州地区，田地、山林作为封建社会最基本的生产资料，不仅资源有限，且价格一直居高不下，所谓“江南之

---

① 严桂夫、王国健:《徽州文书档案》,安徽人民出版社2005年版,第375页。

② 详见附表1《明及晚清以前徽州民间纠纷一览》中民间调解纠纷第34—48、54—71号案例,上告官府诉讼案件第19—45、48—66号案例。

③ (明)傅岩:《歙纪》卷五《纪政迹·事迹》,明崇祯刻本。

④ (清)赵吉士:《寄园寄所寄》卷十一《泛叶寄·故老杂记》,清光绪刊本。

⑤ 民国《歙县志》卷一《舆地志·风土》,民国二十六年铅印本。

⑥ 详见附表1《明及晚清以前徽州民间纠纷一览》中民间调解纠纷第49—53号案例、上告官府诉讼案例第46—47号案例。

田，惟徽州极贵，一亩价值二三十两者”[①]。再加上徽州本属山区，其山场、田地绵延相连，界限本就难以分清，所以“地讼之为累，在新安为尤多”[②]。

除了坟葬、田土与山林纠纷外，主仆纠纷在晚清以前徽州民间纠纷中也占有相当大的比重[③]。明清时期的徽州是一个主仆名分十分严格之地[④]。“徽俗，士夫巨室，多处于乡，每一村落，聚族而居，不杂他姓。其间社则有屋，宗则有祠，支派有谱，源流难以混淆。主仆攸分，冠裳不容倒置”[⑤]，数量众多的佃仆和奴婢是徽州最卑贱的贱民阶层。他们主要有两种来源，或因祖上佃主田、住主屋、葬主山成为家仆，或因经济问题、婚姻困窘而卖身抵押、委身入赘沦为佃仆和奴婢。他们除需承担各种劳役外，还与主家有着严格的人身隶属关系。关于这方面的记载，在历代方志和文集中俯拾皆是，如：“主仆之严，数十世不改。”[⑥]“一投门下，终身听役，即生子女，一任主为婚配，盖亦微有正名之思焉。”[⑦]“所役属佃仆不得犯，犯辄正之公庭。”[⑧]“苟稍紊主仆之分，始则一人争之，一族争之，既而通国争之，不直不已。”[⑨]附表1《明及晚清以前徽

① 李琳琦：《论徽商资本流向土地的特点及其规律》，《安徽师大学报》（哲学社会科学版）1988年第4期。

② 许承尧撰，李明回、彭超、张爱琴校点：《歙事闲谭》卷二十六《〈知新录〉记徽俗二则》，黄山书社2001年版，第930页。

③ 详见附表1《明及晚清以前徽州民间纠纷一览》中民间调解纠纷第1—33号案例，上告官府诉讼案例第1—18号案例。

④ 参见叶显恩：《明清徽州农村社会与佃仆制》，安徽人民出版社1983年版。

⑤ 许承尧撰，李明回、彭超、张爱琴校点：《歙事闲谭》卷八《程且硕〈春帆纪程〉》，黄山书社2001年版，第258页。

⑥（清）赵吉士：《寄园寄所寄》卷十一《泛叶寄·故老杂记》，清光绪刊本。

⑦ 康熙《黟县志》卷四《艺文》附尚祥卿《箴佑论》，清康熙二十二年刻本。

⑧ 万历《祁门县志》卷四《人事志·风俗》，明万历二十八年刻本。

⑨ 许承尧撰，李明回、彭超、张爱琴校点：《歙事闲谭》卷十八《歙风俗礼教考》，黄山书社2001年版，第605页。

州民间纠纷一览》中51件主仆纠纷案例即是明证①。

主仆纠纷的发生此起彼伏，并具有阶段性的特点。如表1-1所示，明弘治以前，徽州主仆关系相对比较稳定；但到了明代中后期，特别是嘉靖朝开始，徽州主仆关系开始出现紧张趋势，朝政混乱的万历朝时期，主仆纠纷达到高潮，纠纷的内容主要集中在叛主不法等方面②。“嘉、隆以来，俗渐漓矣……于是乎有主仆之狱……仆不有主，主无以有其仆，冰涣之势也，纪纲弛矣。”③之后明清王朝更迭，备受欺压的徽州佃仆们更是顺势揭竿而起，奋起反抗④。清王朝建立后，佃仆的反抗斗争层出不穷，主要集中在背主逃走、盗砍林木、抗不应役等方面，主仆纠纷迅速成为徽州诉讼纷争的主要内容之一。

为什么会出现这种情况呢？日本学者中岛乐章⑤和阿风⑥认为，大致有三个方面的原因。其一，明中期以后，随着商品经济的发展，特别是徽商的兴起，带动一部分佃仆参与商业活动并快速致富，取得了经济独立后的佃仆脱离人身依附关系的要求日益强烈。关于这一点，郑小春在相关研究中也表示赞同，他认为随着明中叶商品经济的发展，以及小户

① 笔者归纳明及晚清以前徽州51件主仆纠纷案例后认为，其纠纷内容主要涉及盗砍林木柴薪、盗葬盗卖坟地、背主逃走、抗役欠租及纠众倡乱等方面。这与中岛乐章总结分析的基本一致。他通过对明代52件主仆纠纷进行分析后得出，其纠纷主要围绕盗伐、误伐山林；盗伐墓林、荫林；盗葬坟墓；不履行服役义务；佃仆的逃亡，役权之争；对主家无礼，反抗或脱离佃仆身份及其他纠纷事例七个方面。参见中岛乐章著，郭万平、高飞译：《明代乡村纠纷与秩序：以徽州文书为中心》，江苏人民出版社2010年版，第219—235页。

② 据附表1《明及晚清以前徽州民间纠纷一览》可知，主仆纠纷最激烈的万历朝有盗砍杉木1件、背主逃走1件、抗不应役3件、应主不周1件、冒犯家主1件、叛主不法2件、聚众倡乱1件、盗木殴主1件，共计11件。

③ 方弘静《素园存稿》卷一七《郡语》下，转引自中岛乐章著，郭万平、高飞译：《明代乡村纠纷与秩序：以徽州文书为中心》，江苏人民出版社2010年版，第246页。

④ 这方面的史籍资料可参看嘉庆《黟县志》卷十五《艺文·国朝文·乙酉纪事》，该文记载了佃仆万黑九与主家韩氏因主仆名分事发生冲突：黟县佃仆宋乞率领千余名佃仆紧随其后发动起义，并波及徽属各县，要求豪绅地主们交出他们的投主卖身契，详见刘序功《略谈清初徽州的所谓“奴变”》，《史学工作通讯》1957年第1期。

⑤（日）中岛乐章著，郭万平、高飞译：《明代乡村纠纷与秩序：以徽州文书为中心》，江苏人民出版社2010年版，第248—253页。

⑥ 阿风：《明清徽州诉讼文书研究》，上海古籍出版社2016年版，第260—261页。

（即佃仆）经济实力的增强、认识水平的不断提高，小户追求平等社会地位和权利的意愿也日益强烈，由此望族与小户之间的斗争即主仆纠纷也贯穿了明清两朝[①]。其二，明中期以后，赋役负担增重，人口激增，作为底层社会的弱者，一部分佃仆生活陷入贫困的边缘，为求得生存，他们只能选择逃亡或反抗。其三，徽商经营盈亏不定，获利致富时则置办田园，亏空穷苦时则出卖土地。土地买卖的频繁，容易造成附着于土地之上的佃仆既有旧主，又有新主。“一仆二主”现象不仅增加了佃仆的负担，也造成了新主与旧主之间的矛盾，这也成为主仆纠纷扩大化的一个原因。附表1《明及晚清以前徽州民间纠纷一览》中上告官府纠纷第15号中的佃仆李梦鲤[②]和第143号中的胡的[③]即是这种情况。

其次可以观察明及晚清以前不同时期徽州民间纠纷的特点。因为即使同一个朝代，伴随着国家政策与社会经济的发展变化，不同时期诉讼的内容也有所不同。如表1-1所示，明前期洪武至宣德年间，政治清明，社会平稳，徽州民间纠纷数量较少，纠纷内容主要集中在山林纠纷方面。明中期正统至正德年间，徽州民间纠纷逐渐增多，山林纠纷仍占据绝对优势，坟葬与主仆纠纷渐显。明后期嘉靖至崇祯年间，徽州民间纠纷日

① 郑小春：《谱牒纷争所见明清徽州小姓与望族的冲突》，《安徽大学学报》（哲学社会科学版）2016年第3期。

② 李梦鲤原是李开、吴自祥两姓之仆，其为买地葬祖，乃不告于吴姓家主吴自祥，央另一家主李开居中，私买李应明、朱宗泰之共业坟山葬祖。这一方面使吴姓家主吴自祥疑其有背主之心，另一方面朱宗泰之甲户吴仪沚，因久涎李梦鲤所买吉穴，并记恨卖山未邀其作中，故指使里长吴殿一投词赫诈，使得梦鲤有退业之意。但原卖山主李应明等年老不能赎地，故而产生纷争。县主断令，因梦鲤葬亲已半载，着梦鲤仍照契管业，但需赴家主吴自祥门户负荆请罪，则两得其平。后梦鲤为免日后纠葛，请求抄招帖文存案，以防日后朱宗泰、吴殿一再次听唆兴讼，祁门县准给帖存照。详细过程见王钰欣、周绍泉主编：《徽州千年契约文书》（清民国编）卷一，第71—77页；另可见阿风：《明清徽州诉讼文书研究》，上海古籍出版社2016年版，第291—297页。

③ 胡的案中，因李浩、李炳、李同等人，向胡的索诈田租不成，便借其兄胡得寿与朱三德妻余氏口角之机，诬告其兄强奸余氏，并统凶多人，将其父胡一重伤，引发纠纷。李浩等人为脱罪责，竟诬告胡一、胡的父子为其世仆。在大量的证据面前，其伎俩被县主识破，官府断胡的乃汪姓之仆，李姓给汤药银5两与胡一调理，汪姓地主向官府请求抄招给帖，以防日后李姓继续逞凶，得到官府批准，给帖抄招汪姓收执。详见王钰欣、周绍泉主编：《徽州千年契约文书》（清民国编）卷一，第111—127页。另可见张萍：《清代徽州民间社会秩序初探——以清康熙三十二年一佃仆纷争为例》，《淮南师范学院学报》2008年第1期。

益增多，“嘉靖以前，其民朴，嘉靖中叶而后民侈”①。伴随着部分徽商经营的成功，民众贫富差距不断扩大，民间纠纷此起彼伏，内容涉及山林、坟葬、产业纠纷等诸多方面，特别是出现了很多宗族争仆或主仆纠纷。到清代前中期，坟葬、主仆与产业纠纷继续在民间纠纷中占据优势，并且在很多纠纷案件中，出现了棚民的身影②。所谓棚民，即从邻近地区如安徽安庆、江西赣北、浙江等地前来徽州地区租垦山场，种植苞谷、树木，搭棚而居的农民。这种棚民大约始于明代，沿于清初，盛于乾隆年间③。其急功近利般的无序垦殖和恶性开采，一方面致使水土大量流失，当地生态环境急剧恶化；另一方面打破了徽州原有的宗族秩序，从而引发了严重的土客冲突。面对棚民的侵入，当地民众和宗族或通过订立同心合约、或通过上控官府申请加禁等方式开展驱棚运动。

这里试以棚民鼎盛时期的乾隆朝为例，先来看一份民众自发订立的合约：

> 立议齐心合文约黄、凌、胡等。今有本都八保土名盘坑源中截山一备，其山俱系田土之畔，今闻知本邑在城外姓人等，猛势将出佃潜邑人氏，起棚锄种杂粮。恐后洪水□□壤，闭塞河道，苗坏田土，日后难纳虚供国课。今因合众嘀议：齐心合一，恐有潜邑人氏起棚之日，必要齐心阻挡，各姓人等无得躲缩。倘有大小口角，费用照依均出，不得推挨，毋得累及出身之人。自立合文之后，俱要同心协力，毋得自擅租，合众处治佃等之情。如有等情，日后毋得入山采砍，立议齐心合同，一样三纸，各收一纸为证。

---

①（明）程一枝：《程典》卷四《风俗》，明万历刻本。

② 如附表1《明及晚清以前徽州民间纠纷一览》中民间调解纠纷第55号案例坟山纠纷，就是因康姓将全业坟山出拼抚客后才引发，后在中人劝谕下，重新划分山界才得以平息。民间调解纠纷第63号案例族人朱廷超不遵先祖合同，私自将坟山股份卖给外人陈光美打石烧灰，有碍祖坟。打石烧灰是清代棚民开发山场的惯用方法，笔者认为这个陈光美极有可能就是外来棚民。同样的事例还反映在民间调解纠纷第91号案例中，许积善看守山场不力，致繁昌人借买山地之机，带领石匠粗工打石凿坑，伤害来龙，被山主发现引发纠纷。民间调解纠纷第95号案例凌姓将山出拼青邑客人烧炭，引发共业山主之汪姓执契争论等等，不一而足。

③ 叶显恩：《明清徽州农村社会与佃仆制》，安徽人民出版社1983年版，第84页。

乾隆四十一年十月十三日

立议合同文约人：胡孔兴、胡斌圣、胡柏茂、凌惟荣、

凌振三、凌凤鸣、黄圣全、黄圣□、黄圣茂、凌宪文

代笔：黄景文[1]

在这份同心合约中，黄、凌、胡三姓人等，鉴于本邑在城外姓人等，私将山场出佃与潜邑人氏起棚锄种杂粮，闭塞河道、虚供国课的事实，故合众嘀议，遇有上述情况，务必齐心阻挡，倘有争讼费用，照依均出。

再来看一份民众请求官府颁布加禁告示、严禁不肖子孙召异锄挖山场的文书：

特授祁门县正堂加五级记录五次吴 为恳恩示禁事。据生员汪懋珍具禀前事，词称生系三四都居民，生等四姓原有本都八保土名盘坑、美坑、田坑、晏坑等处山场。各号山脚接连税田，各姓山内葬有祖墓、蓄养柴木，□图出产，上供国课，下资民生。接连以来召异租佃效尤不息，讼牍繁兴扰官害民深为患虑。诚恐不肖子弟私将山场或召异民锄种苞芦贪利肥己，或纵火烧山图挖椿脑。一经召异图挖，不惟卸沙塞田坑租无产，抑且恐藏奸宄酿祸滋事，难防不测。若被挖去椿脑柴根尽绝，□□，不生课资生而皆失望，种种贻累危害不浅。非叩示禁居民莫宁。为此叩乞恩赏佥示严禁召异并禁挖椿，裕课宁民望光上禀等情到县。据此合行出示严禁，为此示仰南乡三四都业户人等知悉：所有本都盘坑、美坑、田坑、晏坑等处山场，毋许召异锄种苞芦、纵火挖椿。如敢抗违，许该地保人等指名赴县具禀以凭拿究，决不姑贷。该地保人等亦毋许借端滋事，凛之毋违，特示。右（上）仰知悉。

乾隆四十六年七月初十日示

① 王钰欣、周绍泉主编：《徽州千年契约文书》（清民国编）卷十一《嘉庆二十二年祁门凌氏立〈合同文约誊契簿〉之一八四——一八五》，第376—377页，见附表1《明及晚清以前徽州民间纠纷一览》中民间调解纠纷第96号案例。

告示，仰[1]

在这份文约中，生员汪懋珍等人鉴于四姓共有山场，屡被不肖子孙召异（即棚民）租佃，或锄种苞芦贪利肥己，或纵火烧山图挖椿脑，导致卸沙塞田坑租无产之事实，且基于棚民“穷山僻壤，最易藏奸，难免遗患”[2]之考虑，故公请官府力量介入，出示严禁，违者以凭拿究。正是在官民合力的作用下，至道光年间，大部分棚民便已被驱回原籍。直至太平天国运动后，由于徽州本地人口锐减，外地客民才又卷土重来，不过此时他们的境遇与此前的棚民已迥然不同[3]。

最后从附表1《明及晚清以前徽州民间纠纷一览》中可看出，明后期以来，为保障自己名下产业权益和人身安全，原告或在诉讼案结胜诉之后，或在纠纷未萌之前，主动向官府请求颁布弭患告示、给予抄招给帖或执照留存，以此增强公信度与约束力，防止日后再起波澜[4]，这也是明后期尤其是晚清以前诉讼案例的特点。这里试以下面两份文书为例进行说明。

先来看一份明后期原告在案结后向县台申请的告求执照：

告执照人李吉为恳照杜害事。讼有休时，害无了日。坟茔荫木禁在金科，祖葬方下坞洪武年间佥祀至今，合抱荫木百余。富豪方岩寿霹于九月二十一日夜，纠凶齐保等概砍荫木，扦葬伤冢，告台，豪亏浼中箍和。身思坟辖豪傍，积祖受害，豪弊一旦复起，祖骨难存，告乞批照，庶使豪孽不生，祖坟安妥，生死感恩，万代阴功，激切上告本县姚爷施行。

原告：李吉。

---

① 王钰欣、周绍泉主编：《徽州千年契约文书》（清民国编）卷二《乾隆四十六年祁门县告示》，第22页。

② 许承尧撰，李明回、彭超、张爱琴校点：《歙事闲谭》卷十八《歙风俗礼教考》，黄山书社2001年版，第604页。

③ 谢宏维：《清代徽州棚民问题及应对机制》，《清史研究》2003年第2期。

④ 如附表1《明及晚清以前徽州民间纠纷一览》中上告官府诉讼案例第13—15、20、22、24—25、27—28、46—48、55、60、74—77、79、98—99、102、116—121、136—139、143号案例，即是此类。

被告：方岩寿、汪权、胜儿、齐保。

干证：宾儿。

万历十八年十二月十九日

告执照人：李吉

（批）准照，以后不许砍伐。[①]

从这份执照中我们可以得知：李吉因富豪方岩寿纠凶将其祖坟荫木概砍，并扦葬伤冢，故而上告县衙。后方岩寿浼中求和息讼结案。但李吉因念祖坟在方岩寿辖区内，害怕豪弊复起，祖骨难存，故请求县令姚爷批照留存、以杜后患。面对原告李吉的诉求，县令姚爷也给予了积极回应："准照，以后不许砍伐。"

再来看一份清前期原告鉴于官祠被族人反复盗卖，不得已请求官府赐印保护的文书记录：

具禀生员李栿曾禀为恳恩赐印永保先业事。生叔祖讳讯，号镜山，先朝弘治年间举进士，历任郡守建立官祠于十□都土名寺家段，先朝万历二十年镜山公支下将通号业一半卖与许润。生曾祖讳端明及合族先达斯文呈县，蒙县主断令李氏备原价赎回，遵断赎讫，保全无异，合文存照。嗣于顺治清丈，生父其沅兄弟将生家承祖赎回并续买分籍，立契送还镜山公支下，佥业归户世守管业，毋得变异。其原价分文不取，退契确据。讵旧年镜山公支下李振五等复贪重价，将官祠余地盗卖胡士弘兄弟。生比欲鸣公理论，因系余地畏势隐忍，止浼族众将生父等送与伊地复退还，生愿代保守供课。李兆楠等自愿还生退契。又据族众复立合文，以杜将来谋献。不期振五反捏词请示，希图埋奸冒占将来复卖。不思业系众共，祖遗有合文契墨，佥业供课有归户册税，田地执业有递年收租定额，奚得指称伊分全业？今生等恐先业不保，将新立合文并契呈电，伏乞赐印杜患，永保先业。为此谨述情由上禀。

① 参见附表1《明及晚清以前徽州民间纠纷一览》中上告官府诉讼案例第20号案例。

批：总是李氏讯公官祠，凡属子孙，世守勿替。如有私卖等情，呈官究治。准照。

康熙十五年二月十二日具①

从这份文书中我们可以看出：生员李枨曾鉴于先朝叔祖镜山公建立之官祠，屡被族下李振五等不肖子孙反复盗卖之事实，故想通过族内共立合文，以宗族力量威慑杜绝李振五等人将来再次谋献盗卖，但遭李振五等人捏词反对，希图复卖。因恐先业不保，万般无奈之下只有将族内新立合文并契据呈县，请求官府出面永保先业。最后得到官府支持准照："李氏讯公官祠，凡属子孙，世守勿替。如有私卖等情，呈官究治。"

二、民间纠纷双方关系及处理方式

作为宗族社会的徽州，"聚族而居，不杂他姓"，是费孝通所提及的"'熟悉'的社会，没有陌生人的社会"②，故徽人诉讼多发生在熟人之间。为更清晰地说明问题，笔者根据附表1《明及晚清以前徽州民间纠纷一览》中的135件民间调解纠纷和149件上告官府诉讼案例，制成表1-2和1-3。

表1-2　明及晚清以前徽州民间调解纠纷中双方关系及处理方式

序号	纠纷类别	双方关系(件)	处理方式(件)
1	主仆纠纷(33件)	主仆33	盗砍林木11件:托中人调解3,自知情亏立文书6,托亲戚调解1,托家主、里长等调解1
			看管坟山不力,致柴薪被盗3件:自知情亏立文书2,央求家主1
			盗葬3件:凭中调解2,托保甲长1
			盗卖坟地1件:凭众主调解1
			背主逃走3件:凭亲戚调解1,央中2
			背主另住3件:凭亲戚调解2,立甘约1

① 参见附表1《明及晚清以前徽州民间纠纷一览》中上告官府诉讼案例第102号案例。

② 费孝通:《乡土中国 生育制度 乡土重建》,商务印书馆2015年版,第9页。

续 表

<table>
<tr><th>序号</th><th>纠纷类别</th><th>双方关系(件)</th><th>处理方式(件)</th></tr>
<tr><td rowspan="4">1</td><td rowspan="4">主仆纠纷(33件)</td><td rowspan="4">主仆33</td><td>应役纠纷4件:凭族人调解1,凭中调解2,立甘约1</td></tr>
<tr><td>触犯家主3件:凭亲戚调解2,自知情亏立文书1</td></tr>
<tr><td>强奸妇女1件:凭亲房调解1</td></tr>
<tr><td>聚众赌博1件:立甘约1</td></tr>
<tr><td rowspan="4">2</td><td rowspan="4">坟茔纠纷(15件)</td><td>同族6</td><td>自知情亏立文书2,立保祖合同1,凭保老调和1,托约族调解2</td></tr>
<tr><td>亲戚3</td><td>托族尊调解1,凭约族、知事劝息1,托中平息1</td></tr>
<tr><td>邻人4</td><td>托中眷调解1,亲友调解3</td></tr>
<tr><td>未提及2</td><td>托亲友劝息1,投约理论1</td></tr>
<tr><td rowspan="3">3</td><td rowspan="3">保护祖坟(5件)</td><td>同族3</td><td>立合同保祖3</td></tr>
<tr><td>邻人1</td><td>立合约保祖1</td></tr>
<tr><td>坟山共有人1</td><td>立合同保祖1</td></tr>
<tr><td rowspan="5">4</td><td rowspan="5">坟山纠纷(13件)</td><td>同族3</td><td>托中调解2,公立合同1</td></tr>
<tr><td>亲戚1</td><td>凭中保1</td></tr>
<tr><td>邻人1</td><td>托中调解1</td></tr>
<tr><td>坟业共有人2</td><td>托中调解2</td></tr>
<tr><td>买卖主双方6</td><td>托里老调解3,托亲邻劝息1,凭中劝息2</td></tr>
<tr><td rowspan="4">5</td><td rowspan="4">坟荫纠纷(5件)</td><td>同族1</td><td>立合同对抗1</td></tr>
<tr><td>亲戚1</td><td>托里老1</td></tr>
<tr><td>邻人1</td><td>托中处理1</td></tr>
<tr><td>未提及2</td><td>托中调处1,蒙戚友调处1</td></tr>
<tr><td rowspan="7">6</td><td rowspan="7">山场纠纷(25件)</td><td>同族1</td><td>托凭亲族1</td></tr>
<tr><td>亲戚2</td><td>托凭中人2</td></tr>
<tr><td>邻人9</td><td>托凭中人4,凭众议和解1,凭保与册书劝息1,投里长1,凭亲眷2</td></tr>
<tr><td>先后买主8</td><td>托凭老人2,托凭中人3,托凭族老1,自行和解2</td></tr>
<tr><td>主雇1</td><td>托凭中人1</td></tr>
<tr><td>主客1</td><td>立齐心合同1</td></tr>
<tr><td>山业共有人3</td><td>凭众议1,凭亲族1,凭中1</td></tr>
</table>

续 表

序号	纠纷类别	双方关系(件)	处理方式(件)
7	林木纠纷(15件)	同族1	蒙中1
		邻人4	状投里老1,托中1,投约保1,凭说明1
		山业共有人2	托中1,投约1
		原卖主与买主1	凭中1
		主雇6	凭甲长息讼2,托凭中人2,托凭地方山邻1,立还文约1
		未提及1	自情愿立还文书1
8	地业纠纷(4件)	同族3	投干证1,投亲戚1,投族中1
		未提及1	托凭中人1
9	屋业纠纷(5件)	同族4	托中2,托凭亲族1,托凭同族1
		亲戚1	凭公1
10	产业纠纷(3件)	同族1	凭中保1
		亲戚1	凭亲族劝息1
		邻人1	凭中劝息1
11	租佃纠纷(1件)	主佃1	鸣保劝息1
12	经济纠纷(3件)	主雇1	托凭亲友劝息1
		亲戚1	分投地保、族长等1
		卖主与买主1	状投保尊1
13	盗窃纠纷(1件)	失主与窃者1	状投执事1
14	家庭纠纷(2件)	亲戚2	凭族劝息1,凭中1
15	人身伤害(2件)	亲戚2	状投约里排年1,托凭族老劝谕1
16	妇女纠纷(2件)	亲戚1	状投族众施行1
		未提及1	状投保尊1
17	诬告(1件)	未提及1	立同心文约对抗1

表1-3　明及晚清以前徽州上告官府诉讼案例中双方关系及处理方式

序号	纠纷类别	双方关系(件)	处理方式(件)
1	主仆纠纷(18件)	主仆18	盗砍树木2件:控县2
			纠众倡乱1件:控县1
			背主逃走3件:控县3
			应役纠纷5件:告官1,控县4
			叛主不法3件:告官2,告都察院1
			盗木殴主1件:告县1
			私买山地葬亲1件:告县1
			抗役欠租1件:状告徽州府1
			主仆名分归属纠纷1件:告至都察院1
2	坟茔纠纷(27件)	同族9	告县8,告县再告府1
		亲戚1	告县1
		邻人11	告县8,上告府宪2,告官1
		未提及6	告县2,告府宪2,告官1,告院1
3	保护祖坟(2件)	邻人2	告县2
4	坟山纠纷(8件)	亲戚2	告县2
		邻人2	告县2
		邻县之人2	告府1,先告县再告府1
		原卖主与买主2	告县2
5	坟荫纠纷(11件)	亲戚3	告县2,告官1
		邻人6	告县5,告官1
		主雇1	告县1
		未提及1	告县1
6	山场纠纷(26件)	同族3	告县2,告府1
		亲戚5	告县1,告府2,告官1,先告府再告县1
		邻人8	告县6,告官1,告府1
		同都人2	告县1,告府1
		主佃3	告县3
		买主与卖主3	告官1,告县又告府1,告县1
		未提及2	告县1,告官1

续表

序号	纠纷类别	双方关系(件)	处理方式(件)
7	林木纠纷(4件)	亲戚1	告县1
		邻人2	告县2
		同都人1	告县1
8	地业纠纷(11件)	同族2	告县2
		亲戚2	告县2
		邻人4	告县2,告官2
		同都1	告县1
		卖主与买主1	告县1
		主佃1	上告抚宪1
9	屋业纠纷(6件)	邻人1	上告分巡徽宁道1
		屋基共有人1	告官1
		买卖主双方3	告院1,告县2
		未提及1	告县1
10	产业纠纷(2件)	同族2	告官1,告府1
11	保护产业(6件)	业主与产业6	告县6
12	租佃纠纷(3件)	主佃2	告县1,告官1
		田业共租人1	告县1
13	经济纠纷(4件)	主雇2	告县2
		合伙人2	告县2
14	财产纠纷(5件)	亲戚3	告县2,告官1
		同甲之人1	告县1
		同族1	告官1
15	家庭纠纷(1件)	亲戚1	告官1
16	人身失踪案(1件)	师徒1	告官1
17	保护人身安全(4件)	亲戚2	告县2
		买卖主双方1	告县1
		未提及1	上告江南府正堂1

续 表

序号	纠纷类别		双方关系(件)	处理方式(件)
18	敲诈案(3件)		同族1	告县1
			亲戚1	告县1
			未提及1	告县1
19	诬告案(3件)		同族1	先告县再告府1
			邻人1	告县1
			主佃1	告县1
20	其他(4件)	强讨强要(1件)	邻人1	告县1
		放排纠纷(1件)	邻人1	告县1
		水利纠纷(1件)	同族1	告县1
		过继纠纷(1件)	同族1	告县1

通过梳理表1-2、1-3可以看出：在135件民间调解纠纷中，双方关系为主仆的33件，同族23件，邻人21件，亲戚15件，主雇8件，产业共有人8件，主佃、主客各1件，其他25件。在149件上告官府诉讼案例中，双方关系为邻人的39件，亲戚21件，同族21件，主仆18件，主佃7件，主雇3件，其他40件。由此可见，明及晚清以前徽州民间纠纷大都发生在邻人、主仆与同族等熟人之间，且还有一个有趣现象，纠纷双方关系愈是亲近，则调解的可能性愈大。如主仆与同族纠纷，更多地倾向于民间调解层面化解。而在上告官府诉讼案例中，没有任何血缘关系的邻人，则更愿不顾一切将纠纷诉之官府。这表明人身附属与血缘关系的远近，直接影响当事人是否愿将纠纷上告官府。

在纠纷的处理上，徽州地区的里老、乡约、保甲和宗族等基层组织与府县各衙门共同作用，发挥着稳定社会秩序的重要职能[①]。此外，中人、亲友这一群体的解纷作用同样不可忽视[②]。里老、乡约、保甲是明清政府为更好地管理民众而于全国各地设立的准行政组织，它的设立，在明清两代既有普遍性，更具传承性。明初，为防小民无端越讼，减少政府执政与司法的压力，全国建立了以“里老人”为首的乡村教化体系，规定：“民间户婚、田土、斗殴、相争一切小事，须要经由本里老人、里甲断决，若系奸盗、诈伪、人命重事，方许赴官陈告。”[③]明前中期里老人大量担任“审官”职责[④]。明中期后，由于里老人素质的下降及里甲编审职能的丧失，使得里老人理讼体系遭到破坏，保甲组织逐渐兴起，其在发挥治安管理等首要职能之余，还发挥着接受投状、进行民间调处的作用[⑤]。此时段里老人在诉讼中的角色由“审官”向“办案人”[⑥]逐步转变，在文书记载中，亦发现大量上告官府的案件在受理后，里老人从事

---

① 里老、乡约、保甲、宗族在民间调解中所发挥的作用也有局限性。卞利认为，明清时期宗族族长、文会、里老人和里甲等基层组织对民事纠纷与民事诉讼的调处并不都是成功的，资料显示，大量的民事纠纷与诉讼是在县衙甚至府衙解决的，这种情况越到后来越为普遍，造成这种现象的原因有三个方面：一是伴随着徽州社会经济的发展，田宅、山林和债务等纠纷与诉讼案件空前增多，且十分复杂，远非宗族族长或里老人、里甲等基层组织所能解决。二是明代中叶后徽州形成了好讼的社会风气，特别是宗族、徽商、讼师等的大量介入，使得简单问题复杂化，诬告成风，增加了民间调处的难度。三是明代中叶后，里老人素质下降，徇私枉法现象增多，百姓对其失去了信心。详见卞利：《明清徽州社会研究》，安徽大学出版社2004年版，第235—237页。

② 经统计显示，附表1《明及晚清以前徽州民间纠纷一览》中的135件民间调解纠纷，文书中明确标明凭中人调处息讼的有45件、亲友调处息讼的有16件、自立甘约息讼的有16件，可见一半多的纠纷是靠纠纷双方或托凭中人、亲友，或自知理亏自行消化调解的，且在这当中，调处人角色互有交叉，如中人当中不少就是双方熟识的亲友。

③《皇明制书》卷八《教民榜文》，载《北京图书馆古籍珍本丛刊》第46册，书目文献出版社1998年版。

④ 详见附表1《明及晚清以前徽州民间纠纷一览》中民间调解纠纷第73、75、77、97号案例。

⑤ 陈瑞认为明清徽州保甲组织一身多任，发挥了治安管理、户口调查与统计、信息传递、踏勘查验、接受投状、民间调处、居间中证、强制执行、经济管理、社会救济等多方面的“综合性职能”。参见陈瑞：《明清时期徽州保甲组织的职能发挥及其影响因素》，载常建华主编：《中国社会历史评论》第十四卷，天津古籍出版社2013年版。

⑥“审官”与“办案人”这一称谓，笔者借鉴郑小春的观点，在此致谢。

的乃是实地踏勘、勾摄押解人犯、调处和息等台前幕后的辅助工作①。明嘉靖初年，礼部正式檄文全国，举行乡约。从此乡约、保甲制正式确立，在明中后期的乡村社会调解中发挥着重要作用。从附表1《明及晚清以前徽州民间纠纷一览》中记载的明代民间纠纷的解决中，也可看出这些变化轨迹②。需要说明的是，按明前期、中期、末期三个时段来划分里老、乡约、保甲的演变历程，只是为了方便大家了解里老理讼和乡约保甲调解的整体发展趋势，其实他们职能的发挥在明代各时段并不是绝对的、无交叉的③。

清朝建立后，乡约、保甲几乎完全取代里甲制度，成为维持地方社会治安的主要基层组织。官府还通过给约正、约副颁布乡约执照，来确认其理讼职能。这里试以下面一份文书为例进行说明：

> 特授休宁县正堂加三级郑 为实行乡约给照委任以别责成事。照得乡约原为宣扬圣谕，化导愚氓而设。今据二十五都五图约保程士英等，公举民人程子任勘充该图约副具认前来。据此合给印照，以杜假冒。为此照给二十五都五图约副程子任领执，每于朔望，集同士民在于该图约所恭宣上谕十六条，并律例□解，化导愚顽，务须家喻户晓。如遇有雀角细故，该约务须劝释，毋致兴讼。如果劝谕有方，定行给匾奖励。倘敢借端滋事，亦必严查究革。凛遵毋违，须至照者。右（上）照给约副程子任，准此。
>
> 乾隆十二年九月 日礼

① 附表1《明及晚清以前徽州民间纠纷一览》中记载里老履行踏勘职能的见上告官府诉讼案例第19、48、57、68—71、85、93、96、99号案例；记载里老担任调处职能的见上告官府诉讼案例第6—7、72、94、97、149号案例。

② 附表1《明及晚清以前徽州民间纠纷一览》中显示状投里甲或凭里保劝息的见民间调解纠纷第19、101号案例；甲长调处息讼的见民间调解纠纷第17、107—108号案例；约里、约正担任调解职能的见民间调解纠纷第58、100号案例；状投约里的见民间调解纠纷第131号案例。

③ 如以附表1《明及晚清以前徽州民间纠纷一览》中民间调解纠纷为例，第3、54、67号案例发生的时段都是明末，原告选择投状的对象仍是里老等人，第57号案例发生的时段也是明末，却在里老劝谕下选择息争。

县约照①

从这份乾隆十二年（1747）的约照文书中我们可以看出：休宁二十五都五图约保程士英公举程子任担任该图约副，以便协力化导乡愚。这一举荐得到休宁县令的大力支持，并颁布约照确认其执法权力，期望其能在每月朔望之时，在该图约所集齐士民宣讲上谕十六条、讲解律例，遇有雀角纷争，及时调解息讼。并规定了考核制度，如劝谕有方，给匾奖励；若借端滋事，严查究革。可见，徽州州县衙门等地方政府是鼓励乡约发挥宣讲律例、调解纠纷的职能的。

清中期后，保甲的调解职能远比乡约更活跃，它或与乡约合力，或协同差役、中人等②，在纠纷处理中频繁扮演“审官”与“办案人”角色，文书中大量出现的约保、地保、族保、邻保、中保、捕保、保台、保老、保尊等③即是明证。这时出现的民间纠纷案例，大都在保甲等的调停下予以解决，如下面两份文书所示：

文书一：查王氏退田佃字

立情愿退佃字。查王氏同男加洪，将佃田一处土名赤土墈，计客租十砠正，十五年未交……卢姓鸣保理说，不能交租。自情愿同

①《清乾隆十二年九月二十六日休宁县正堂加三级印照》，周向华编：《安徽师范大学馆藏徽州文书》，安徽人民出版社2009年版，第172页。

② 可参看附表1《明及晚清以前徽州民间纠纷一览》中上告官府诉讼案例第29号案例，道光十五至十六年吴树勋侵犯吴国瑞祖墓纠纷，县主批差役协保，将原被告带县以凭讯夺；第45号案例，嘉庆十九年许岐山控汪瑞喜冒坟越占，府宪批祁门县仰原差协保，将两造执业印契等带县呈案；第129号案例，道光十一年胡锦达控凌得起吞租不交，黟县正堂批仰役协保，命凌得起如数交还胡锦达之欠租。

③ 可参看附表1《明及晚清以前徽州民间纠纷一览》中民间调解纠纷第40号案例，乾隆四十年程四发侵犯祖坟，凭保老调和平息；第66号案例，嘉庆五年叔侄因坟山同号引发扦造纠纷，凭中保调息；第92号案例，道光八年邻人山界纠纷，凭保与册书劝息；第102号案例，弘光元年汪礼兴私砍山木搭建桥脚，被山主状投约保后，立甘约平息；第122号案例，嘉庆二十三年因水田一丘存坐未分，引发祀下人等口角争种，凭中保理处劝息；第124号案例，乾隆五十八年佃户因欠租未交，在保甲调解下甘愿退佃，听主另召他人耕种；第126号案例，嘉庆十九年黄日符状告黄恒璧税寡业多，情理不符，向丈莫睬，状投保尊执行；第127号案例，嘉庆二十五年买主程嘉培妄图篡改买地之契，向卖主程嘉栋讹诈银两，被卖主发觉依次状投地保、族长等人，后在族保亲友劝谕下和息解决；第134号案例，乾隆五十年戴治平状告吴次周，转卖奸犯，间离骨血，状投保尊执行。

男将田退佃卢姓，即听卢姓另召耕种，永无异说，立此情愿退佃字为据。

乾隆五十八年三月 日

立退佃人：查王氏、男加洪

中见保：张御候

依口代笔：查得光[1]

文书二：黄日符具投状

二十三都十一图具投状黄日符，抱子鸿孙投为税寡业多，情理不符，向丈莫睬，除销国课事。贵图保尊呈行。

被：黄恒壁（踞业人）。

证：身父杜售屋业割税两分，伊祖贿笔据载尺丈，以税为规照税多管身业二分有零。向理强踞，乞呈照税除销国课免贻累后。

嘉庆十九年五月 日具[2]

在文书一中，查王氏同男加洪，因十五年未交田主卢姓客租，致卢姓鸣保理说，情亏之下，情愿退佃，听田主卢姓另召耕种，此次纠纷的顺利解决就是在保甲劝谕裁定下完成的。在文书二中，黄日符携子鸿孙状告黄恒壁，正是因为伊祖贿赂笔书，导致其父售卖屋业时，税业不符，向丈莫睬。情急之下，将黄恒壁不法行径投状至对方地域保尊即保甲执行。由上可知，里老、乡约、保甲等准行政组织，在教导乡民之余，也在民间纠纷调解中起着重要作用，它们的设立、运行，在全国具有普遍性。相比而言，宗族在徽州有效发挥理讼职能，则具有地域性。

宗族是徽州的社会基础，其在宋元时期逐步定型，并在明清时期得到稳固与繁荣发展。“作为一种准基层组织，徽州的宗族直接控制着村庄

① 刘伯山主编:《徽州文书》第二辑卷九《黟县十一都卢村(卢大奎户)卢氏文书——清乾隆五十八年三月查王氏等立情愿退田佃字》,第174页。

② 刘伯山主编:《徽州文书》第三辑卷三《歙县二十三都潭渡黄氏文书——清嘉庆十九年五月二十三都十一图黄日符具投状》,第297页。

的各项事务。”[①]各大宗族在祠堂内实施的族规家法，对本族成员具有极强的约束力，是“族内管理的根本原则，处理族内一切事务首先必须依据家法，在很多场合，它先于国法。如族内一切纠纷，首先必须在族中凭家法论处，不得轻易报官，违者处以罚款，再违者予以重处”[②]。族长、族副“凡遇族中有不平之事，悉为之处分排解，不致经官。如果秉公无偏，而顽梗者不遵，则鸣之于官处治之，族人自知警而不敢抗违矣”[③]。故明及晚清以前徽州族内纠纷，大多数都在告官之前得到了和息解决。只有当原被告双方或因案情重大、或因期望迥异，在调解途中不能达成一致时，才会选择告官。在面对族外纠纷时，因原被告双方分属不同宗族，他们就会递交投状于前已述及的里老、乡约、保甲等人，期待他们劝谕调处，如不成功，则要求他们将投状转呈告官[④]，等待官府踏勘取证、审判结案。此时州县衙门是民众上告的第一法庭，知县有权审理户婚田土及笞杖以内的判决[⑤]。从表1-3可以看出，在149件上告官府诉讼案例中，明确提及控县的有105件，先告县再告府的有4件，即109件案例中是将州县衙门作为投状的首选，占案例总量的73.2%。跳过县衙，越级至府或巡按、巡抚甚至更高级别司法机构的案例为20件，仅占案例总量的13.4%。另有20件案例未提及是否直接控县，在文书中仅模糊记录为告官，根据明清政府严禁案件越级上告的管理规定[⑥]，可以推测出这20件告官案例，绝大多数是上告州县的，故保守估计递交州县的案例至少有120件，超过案例总量的80.5%。州县官面对投递而来的民事案

① 卞利：《明清徽州的宗族管理、经济基础及其祭祀仪式》，《社会科学》2006年第6期。

② 严桂夫、王国健：《徽州文书档案》，安徽人民出版社2005年版，第334页。

③ 乾隆《重修古歙东门许氏宗谱》卷八《许氏家规》，清乾隆二年刻本。

④ 如附表1《明及晚清以前徽州民间纠纷一览》中上告官府诉讼案例第95号案例就是由里老接收投状后再转呈官府受理的。

⑤《清史稿》卷一四四《刑法三》记载：“各省户婚田土及笞杖轻罪，由州县完结，例称自理。”

⑥ 明清法律规定：“凡军民词讼，皆须自下而上陈告，若越本管官司，辄赴上司称诉者，(即实，亦)笞五十(须本管官司不受理，或受理而亏枉者，方赴上司陈告)。”参见田涛、郑秦点校：《大清律例》，法律出版社1999年版，第473页。

件，二十日内必须审结[①]，否则将会遭受相应处罚[②]。为在限期内快速审结案件，遵循“回避”任制[③]，不熟悉乡土民情的各州县官必须依靠上述中人、双方亲友、里老、乡约、保甲、宗族族长等在案件中进行斡旋与调解，因此“向衙门正式提起控诉通常并不意味着社会调解的终结，而是刺激了更多的努力进行调解”[④]。通过观察附表1《明及晚清以前徽州民间纠纷一览》中收录的纠纷案例，我们就可以看出：很多的告官纠纷或在拟告官之前就已和解，或在告官不久后得到平息，正如表1-2、1-3所示，在纠纷处理环节，家主、中人、双方亲友、里老、乡约、保甲、宗族族长等都发挥着巨大的调解作用。按照郑小春的观点，可将这些调处人划分为办案人和案外人[⑤]。正是在这些“案内案外”调处人的努力下，大量告官案件得以息讼解决，民间社会秩序也才得以维持稳定。对于民众来说，无论是从经济负担还是人情关系考虑，告官后选择私下和解都是最优化的路径方案，既达到了表达合理诉求的目的，又避免了诉讼后荡费家产的窘境[⑥]。对于官府来说，大量纠纷的私下和解，在缓解基层司法办案压力之余，也维护了社会稳定，可达到利用最少官僚的付出来维持现有社会体系的治理目的。

①《清史稿》卷一四四《刑法三》记载：“州县自理案件，限二十日审结。”

②“违限不及一月者，罚俸三个月。一月以上者，罚俸一年。半年以上者，罚俸二年。一年以上者，降一级留任。”参见（清）方大湜：《平平言》之《审案限期》，载《官箴书集成》编纂委员会编：《官箴书集成》第7册，黄山书社1997年版。

③按照封建政府“回避”制度的规定，官员的任所都在他省，不是自己的家乡，所谓“南人使治北，山人使治泽，其土俗固非素悉”。详见（清）贺长龄辑：《皇朝经世文编》卷二十一《吏政七·守令上·读吏县令笺·吏难一》，清道光七年刊本，第2页。

④黄宗智：《集权的简约治理：中国以准官员和纠纷解决为主的半正式基层行政》，载黄宗智主编：《中国乡村研究》第五辑，福建教育出版社2007年版。

⑤郑小春认为，办案人包括官府吏役及里甲、乡约、保甲等人役，案外人包括地方士绅、族亲、里邻及朋友等。详见郑小春：《明清徽州诉讼文书研究》，安徽大学博士学位论文，2007年，第337—338页。

⑥由附表2《明及晚清以前徽州讼费筹集一览》可以看出：单个家庭筹集讼费，或卖墓地坟山、田地屋宇，或求助于借贷，故因讼费卷入新的诉讼或为此而倾家荡产的比比皆是。宗族或合伙人卷入诉讼时，族人、户丁或合伙人等，就会以族、户、股为单位订立合同，共同出办诉讼费用，主要包括依丁粮出办费用、照丁科派、照房（灶）均贴、按股分摊、费用均出、公费暂垫等方式，这虽可缓解一时费用困难，但对族人、户丁和合伙人来说，都是一笔不小的经济负担。

综上所述，明及晚清以前徽州民间纠纷的总体类型首先主要集中在坟葬、山林和主仆纠纷这三大方面，其次则是产业纠纷、经济纠纷和租佃纠纷等。上述纠纷类型的出现既符合中国封建社会纠纷的总体特征，又极具徽州特色。山多田少且被称为“程朱阙里”的徽州地区，自宋元以来一直是中国封建宗法制度统治的典型区域。程朱倡导风水之说，加上徽州山脉绵延，界限难以厘清，故发生坟葬与山林纠纷的比例较高。明清徽州主仆之分甚严，佃仆作为徽州最卑贱的贱民阶层，除承担各种劳役外，还与主家有着严格的人身隶属关系。伴随着明中期后徽商的崛起，贫富差距扩大，再加上王朝更迭，使得主仆纠纷层出不穷。从纠纷发展的时代特点来看，明前期洪武至宣德年间，因政治清明社会平稳，徽州民间纠纷数量较少且主要集中在山林纠纷方面。明中期正统至正德年间，徽州民间社会纠纷逐渐增多，山林纠纷仍占绝对优势，坟葬纠纷与主仆纠纷初显。明后期嘉靖至崇祯年间，伴随着商品经济的发展及徽商经营的成功，贫富差距不断扩大，徽州民间纠纷此起彼伏，内容涉及山林、坟葬、产业纠纷等方面，特别是出现了很多主仆纠纷。到了清前中期，坟葬、主仆与产业纠纷继续在徽州民间纠纷中占据优势，且在很多纠纷案例中，出现了棚民的身影。

在纠纷的解决方式上，里老、保甲、乡约和宗族等基层组织与府县衙门共同作用，发挥着稳定徽州社会秩序的重要职能。此外，中人、亲友这一群体的解纷作用同样不可忽视。从纵向来看，明前中期里老人大量担任审官职责。明中期后因里老人素质下降及里甲编审职能丧失，保甲逐渐兴起。明嘉靖初年乡约实行后，保甲、乡约正式成为配合徽州宗族进行民间调解的重要组织，这种解纷机制一直持续至清代前中期。正是在他们的共同作用下，大量徽州民间纠纷或在民间层面直接平息，或在告官之后得以息讼解决，在节省官府行政投入与减少民众诉讼成本之余，更有力地维护了徽州民间社会的稳定。

第二章　清末民初徽州民间纠纷类型及处理方式

清末民初的徽州社会，处于政治变革的十字路口，战争的洗礼、政治的变革及社会风俗的变化，都会折射到徽州社会的方方面面，通过考察这一时期的徽州民间调解纠纷与诉讼案例，将会发现一些新变化。

一、清末民初徽州的社会变革

清末民初的徽州，虽介万山之中，山限壤隔，但历次变革与动乱也会对其造成冲击，引起或大或小的历史回响。归结起来，这近九十年对徽州社会产生影响的社会变革主要有以下三次。

第一次是鸦片战争。众所周知，鸦片战争开启了晚清时代，中国从此步入近代社会。鸦片战争极大地威胁着清朝统治，在加深其统治危机之余，也给民众生活带来了不少冲击。特别是鸦片的大量输入与传教士的陆续入华，给当时的中国社会带来了诸多变化，徽州地区也不例外。鸦片战争的硝烟虽未波及徽州本土，但鸦片这一商品却无孔不入，并与赌博陋习快速结合，迭相为害。传教士入华后，也引发了教民冲突。这些都成为困扰徽州当权者加强治理的社会难题。

第二次是太平天国运动。身处山区的徽州，历代以来战火很少能直接波及，南宋以来徽州历史上最大、对其影响最为深远的即为太平天国运动，徽州文书中习惯称其为“咸同兵燹”，其造成徽州地区人口大量锐减、经济凋敝、徽商一蹶不振。“江南几无孑遗，徽、宁、池、太等郡男丁百无一二。”[①]以歙县和祁门两县为例，太平天国运动前的道光年间，

①《清稗类钞》第15册《婚姻类》。

歙县人口数已超61万，祁门人口数达47万，但到了同治年间，歙县人口仅剩30万，祁门人口仅剩10万来人[①]。“清咸丰间，洪杨之乱，吾徽受祸最酷。以歙一县计之，人口损十之七八，庐舍损十之六七。”[②]当时的徽州是太平天国部将李世贤的根据地，再加上湘军统帅曾国藩为彻底剿灭太平军，在咸丰十年（1860）驻大军于祁门，与太平军展开拉锯战，所以才造成了当地人口大量锐减。除了人口受损外，徽州当地的经济也萧条败坏起来，曾国藩于太平天国运动期间，在徽州“纵兵大掠，而全部窖藏一空”[③]，徽州本土满目疮痍，经济一落千丈。徽商的活动中心长江三角洲同样也不能幸免，曾经在明清时期盛极一时的徽商急剧衰落。除此之外，聚族而居的徽州宗族组织也遭受重创，谱牒散失、祠堂被毁、祖墓无存。

第三次是清朝灭亡、民国建立。伴随着清王朝的灭亡，封建帝制也走向了终结。民国建立后，西方民主、自由、文明等新思潮冲击着国人旧有的观念，同样也影响了此时的徽州社会。这一时期徽州民众的自由平等意识日益加强，法制观念深入民心，不平则鸣的纠纷案例也越来越多。

当然，需要指出的是，考察和划分这三次徽州社会变革只是为适应本书研究需要而进行的粗线条划分。徽州社会近九十年的动荡，其变迁脉络绝非三次社会变革就能阐述清晰的。

二、清末民初徽州民间纠纷类型新变化

鸦片战争后，中国社会跨入近代，西方殖民主义者的坚船利炮在打开中国国门之时，资本主义的政治、经济和文化思想等也迅速地向中国

① 据叶显恩《明清徽州农村社会与佃仆制》中《宋元明清徽州各县的人口变动》表格之道光年间和同治年间歙县与祁门人口数据统计而来。参见叶显恩：《明清徽州农村社会与佃仆制》，安徽人民出版社1983年版，第28页。

② 许承尧撰，李明回、彭超、张爱琴校点：《歙事闲谭》卷四《宋梦兰》，黄山书社2001年版，第128页。

③ 陈去病：《五石脂》，《国粹学报》。

社会渗透，中西文化的碰撞与融合，使得中国出现了数千年未有之变局，社会转型速度大大加快。在此时代背景下，传统徽州社会也出现了新的矛盾与变化。本节将在社会变革的历史大背景下，细致考察清末民初徽州地区出现的各类纠纷类型，并与第一章所论及的明及晚清以前的民间纠纷进行比较研究，以期有更多的发现。

（一）民间纠纷总体类型

为更清晰地说明问题，本节将延续第一章的研究思路，依据清末民初徽州民间纠纷的解决方式，将搜集到的案例划分为民间调解纠纷与上告官府诉讼案例两个类别，制成附表3《清末民初徽州民间纠纷一览》。收入该表的共计177件案例，其中民间调解层面解决的为111件，上告官府的为66件。这些案例中最早的为道光二十年（1840），最晚的是民国十六至十七年（1927—1928），符合本书所定义的清末民初这一时空研究范围，为我们进行相对公正的客观研究提供了充实的材料支撑。为更清晰地分析清末民初徽州民间纠纷的类型，笔者在附表3的基础上制成表2-1（单位：件）：

表2-1　清末民初徽州民间纠纷类型一览

年号（含时期）	山场纠纷	林木纠纷	坟山纠纷	坟茔纠纷	坟荫纠纷	地业、田土、屋业等产业纠纷	租佃纠纷	经济纠纷	赌博	盗窃	人身伤害	家庭纠纷	妇女纠纷	其他
清中后期	—	1	1	—	1	2	1	—	1	—	—	—	—	—
清后期	—	—	1	1	—	—	—	1	—	—	—	—	—	—
道光后期	—	1	—	—	1	1	1	—	—	1	1	—	—	身份纠纷1
咸丰	2	1	3	—	2	3	5	4	—	2	2	1	—	农业纠纷2，名分纠纷1
同治	—	—	4	3	2	2	3	3	—	1	—	2	3	保护山场1，索诈1

续 表

年号（含时期）	山场纠纷	林木纠纷	坟山纠纷	坟茔纠纷	坟荫纠纷	地业、田土、屋业等产业纠纷	租佃纠纷	经济纠纷	赌博	盗窃	人身伤害	家庭纠纷	妇女纠纷	其他
光绪	3	2	1	5	—	10	3	5	—	4	12	1	4	人命1，农业纠纷1，学籍纠纷1
宣统	—	1	—	—	—	2	—	—	—	—	1	—	—	人命1
清末民初	—	—	—	1	—	—	—	—	—	—	—	—	—	诬告1
民初	2	—	3	4	2	13	4	3	1	3	3	2	2	人命2，索诈1，抢劫1，学务纠纷1
小计（件）	7	6	13	14	8	33	17	16	2	11	19	6	9	16
总计（件）	177													

如表2–1所示，清末民初徽州民间纠纷的类型，主要集中在坟葬纠纷、产业纠纷与人身伤害纠纷这三个方面。其中坟葬纠纷（包括表2–1所列坟山、坟茔与坟荫纠纷）共计35件，占纠纷总数的19.8%。产业纠纷（包括表2–1所列地业、田土、屋业等产业纠纷）共计33件，占纠纷总数的18.6%。排在第三位的是人身伤害纠纷，共计19件，占纠纷总数的10.7%。以上三项纠纷共计87件，占纠纷总数的49.2%，即近一半的份额。排列其后的分别为租佃纠纷17件，经济纠纷16件，山林纠纷（包括山场、林木纠纷）13件，盗窃纠纷11件，妇女纠纷9件，家庭纠纷6件，赌博纠纷2件，分别占纠纷总数的9.6%、9%、7.3%、6.2%、5.1%、3.4%、1.1%。人命、学务等其他纠纷共计16件，占纠纷总数的9.0%。在纠纷发展的时段上，咸丰以前，徽州民间纠纷数量不多。咸同之后，因受太平天国运动的冲击，徽州社会满目疮痍，物资匮乏，人心惶惶，围绕有限资源的纷争不断。民初政权更迭，这种情形更加恶化。

（二）民间纠纷特色变化

与前章所述明及晚清以前徽州民间纠纷相比，清末民初徽州民间纠纷既有共性，更具时代特性。

从文书用语来看，此时徽州民间纠纷文书用语呈现出鲜明的时代特色，维权方式也日益多样化。在文书用语上，纠纷诉词中时常出现“立宪”“维新”“文明”“民主”“共和”“女权”等词汇①。在维权方式上，除递交诉状外，徽人还通过发布广告、张贴布告等形式表达诉求②。这里试以下面三份文书为例进行说明。首先来看一份维权广告文书：

> 被占激愤广告（注意）：敬启者，缘我阖山汪、曹、詹、香严院等，与方姓叠订合墨，同禁沾泗山等处山场松杉二木，惟樵割与王姓公同。今被方姓背议私拼，业经公庭讯明共养属实，按照税摊。讵方姓恃富藐法，以金钱主义仗绅之势，复朦县尊欲私发抢。我等断难抛弃主权，废却先人之合墨。贵宅诸君请勿入山帮运，倘我一时愤恨恐有误伤。故特布告③。

此份激愤广告发布的背景是光绪十六年（1890），方姓族长方生财、执事方耀庭恃其人烟稠密，欺王、汪、曹、詹等姓人烟稀少，遂串通香严院，违背嘉庆十八年（1813）及道光十七年（1837）与山业共有人汪、

① 这方面的资料可谓灿若星辰，不胜枚举。出现“立宪”“维新”等词的文书资料，可参见王钰欣、周绍泉主编：《徽州千年契约文书》（清民国编）卷三，《宣统元年祁门县告示》（第441页）中有“当此立宪时代”一语，《光绪三十一年安徽巡抚禁缠足告示》（第394页）中提及“咸与维新”等语。出现“文明”“民主”“共和”等词的文书资料最多，如黄山学院编：《中国徽州文书》（民国编）第二辑卷六，《民国六年十一月（歙县）吴瑞坤为盗卖耕牛事具诉词》（第365页）中有提及“当此文明世界”一语，《民国元年十月（婺源）鲍兆隆等为止刁杜诈事具禀状》（第380页）中提及“政尚共和”。出现“女权”等词的文书资料，如黄山学院编：《中国徽州文书》（民国编）第二辑卷六，《民国十二年十一月（休宁）余厚民与余邱氏互控呈词照抄附批文》（第372—375页）中提及“现值保障人道，提倡女权时代”。

② 这种以布告传单的形式揭发或者攻击另一方，在明清历史上被称作“飞书”，为当时的法律所严格禁止，甚至可以对擅自张贴布告者加以治罪。伴随着晚清衰落、民国兴起，其法律约束力已不再强劲。

③ 黄山学院编：《中国徽州文书》（民国编）第二辑卷七《民国（婺源）汪、曹、詹、香严院等被占激愤广告》，第25页。

方、王、曹、詹及香严院六姓合约，将该山之杉木擅自占拼，山价五十元亦狼狈分吞。王姓等人无奈，虽已奔县鸣冤屡蒙差提，无如方姓一味恃蛮，屡避不案，使其冤沉莫伸，至今案尚未息①。从这份文书中可以知道，原告王、汪、曹等姓就是以发广告这种极具特色的传播手段来警告帮被告方姓运输树木的帮工，不许帮工擅自入山帮被告方姓扛运，否则汪、曹、詹等姓因为义愤，极有可能做出极端之事，误伤无辜。这种发广告的方式并非个案，在文书中我们看到直至民国初期和后期仍有出现，如下面两份文书所示：

文书一：财产纠纷布告

径启者，今有清遗劣生章尚志，无羞耻、无长上、无心肝、无理说，此固人之有所不能容忍者，略为我三党四界共告之。缘我先父佩诚公，于清同治二年兵燹后，在游埠等处经营立业……迨至光绪十五年，先父年老力衰，恐将来子侄辈，不知生理之艰难，轻财浪用，故合各房人等，敦请亲友……书订章程，只许支利不许支本……孰意自我先父去世后，（章尚志）肆行放荡，不守家规，日赌夜嫖，虽有亲母，不能禁止。数年间存资荡尽，犹不自悔……贪心不足又垂涎忠（即布告人章尚忠）等之产，求助会而不允，捏诬告以欺人，羞乎不羞？……伏乞我族党、戚党、友党，学界、农界、工界、商界共鉴之。

中华民国元年阳历五月　日

绩溪人章尚忠布告②

文书二：鸣冤广告

敬告者，敝人赋性愚拙率直坦白，素以安分为则，于民国□年于杞梓里开设小规模之嫁妆店。时本里有吴承炳者，系一介桶匠，

---

① 黄山学院编：《中国徽州文书》（民国编）第二辑卷六《民国（婺源）王翕和等诉讼文书抄白》，第383—385页。

② （绩溪）《中华民国元年章尚忠与族弟章尚志财产纠纷布告》，转引自田涛：《徽州民间私约研究及徽州民间习惯调查》上册，法律出版社2014年版，第250—252页。

亦在外经营。我以同乡为念，皆是萍聚生涯，交际渐形友谊。而其生性轻浮，频失信用，对于雇主所订之货，至期一无着落。势在急迫，旋向我要求代为料理。当时因关友谊起见，难以推却，遂为之了局。讵知世事沧桑，炎凉可布，后经屡次催索，一再拖延，搁置迄今，尚无结束。至于本年□月间，曾向他商得木板□□号，面结板价，计□元。数日后他遂登门清算。我向他提及前途手续并将流水账检与示知，那料他竟昧却天良借口否认，竟至争执毫无效果。不意他纠合恶少数人，前来将我两具棺材强扛，并将国币三十□元附带而去，此种不法行为殊堪痛恨，彼强我懦没法设想，特仰仁人君子侠义参酌指南进行。不胜感激，盼祷之至！

民国三十六年七月二十四日

方火庆谨白[①]

分析上面两例文书可知：文书一乃民国元年章尚忠与族弟章尚志因财产分配而发生的纠纷，章尚忠用张贴布告这种公开的形式揭发其族弟种种劣迹，以便成为“得理”的一方，以此占据纠纷主动权。文书二乃民国后期嫁妆店老板方火庆，控诉其同乡桶匠吴承炳颠倒黑白，拒不承认已结款项，并恃强强抢其店内棺材及钱款后，扬长而去。因双方强弱悬殊，方火庆在遭受欺凌、无计可施之际，想到用发广告的方式征求仁人君子的建议，以便推动纠纷妥善解决。上述这几种试图通过发布广告、张贴布告等方式进行求助的解纷方式十分新颖，具有时代特点。

从纠纷内容来看，如前所述，此时坟葬纠纷仍在民间纠纷中占据最大比重，许承尧在《歙事闲谭》中记载，民国时期徽州民间纠纷“顾其讼也，非若武断者流，大都坟墓之争，十居其七。比年此风亦稍息矣”[②]。各种因盗葬、侵犯祖坟、盗砍荫木等引起的坟葬纠纷与之前相

① 黄山学院编:《中国徽州文书》(民国编)第二辑卷七《民国三十六年七月(歙县)方火庆为赖账强抢棺木钱财鸣冤广告草底》,第22页。

② 许承尧撰,李明回、彭超、张爱琴校点:《歙事闲谭》卷十八《歙风俗礼教考》,黄山书社2001年版,第605页。

比，比例虽略有下降，但总数仍然不少。这源于徽州特殊的地理环境和风俗传统，“徽州地处穷山峻岭之间，素有‘七山二水一分田’之说，人均可耕地很少，用于安葬的墓地显得十分珍贵”①。深受程朱理学影响的徽人又素重风水之说，他们认为坟地龙脉“吉地本自天成，辅相正需人力。倘龙穴沙木一处受伤，则体破气散，焉能发福？堪舆家示人堆砌种树之法，皆所以保全生气也”②。所以，侵犯坟墓和盗砍坟荫等问题一直备受徽人重视。日本学者滋贺秀三曾在《中国家族法原理》一书中指出：“对于中国人来说，坟墓是具有极为重要意义的存在……和阳宅要慎重地选择地形方位来建设一样，比其更强烈得多的是关心坟墓要卜到吉地来营造。这一地相的吉凶或管理的良否被认为左右着子孙的命脉。”③因此，无论时代如何变迁，徽人重视坟葬的传统一直未变，这种情形在太平天国运动后更剧④，且对盗葬盗卖祖坟的现象坚决零容忍⑤。另从表2-1中可见，此时民间社会山林纠纷（包括山场与林木纠纷）数量也不少，这除与山界相连，界限本已不清这一客观原因有关外，还有经济利益方面的考量，徽州“山林资产价值极高，木材和山林产品的收益，是商业资本的重要来源”⑥，故“争山业而斗殴者居多”⑦。除传统纠纷形式如坟

① 田涛：《徽州地区民间纠纷调解契约初步研究》，《法治论丛（上海政法学院学报）》2009年第1期。

② 民国《绩溪明经胡氏龙井派宗谱》之《祠规·职守四条·护龙脉》，民国十年木活字本。

③ [日]滋贺秀三著，张建国、李力译：《中国家族法原理》，法律出版社2003年版，第304页。

④ 据《民事习惯调查报告录》记载：“皖俗迷信风水，民事诉讼关于坟山争执者，实居多数”，太平天国运动后，“各户契据遗失者不知凡几，因而所有权之根据，多无契约可以证明。故每一涉讼即持谱以为凭证，但其记载亦未必尽实，间有同一事件，甲姓族谱与乙姓族谱所述之事实互相冲突者”。在此情形下，发生纠纷自然不可避免。参见前南京国民政府司法行政部编，胡旭晟、夏新华、李交发点校：《民事习惯调查报告录》，中国政法大学出版社1998年版，第226页。

⑤ 附表3《清末民初徽州民间纠纷一览》中民间调解纠纷第104号案例，就是一起因坟葬纠纷引发的命案。民国十四年族逆法贵、春闵盗卖本堂祖坟与外人安葬，族人邦文等出面阻止，被族逆持斧行凶毙命。上告官府诉讼案例第1号案例中，原告因被告侵犯祖坟风水而不告不休。同治九年汪鸣銮等状告杨良玉在其吴清山墓祠创设榨油坊，震伤祖坟地脉，一路分别上告至分巡道、省按察司、巡抚及两江总督，后以汪姓胜诉而结案，其具体过程请参看后文第四章。

⑥ [日]中岛乐章著，郭万平、高飞译：《明代乡村纠纷与秩序：以徽州文书为中心》，江苏人民出版社2010年版，第205页。

⑦（清）刘汝骥：《陶甓公牍》卷十二《祁门民情之习惯》，第602页。

葬与山林纠纷居高不下外，清末民初徽州民间纠纷还出现了很多新特点。

其一，伴随着佃仆数量急剧减少，主仆纠纷数量已大幅下降，不再成为时代主要矛盾。这其中原因何在呢？叶显恩认为，佃仆数量减少除平日逃跑外，还跟佃仆的起义反抗斗争及太平天国运动有关，在这些事件中，佃仆或大量逃亡或惨遭屠杀。清中叶开豁为良令的数次颁布[①]也使得佃仆数量愈益减少。所以到了清末，佃仆一般只存在于一些强宗大族和缙绅地主的宗族内，到了民国年间，则多为封建宗法势力强固的宗族祠堂所拥有，私人拥有的佃仆已经很少很少了[②]，因此发生主仆纠纷的可能性也就微乎其微了。

其二，产业与租佃、经济等纠纷数量明显增多，人身伤害与盗窃案层出不穷。这源于清末民初动荡的时代背景。政局动荡之际，为谋求生存，基层社会围绕有限资源如地业、田土、屋宇等的产业纠纷[③]必然增多，发生财产盗窃与人身伤害的概率也不断增大[④]。伴随着清末民初社会变革的加剧、贫富差距的扩大，长久以来在主佃关系中处于劣势、唯命是从的佃户们，面对高额的租额[⑤]不再沉默，甚至奋起反抗。故佃户吞租不交、欠租不还等现象比较突出，有的佃户还长期霸占田主生产工具不还，佃占主田、霸业强种，在凭中归还田业后又强行收割田禾稻谷，迫

① 清代，伴随着一部分佃仆经济实力的增强、认识水平的提高，主仆之间的冲突也愈演愈烈，纠纷诉讼层出不穷。面对连绵不断的佃仆反抗斗争，清政府也顺应潮流，于雍正五年发布开豁世仆谕旨，规定："徽州、宁国、池州三府之世仆、伴当皆除其贱籍，使为良民。"嘉庆十五年《大清律例》卷八规定："徽州、宁国、池州三府民间世仆……若早经放出，并非现在服役豢养，及现不与奴仆为婚者，虽曾葬田主之山、佃田主之田，均一体开豁为良。"此例一出，一时开豁数万人。

② 叶显恩：《明清徽州农村社会与佃仆制》，安徽人民出版社1983年版，第282页。

③ 详见附表3《清末民初徽州民间纠纷一览》中民间调解纠纷第32—51号案例，上告官府第19—31号案例。

④ 盗窃案详见附表3《清末民初徽州民间纠纷一览》中民间调解纠纷第73—81号案例，上告官府诉讼案例第44—45号案例。人身伤害案详见此表中民间调解纠纷第88—101号案例，上告官府诉讼案例第49—53号案例。

⑤ 赵华富曾以歙县为例，统计过晚清徽州佃户所交每亩租额，最高为24.27斗，最低为21.62斗，平均为23.21斗。详见赵华富：《徽州宗族研究》，安徽大学出版社2004年版，第113—118页。

使田主频频上告，年年不休[①]。

其三，社会风气败坏，金钱至上，烟赌横行。如清末《课程》中就收录有蒋璧辉《惜钱歌》：

钱财你本是国宝流源，万事当先堪美。无翼能飞，无手能扳，周流四海，运用无边。有了你许多方便，没了你许多煎熬；有了你精神刚健，没了你坐卧不安；有了你夫妻和好，没了你夫妻离散；有了你亲朋尊仰，没了你骨肉冷淡。见几个登山涉水、见几个鸡鸣看天、见几个抛妻别子、见几个背却椿萱、见几个游浪江湖、见几个千里为官、见几个为娼为盗、见几个昼夜赌钱，一切都为钱。说甚么学富五车，七岁成篇；论甚么文崇北斗，才高丘山；论甚么圣贤名训，朱子格言；讲甚么穷理尽性，学贯天人。有钱时人人钦羡，无钱时改革避嫌。惟憾你性太偏，喜的是富贵，恶的是贫贱，看来有无都被你挂牵。钱，你不似明镜，不似金丹，到（倒）有些威力冲权。能使人掀天揭地，能使人平地登天，能使人顷刻为业，能使人陆地成仙，能使人到处逍遥，能使人不第为官，能使人颠倒是非，能使人痴汉作言。因此人人爱，个个贪。人为你昧灭天理，人为你用尽机关，人为你败坏纲常，人为你冷灰起烟，人为你忘却廉耻，人为你无故生端，人为你舍身丧命，人为你平空作颠，人为你天涯遍走，人为你昼夜无眠。钱，人人被你颠连。出言你为首，兴败你当先，成也是你，败也是你。[②]

从这则通俗易懂的《惜钱歌》中可以看出，自明代后期在徽州社会就出现的“金令司天，钱神卓地。贪婪罔极，骨肉相残”[③]的现象，在清末民初时期愈演愈烈。因为钱“能使人掀天揭地，能使人平地登天，能

① 详见附表3《清末民初徽州民间纠纷一览》中民间调解纠纷第52—63、82—83号案例、上告官府诉讼案例第32—36号案例。

② 刘伯山主编：《徽州文书》第二辑卷八《黟县十都宏村万氏文书——清末〈课程〉之五（惜钱歌）》，第468页。

③ 万历《歙志·风土》，明万历三十七年刻本。

使人顷刻为业，能使人陆地成仙，能使人到处逍遥，能使人不第为官，能使人颠倒是非，能使人痴汉作言”，因此人人爱、个个贪，甚至不惜昧灭天理、用尽机关、败坏纲常、冷灰起烟、忘却廉耻、无故生端、舍身丧命、平空作颠、天涯遍走、昼夜无眠。“重利轻义”的金钱至上论在社会上开始风行，腐蚀着人们的价值取向与行为规范，败坏着社会风气。不仅如此，烟赌仍是严重的社会问题。赌博这一陋习在徽州历史悠久，由此引发的社会问题一直备受宗族和官府关注。“乃有不务生业、游手好闲、赌博骗财、诱人为非者，真盛世之敝民，乡族之巨蠹也。”[①]徽州各大宗族，以修订族规、家法之机，不厌其烦地宣扬赌博害处，严禁族众涉赌：“子孙赌博、无赖及一应违于礼法之事，其家长训诲之。诲之不悛，则痛棰之。又不悛，则陈于官而放绝之。仍告以祠堂，于祭祀除其胙，于宗谱削其名。”[②]明末歙县知县傅岩也将赌博列为“十恶”之第二大社会公害：“赌风日炽，亡赖恶棍串党置立药骰筹马局，诱人子弟倾荡家产，甚有沦为奸盗，而犯者比比。”[③]清末民初之际社会动荡，赌风更盛，且常与鸦片迭相为害，腐蚀着社会风气，也威胁着社会稳定。附表3《清末民初徽州民间纠纷一览》上告官府诉讼案例第60号案例中，被告洪观林因为好赌荡家，先将妻子程氏出卖以作赌资，后又搭台作案将程氏抢回，致使买主在付过百元财礼，人财两空后愤而上告。上告官府第61号案例中，原告因向被告借贷不成，居然诬赌泄愤。

其四，学务纠纷增多，教育腐败凸显。清末废科举兴学堂，大量新式学校出现，但由于土豪劣绅对教育的把持，使得教育日益腐败。“县立私立各小学大半被劣绅把持，供其敲诈敛钱之机关。而乡村私塾林立，又多无智识之塾师……长此以往，不加整顿，将来不特贻误教育，势必造成腐化青年等因到会。”[④]就小学教育而言，腐败已极：“借此渔利，借

①(明)程弘宾编修:《歙西岩镇百忍程氏本宗信谱》卷十一《约族》,明刻本。

② 雍正《休宁茗洲吴氏家典》卷一《家规》,清雍正十三年刻本。

③ (明)傅岩:《歙纪》卷五《纪政绩·事迹》,明崇祯刻本。

④ 王振忠:《徽州社会文化史探微:新发现的16~20世纪民间档案文书研究》,上海社会科学院出版社2002年版,第470页。

此沽名者，比比是也。”[①]中学教育也不能幸免，1927年《徽侨月刊》第10期记载：“教育界之腐败，实令人齿冷。我歙南之中学毕业，大半皆抱吃敲主义，其能洁身自好者，实如曙星。”[②]附表3《清末民初徽州民间纠纷一览》中民间调解纠纷第111号案例即是证明。此案中，新安公立甲等商业学校原校长江慊及经理员耿少安，借职权之便侵吞由紫阳书院租金划拨而来的学款本银达二千八百两之多。

三、清末民初徽州民间纠纷双方关系及处理方式

（一）双方关系

清末民初之际，伴随着佃仆数量急剧减少，主仆纠纷数量已大幅下降，故与晚清以前民间纠纷不同，此时纠纷多发生于“同族、邻人和亲戚”之间。另因受太平天国运动的影响，徽州人口锐减，大量山场荒芜，市镇也急需用工人手。在商品经济浪潮下，来徽求生的客民也有不少，他们和当地民众一起垦山务工、建设徽州经济之余，也会引发形式各样的土客冲突。为更方便地说明问题，笔者根据附表3中的111件民间调解纠纷和66件上告官府诉讼案例制成表2-2和2-3。

表2-2　清末民初徽州民间调解纠纷双方关系及处理方式

序号	纠纷类别	双方关系(件)	处理方式(件)
1	坟茔纠纷（10件）	同族2	凭保甲2
		亲戚3	凭乡约1,凭中人2
		邻人1	凭乡约1
		田产共有人1	凭亲朋1
		坟山共有人2	凭保甲1,亲友1
		未提及1	凭宗族1

① 王振忠:《徽州社会文化史探微:新发现的16~20世纪民间档案文书研究》,上海社会科学院出版社2002年版,第469页。

② 王振忠:《徽州社会文化史探微:新发现的16~20世纪民间档案文书研究》,上海社会科学院出版社2002年版,第468页。

续 表

序号	纠纷类别	双方关系(件)	处理方式(件)
2	坟山纠纷（7件）	同族1	凭宗族乡保等1
		邻人2	凭耆老1,凭宗族1
		两族1	凭中人1
		主客1	凭绅董1
		买卖主双方1	凭中人1
		坟业共有人1	凭中人1
3	坟荫纠纷（5件）	同族3	立甘约1,凭中人1,凭宗族1
		主雇2	凭保甲2
4	山场纠纷（5件）	同族2	凭宗族1,凭中人1
		亲戚1	凭中人1
		邻人1	凭中人1
		未提及1	立甘约1
5	林木纠纷（4件）	邻人1	凭乡约1
		山场共有人1	凭中人1
		主雇1	凭中人1
		买卖主双方1	凭中人1
6	田土纠纷（4件）	同族1	凭宗族1
		亲戚1	凭宗族1
		邻人1	凭亲友1
		买卖主双方1	凭保甲1
7	地业纠纷（6件）	同族3	立甘约1,凭宗族2
		亲戚1	凭亲友1
		邻人1	凭中人1
		未提及1	凭保甲1
8	屋业纠纷（5件）	同族1	凭绅董1
		邻人2	凭亲友1,凭保甲1
		买卖主双方1	凭保甲1
		房主房客1	凭耆长1
9	产业纠纷（5件）	同族4	先投董事再投知事1,凭保甲1,立合同1,凭两学师台1
		亲戚1	凭文会乡约1

续 表

序号	纠纷类别	双方关系(件)	处理方式(件)
10	租佃纠纷(12件)	同族3	凭宗族2,凭中人1
		主佃9	先投约中再投知事1,凭保甲8
11	经济纠纷(9件)	同族4	凭中人1,凭绅董1,立合同1,凭宗族1
		亲戚3	凭中人2,凭知事1
		债权人与债务人1	凭保甲1
		买卖主双方1	凭知事1
12	盗窃纠纷(9件)	邻人2	凭保甲2
		窃贼与失主6	凭文会约保1,凭中人2,凭耆老1,立甘约1,凭保甲1
		买卖主双方1	凭中人1
13	农业纠纷(3件)	同族1	凭邻亲友1
		主佃2	凭中人1,凭保甲1
14	家庭纠纷(3件)	亲戚3	凭保甲1,凭文会与族众1,凭中人1
15	人身伤害(14件)	同族4	凭文会、知事、族房长及乡约等1,凭保甲1,凭中人1,凭耆老1
		亲戚5	凭执事2,凭保甲1,凭宗族1,凭中人1
		邻人4	凭宗族1,凭乡约2,凭所长1
		失主与窃贼1	凭保甲1
16	人命案(3件)	死者之叔与凶手1	凭乡约、保甲1
		同族1	立合同1
		邻人1	凭中人1
17	妇女纠纷(4件)	同族3	凭宗族3
		邻人1	立甘约1
19	索诈纠纷(1件)	未提及1	凭执事1
20	名分纠纷(1件)	同族1	立合同1
21	学务纠纷(1件)	同事1	上报全徽教育联合会及省教育厅1

表2-3　清末民初徽州上告官府诉讼案例双方关系及处理方式

序号	纠纷类别	双方关系(件)	处理方式(件)
1	坟茔纠纷(4件)	邻人1	告徽州府1
		亲戚1	告县1
		先后买主1	投鸣歙县知事公署1
		未提及1	告县1
2	坟山纠纷(6件)	同族1	告县1
		邻人4	告县4
		买卖主双方1	告县1
3	坟荫纠纷(3件)	同族1	告官1
		邻人1	告县1
		坟山共业人1	告县政府1
4	保护山场(1件)	业主与产业1	告县1
5	山场纠纷(2件)	同族1	告官1
		山场共有人1	告县1
6	林木纠纷(2件)	邻人1	告县1
		未提及1	告县1
7	地业纠纷(2件)	同族1	告县1
		邻人1	告县1
8	屋业纠纷(3件)	同族1	告县1
		亲戚1	告县1
		邻人1	告县政府1
9	产业纠纷(8件)	同族3	告县2,告官1
		亲戚5	告县4,告县政府1
10	租佃纠纷(5件)	同族1	告县1
		主佃4	告县4
11	经济纠纷(7件)	同族1	告县1
		亲戚1	告县1
		合伙人3	告官1,上控府宪1,告府1
		债权人与债务人1	告官1
		师徒1	告县1

续 表

序号	纠纷类别	双方关系(件)	处理方式(件)
12	盗窃纠纷(2件)	失主与窃贼2	告官2
13	家庭纠纷(3件)	亲戚3	告县主3
14	人身伤害(5件)	同族1	告县1
		邻人2	告官2
		买卖主双方1	告官1
		未提及1	告县1
15	人命案(1件)	未提及1	告县1
16	妇女纠纷(5件)	邻人2	告县1,告歙县地方法院1
		未提及3	告县2,告官1
17	赌博纠纷(2件)	邻人1	告县1
		未提及1	告官1
18	抢劫案(1件)	未提及1	告官1
19	索诈纠纷(1件)	买主与中人1	告官1
20	诬告(1件)	同族1	告官1
21	学籍纠纷(1件)	未提及1	告县1
22	身份纠纷(1件)	邻人1	告县1

通过梳理表2-2、2-3中的数据可以看出：111件民间调解纠纷中，双方关系为同族的34件，亲戚18件，邻人17件，主佃11件，主雇3件，主客1件，其他27件。66件上告官府诉讼案例中，双方关系为邻人的15件，同族12件，亲戚11件，主佃4件，其他24件。由此可见，清末民初徽州民间纠纷多发生在同族、邻人与亲戚之间，且主佃、主雇与主客之间因故发生纠纷的数量也不少。如前章所述，民间纠纷采取何种方式来进行解决，并不存在一个统一、明确的标准，除受纠纷双方实力对比及民间调解人权威与面子大小影响外，纠纷双方关系的亲疏程度也是不容忽视的一个方面。即纠纷双方关系愈亲近，则直接在民间层面调解的可能性愈大；反之，没有任何亲属与血缘关系的邻人，在发生纠纷时更愿无所顾忌的上告官府。

（二）处理方式

清末民初徽州民间纠纷的处理方式主要分为民间调解与上告官府两个层级，如前章所述，当纠纷发生时，对立双方首选在民间层面进行调解。统计表2-2中的数据可以发现：在民间纠纷的调解中，清末民初保甲、乡约、宗族、文会等基层组织，中人、绅董、亲友等民间群体，积极配合着府县各级行政机构，共同发挥着稳定民间社会秩序的巨大作用。为更直观地看到这些数据，笔者在表2-2《清末民初徽州民间调解纠纷双方关系及处理方式》的基础上制成表2-4：

表2-4　清末民初徽州111件民间纠纷调解方式

调解方式	纠纷发生时间			合计(占比)
	晚清(件)	民初(件)	未记载(件)	
保甲、乡约	24	8	1	33(29.7%)
中人	19	6	—	25(22.5%)
宗族	11	6	—	17(15.3%)
耆老、绅董	3	4	—	7(6.3%)
亲友	4	2	—	6(5.4%)
文会	4	0	—	4(3.6%)
立甘约、合同	6	3	—	9(8.1%)
其他	5	5	—	10(9.0%)

从表2-4可以清晰看出：清末民初徽州民间纠纷的调解中，保甲、乡约、中人与宗族是民间调处最常见的解纷方式，且保甲、乡约的调处作用远远大于后两者。这与前章论述的明及晚清以前徽州民间纠纷解纷方式大同小异。相同之处在于都看到了宗族这一基层组织和中人、亲友等群体在明清两代及民国初年于民间调处中所起的连贯作用，不同之处在于里老、保甲、乡约和文会等基层组织解纷职能在不同历史时期的接力传承。如前所述，明初的里老调处制度在明中期后由于里老人素质的下降及里甲编审职能的丧失而遭到破坏。封建政府为加强对乡村控制，便加大了对北宋期间便已存在的保甲组织的扶持，使其在发挥调查户口、

治安管理等首要职能之余，还发挥着接受投状、进行民间调解的作用。乡约组织同样起源于北宋，明嘉靖初年由礼部檄文全国后再度勃兴，其建立之初与保甲含义几近相同，即都具有较强的军事防御与治安管理职能。待宗族族长和地方乡绅逐渐控制乡约统治权后，便将其与族规家法紧密结合，使其渐具劝善惩恶、移风易俗等道德教化的职能。到了清代，保甲、乡约正式取代里甲制度，成为维持地方社会治安与进行纠纷调处的主要基层组织。正如我们在表2-2、2-3中所看到的那样，清末民初之际，当发生同族纠纷时，原被告双方仍倾向于宗族内调解，当纠纷延至族外，保甲、乡约组织便成为徽人常选的申诉之地，且保甲的调解作用远比乡约更活跃。除保甲、乡约外，在徽州还有另一种组织也发挥着解纷职能，这就是文会。文会作为布宣教化的组织，除定期集会研讨儒家经典及程朱理学外，还发挥着解决民间纠纷的作用。所谓“各村自为文会，以名教相砥砺。乡有争竞，始则鸣族，不能决则诉于文会，听约束焉。再不决，然后讼于官，比经文会公论者，而官借以得其款要过半矣。故其讼易解”[①]。试以下面文书为例进行说明：

立墨据大住，今凭中立墨据于二兄大伸名下。缘大兄大倚早故，继有嗣子光镒。于道光二十二年间父亲辞世后，所遗田产店业，系归嫡母汪氏掌管，迨至咸丰九年六月间，嫡母见弟与二兄均已成人，旋将应有田地屋宇以及会票并所存银洋，扫数交凭房族人等逐细秉公配搭均分，立有阄书各执一纸。弟与二兄分居各爨，历年以来，两无异说。嗣因客岁收谷，口角微嫌，以致成讼。今蒙文会先生与族众，从中调处，劝二兄量力帮补。无为二兄所理银洋，叠遭寇掳尽绝，现在除田地屋宇之外，毫无所有，实属实在情形。公劝二兄，只得将承分之田内拨帮弟腴田十六亩，其田即经文会先生与族众交弟照收执业，以息争端，仍行和好。此事系承诸公垂念排解，弟与二兄两相心服，不致反悔，立此墨据存照。

① 许承尧撰，李明回、彭超、张爱琴校点：《歙事闲谭》卷十八《歙风俗礼教考》，黄山书社2001年版，第602页。

同治四年三月 日

立墨据：大住

凭亲族：大何、大体、可锝

凭文会：范兆荣、范钟凤、郑俊芳、郑霖

执笔：应宝①

从上面这份文书可以看出：此件纠纷发生的时间为晚清时期。纠纷双方三弟大住与二兄大伸，本属手足。自父道光年间辞世后，其产业均归嫡母掌管，咸丰九年兄弟二人均已长大成人，由母将产业银钱交凭房族人等搭配均分，分居各爨无异。只因去年兄弟二人因田间收谷引发口角纠纷，此时出面解决居中调处纠纷的就是文会先生与族众等人，他们在厘清纠纷缘由后，劝理亏的二兄帮补受损失的三弟，以息争端，由此可见文会在调解纠纷时所起的作用。另外上述基层组织和群体在调解纠纷时，为达到息讼的目的，还时常向处于弱势的一方倾斜，以便维持双方情谊，快速结束纷争②。如附表3《清末民初徽州民间纠纷一览》中民间调解纠纷第28号案例，黄正墅因家贫盗砍与他人合股之山木，蒙中平息后，因念其衣食不敷之实际，合股受害方居然倒贴其银钱两千文，以换取黄正墅日后不再擅自入山砍斫山木的承诺。民间调解纠纷第38号案例中，因俞鸣燮捡得李理源先年所买茶号屋业契纸，遂至该户造坟，引发地业归属纠纷。虽地业确属李理源所有，但为免纠纷扩大，在中眷的建议下，原主李理源不得不破财消灾，捐租额十秤以作俞鸣燮递年拜扫之资，至此纷争才得以平息。

1912年，民国建立。表2-3《清末民初徽州上告官府诉讼案例双方关系及处理方式》中的66件上告官府诉讼案例，民众上告的地点已从传统的州县衙门过渡至现代意义上的县政府或地方法院，但民众上告的原

① 刘伯山主编：《徽州文书》第三辑卷一《歙县九都十三图七甲程氏文书——清同治四年三月大住立墨据》，第97页。也可参见附表3《清末民初徽州民间纠纷一览》中民间调解纠纷第86号案例。

② 详见附表3《清末民初徽州民间纠纷一览》中民间调解纠纷第28、38、42、98号案例。分析这些纠纷调处可以发现，其中存在着非常明显的弱势群体保护倾向。

因几无改变，即均是因纠纷双方无法或不能私下达成和解，迫于无奈而上告官府。统计附表3《清末民初徽州民间纠纷一览》中的66件上告官府诉讼案例，可以看出：因投告保甲无效而上告官府的有5件，分别为第5、10、33、44、53号案例；投告中人无效而被迫上告的有6件，分别为第4、7、8、12、18、38号案例；投告自治员绅、乡约、知事、宗族无效而上告官府的有4件，分别为第20、35、52、57号案例，以上共计15件，占上告官府诉讼案例的22.7%。面对民众的上告，历届政府的断案思路也未发生实质变化，即在对照律例、尊重民间合约效力的基础上，做出合情合理的判决，以便快速结束纷争、和息结案。

清末民初的徽州社会，历经了鸦片战争、太平天国运动、清朝灭亡与民国建立等近九十年的沧桑巨变。传统与近代的变革，新旧文明的激烈碰撞，均给当时的徽州社会带来了诸多变化。考察此时出现的民间纠纷类型，发现其与明及晚清以前徽州民间纠纷相比，在保持共性之余更具时代特性。如从文书用语来看，呈现出鲜明的时代特色，“立宪”“维新”“文明”“民主”“共和”“女权”等现代词汇不时闪烁。维权方式也日益多样化，即除采取传统的投递诉状形式外，还出现了发布广告、张贴布告等新的传媒手段。坟葬纠纷与山林纠纷仍在民间纠纷中占据较大比重。随着时代的发展变化，主仆纠纷数量已大幅下降，新的纠纷类型如教育腐败凸显。动荡的政局，使得民众对有限资源的争夺更为剧烈，故产业纠纷与租佃、经济纠纷数量上升，人身伤害与盗窃案层出不穷。从社会风气上进行考量，此时徽州社会金钱至上，烟赌盛行，这些都给当权者带来了巨大的治理考验。

为平息纷争，维持基层社会稳定，徽州保甲、乡约、宗族和文会等基层组织，中人、绅董和亲友等民间群体，积极配合处于动乱与政权更迭中的徽州各府县行政机构，开展纠纷调解和协同治理等方面的工作。

第三章　清末民初徽州社会加强纠纷治理的总体思路

清末民初社会变革的冲击，民间纠纷类型的新变化，都给宗族与官府调处纠纷与加强社会治理带来了新挑战。面对新的形势，徽州宗族和地方官府各司其职、各尽其力，在调处民间纠纷之余还加强了内部治理，力图最大程度地稳定徽州社会秩序。

一、徽州宗族：调处族内纠纷，加强内部治理

宗族是徽州的社会基础，其在宋元时期逐步定型，并在明清时期稳固与繁荣发展，以至“成为封建专制制度的最基层的社会组织”[①]。此时，各大宗族协助官府很好地承担了社会治理的重任，其不仅担当着教化、教育互济、公益建设等自治职能，而且担负起治安、司法、赋役等基层政权的管理职能，从而形成了县—宗族—小家庭的格局。徽州形态是家国同构体，是从组织上（宗族）到思想上（理学）最为完备的典型，也是中国专制制度对农村控制最为严密的类型[②]。然而到了清末，如前所述，由于外国资本主义入侵的影响和太平天国运动的冲击，徽商衰落，徽州宗族组织也遭遇重创，各大宗族祠堂、祖墓被毁，谱牒散失，人心涣散，纠纷迭起。为维持宗族统治、统摄人心，徽州宗族一方面通过重修祖墓、祠堂等方式再构宗族组织，重塑宗族凝聚力；另一方面则借重编谱牒之机，利用族规家法等方式加强对族人不法行为的管控，重建宗族内部秩序。正是因为徽州宗族面对危机时所表现出来的超强应变能力，

① 李琳琦:《徽商与明清徽州教育》,湖北教育出版社2003年版,第159页。

② 唐力行:《徽州宗族社会》,安徽人民出版社2005年版,第215页。

才使得其能在保持自身稳定之余，还能协助官府承担起社会教化与治理的重任。

（一）调处族内纠纷

当发生族内纠纷时，宗族祠堂是族人告争的首选地点，族长、房长等人是族规家法的执行者。“族中以强欺弱、倚众暴寡、恃尊凌卑、以幼犯长、靠富欺贫、捏故占产、诬人名节、挑弄是非、唆讼滋事、盗窃损物，以及一切犯法违理不平之事……准被害者禀祠”[①]，由族长“悉为之处分排解，不致经官”[②]。徽州宗族大都规定：“族内一切纠纷，首先必须在族中凭家法论处，不得轻易报官，违者处以罚款，再违者予以重处。”[③]族长这种族内处断权力也是获得官府首肯的，据清《户部则例》卷三《保甲》记载：“凡聚族而居、丁口众多者，准择族中有品望者一人，立为族正，该族良莠责令察举。”统计附表3《清末民初徽州民间纠纷一览》中民间调解纠纷记载的由宗族调解的17件案例[④]，在这当中，显示纠纷双方为同族关系的10件，亲戚关系的4件，邻人关系的2件，未提及双方身份的1件。由此可见，在发生同族纠纷时，绝大多数族人首选的投告对象仍为宗族。宗族族长等人在受理族内纠纷时，贯彻着“教育与惩治”相结合的原则。正如我们在附表3中看到的那样，宗族调解成功的案例中，理亏的一方大都会立甘结息讼[⑤]。对于冥顽不灵的不肖族丁，视其情节轻重，或祠规论处[⑥]，或上交官府、呈公究治。正是由于

① 民国《绩溪长标东陵邵氏宗谱》卷四《祠规》，民国十九年木活字本。

② 乾隆《重修古歙东门许氏宗谱》卷八《许氏家规》，清乾隆十年刻本。

③ 严桂夫、王国健：《徽州文书档案》，安徽人民出版社2005年版，第334页。

④ 详见附表3《清末民初徽州民间纠纷一览》中民间调解纠纷第6、11、17、22、27、32、35、39、41、52、59、64、91、97、106—108号案例。

⑤ 如附表3《清末民初徽州民间纠纷一览》中民间调解纠纷第11号案例的被告程端均，其因盗卖祖坟山业给同族后案发，在族长、房长等人的调处下，自知情亏，赎回卖契当面销毁，并承诺永不敢变易。在民间调解纠纷第52号案例中，程端均又因欠交灯油会之租，致被呈控，后托族平息，承诺其租当即缴讫，日后再无得拖欠。

⑥ 如附表3《清末民初徽州民间纠纷一览》中民间调解纠纷第22号案例被告汪观灶侵占祖坟荫木，族内议定若其仍执迷不悟，祠规论处。

他们的居中调停，才使得相当数量的民间纠纷于私下平息①。

（二）加强内部治理

清末民初，重建后的徽州宗族，除及时受理族内纠纷外，还主动出击，一方面继续运用族规家法、村规民约等方式约束族人，消弭纠纷。另一方面则积极寻求官府协助，以提高纠纷治理效能。

1.制定族规家法，严禁族人健讼

针对清末民初纠纷迭起，社会秩序动荡的局面，徽州宗族借乱后重编谱牒之机，在族规家法中对族众的健讼行为进行约束，力图最大程度地消弭纠纷，维护宗族秩序。当发生族内纠纷时，民国《古黟环山余氏宗谱》在家规中规定："家族人众事繁，争辩多所不免，但不可辄兴词讼，烦扰官府。各备其情，陈之家长，会集监视、亲族于祠堂中，将两下究其颠末，分剖孰是孰非，毋得一毫挟私偏向。然后于直者劝其涵容，曲者省其输服，务与调停处分，以息其争。如或执拗不从众议者，议罚；曲而不从者，倍罚之。倘有肆梗怙终、悍黠健讼、背规忘祖之徒，家众详具是非，揭帖呈官，官必赐允，决不长奸纵恶也。"②咸丰《婺源槐溪王氏支谱》在宗规中提及："族人倘因财产口过互相是非，务从族长贤明者公议释判，勿得擅便经公，以失大义。"③同治《歙县金山洪氏宗谱》在凡例中有言："大抵贪利则争，使气则斗，争斗不已，而讼兴焉。夫讼一兴，未有不倾家破产，以致结仇于莫解者。故处宗族以和睦为贵，凡遇族中有事，当善为劝解，俾相安于无事，则风俗日以淳。切不可教唆，致宗支如吴越也。倘有犯者，小则鸣鼓责惩，大则呈公究治。"④民国《绩溪涧洲许氏宗谱》在祠规中规定："受人欺侮，情固难容，然必须投

① 详见附表3《清末民初徽州民间纠纷一览》中民间调解纠纷第11、22、27、32、35、39、41、52、59、64、97号案例，他们均是在宗族调解下平息纷争的。另民间调解纠纷第6、17、91、106—108号案例，纠纷双方选择的投告对象也是宗族，只是囿于资料所限，未记载最后调停结果。

② 民国《古黟环山余氏宗谱》卷一《余氏家规》，民国六年木活字本。

③ 咸丰《婺源槐溪王氏支谱》卷六《宗规十六条》，清咸丰六年木活字本。

④ 同治《歙县金山洪氏宗谱》卷一《凡例》，清同治十二年刻本。

告亲族，由祠调处。若逞意兴讼，两造机诈百出，欲罢不能，破家荡产，悔恨无及。惟父母之仇、祖坟被害、奸淫大变应力申雪，其余皆可以情恕理遣。"[①]由此可见：这时期当发生族内纠纷时，各大宗族要求族众首选的申诉地点仍为祠堂，受理词讼的乃是族长、亲族等宗族领导人员。其在族规家法中反复告诫族众惜族谊，切不可擅兴词讼，烦扰官府，否则将破家荡产，悔恨无及[②]。只有当面对"肆梗怙终、悍黠健讼、背规忘祖之徒"，或遭遇"父母之仇、祖坟被害、奸淫大变"等之时，方许告官。如若违反息讼的上述规定，族人将遭受诸如训诫、罚跪、祠堂笞杖、经济制裁、开除族籍、鸣官究处等各式惩罚。当纠纷延至族外，族内亲族无法调处时，各大宗族也不允许族人擅兴词讼："邻里乡党，贵尚和睦，不可恃挟尚气以启衅端。如或事尚辩疑，务宜揆之以理。曲果在己，即便谢过。如果彼曲，亦当以理谕之。彼或强肆不服，事在得已，亦当容忍。其不得已，听判于官。毋得辄逞血气，怒詈斗殴，以伤和气。违者，议罚。"[③]"诉讼一事，最当谨始。使官司公明可恃，尚不当为。况官司关节更取货贿，或官司虽无心而其人之资暗弱，为吏所使，亦何所不至？有是而后悔之，亦无及矣。且邻里间所讼，不过侵占地界、逋负钱物及凶悖陵犯耳，故徐徐谕之，勿遽兴讼。谚云："争田不如别置，争妻不如别娶。"此言虽小，最切人情。盖举兵易，解祸难；告状易，结证难。"[④]从这些息讼条款可以看出：各大宗族认为邻里争讼不过田土钱财等细故，倘因一时忿气被陷其中，不但辱身失名、耗时费财，且为吏所使、为讼所累，到时就后悔莫及了。所谓"好争非君子之道，争之不已则必至诉讼，岂盛德事哉！讼者之辞皆无实之辞，甚足以坏人心术且至

① 民国《绩溪涧洲许氏宗谱》卷十《祠规》，民国三年木活字本。

② 关于民人因涉讼而破产荡家的资料，请参看附表4《清末民初徽州讼费筹集一览》，在此表中，笔者搜集了留存于各类徽州文书中的筹集讼费史料。通过分析这些资料可以看出：单个家庭卷入讼事时，一般采取卖田卖租、卖地卖树等方式筹款。宗族或合伙人卷入纠纷诉讼时，通常采取按租分派、照灶（锅）分派、照房（户）均出、照丁科派、照股均出、公同派出等多种方式筹费，其中照丁科派与照股均出最为常见。

③ 民国《古黟环山余氏宗谱》卷一《余氏家规》，民国六年木活字本。

④ 民国《绩溪周氏重修族谱正宗》卷一《宗训》，民国元年木活字本。

费财破家，何益之有？凡事只宜忍让不必好争。纵有外侮亦宜静以制动，公道既明自然可寝。若以非理讼人，尤为不可。故易讼卦，终讼受服而犹有终朝三褫之戒”[①]。除费时伤财外，有时邻里相争还会引发宗族械斗，血案不止。“迩来盛族大姓恃强相尚，少因睚眦之忿，遂各集众斗打兴讼求胜，风俗恶薄莫此为甚。而殒命灭门多由此也。族众务宜痛惩，毋相仿效，以保身家。”[②]有鉴于此，各大宗族均以无字纸入公门而自豪，“凡人一生，不入公门便是福”[③]，正所谓：“劝得和时便好休，莫教官府事临头，虽然得理归来笑，赢得猫儿失了牛。”[④]

2.订立村规民约，加强对症治理

徽州地处万山之中，峰峦叠嶂，山林既是重要的天然资源，更是徽州宗族赖以生存的生计来源与命脉所在。如前所述，清末民初徽州民间纠纷类型中坟葬与山林纠纷仍占较大比例，分别为19.8%和7.3%，合计为27.1%，占了逾四分之一强。为防范纷争、保护祖墓与山场，徽州宗族制定了诸多村规民约，对族内族外的不法行为进行约束。

先来看一下徽州宗族约束族众不法行为，保护坟山的一份合约，如下所示：

> 立合同禁墨吴仕荣公支裔族长世禄、房长永和等。缘我祖仕荣公遗下坟林一处，土名百基凹又名胡坑，昔年安葬三世祖考仕荣公妣汪氏□□人及各家附葬己祖外，其余地公众原存各保祖冢，历来严禁侵害。又有毗连山一处，土名百基凹俗名虎爪，昔年安葬五世祖妣蒋氏茂□人及各房支下，均葬有己祖外，其各冢头上余地，以及祖坟来脉山业，概行存留保祖，原以杜后来子孙深挖盗葬致伤祖坟命脉。族众严禁历久无异。年来支丁弗记情由，渐生觊觎，希图祖坟来脉。头上脚下魃地开穴，送棺入山厝葬，违祖训背族议，侵

① 咸丰《婺源槐溪王氏支谱》卷六《家范十条.戒争讼》，清咸丰六年木活字本。

② 民国《古黟环山余氏宗谱》卷一《余氏家规》，民国六年木活字本。

③ 民国《绩溪涧洲许氏宗谱》卷十《涧洲许氏祖训·息争讼》，民国三年木活字本。

④ 刘伯山主编：《徽州文书》第二辑卷八《黟县十都宏村万氏文书——清末《课程》之十七至之十八》，第480—481页。

祖害族莫此为甚。是以阖族支丁集祠合议，遵祖训诫另立合墨，公禁请示勒石。自今议后，百基凹坟山所有各房支丁大小棺柩一概不准送进。其未禁之先，有浮厝在山者听凭原厝原葬，不得移棺侵害。该支丁外面觅有吉地，听凭移出安葬，其所有移空穴，亦不许众支丁送棺厝葬。自禁之后，倘有不肖支丁不遵祖训不依公议，私地厝葬侵害者，凡属本族支丁，各宜踊跃保祖，定将盗厝盗葬棺柩起举不许入山，仍将该家支丁逐出宗祠即行送官治以不孝之罪。今欲有凭，立此合同禁墨一样五张，各执一张，永远为据。合同禁墨共计五张：本祠族长世禄收执一张；长房大长公支裔永和收执一张；二房大义公支裔永坤收执一张；三房大龙公支裔永珩收执一张；四房大□公支裔收执一张，永长年老，交与本房永佳收执。

再批：百基凹坟山蓄养一切荫木，历年严禁盗砍，今公议请示勒石以垂久远，如有不遵者定行送官究治，又照。

道光二十三年正月　日

立合同禁墨吴仕荣公支裔族长：世禄

同议支丁：永和、永长、永璜、永坤、永镜、永珩、永仪、

永浩、永珖、永佳、开栋、开径、开□、开成、开梧

奉书：开基①

在这份合约中，我们可以看出，道光二十三年（1843）吴仕荣公支裔族长世禄、房长永和等人，为防止族众觊觎祖坟、侵祖害族的现象继续恶化，故率领族丁集祠合议，公立合墨勒石示禁，禁止族内支丁将大小棺柩送进祖坟山。如违，除将盗葬棺柩起举外，仍将该家支丁逐出宗祠，送官治以不孝之罪。清末徽州地区，类似这样的保护祖坟合约可谓

① 王钰欣、周绍泉主编:《徽州千年契约文书》(清民国编)卷二《道光二十三年吴仕禄等立合同禁墨》,第427页。

俯拾皆是[①]。

到了民初，清王朝虽已终结，宗族却仍在发挥作用，其继续带领族众订立了诸多保护坟荫的合约。下面这份合约即是证明：

立合同文约人大佑公秩下值年首士继钦、可铄、天树等。缘吾祖新、镐、兴三支，均共有三保土名塘坑瓦瑶峰坟山一号，先年既安葬祖，在上蓄育苗木业已成材，备为后裔创造之用。迩来人心不古，口奉心违，任意窃砍败坏。裔等目睹心伤，邀集我祀秩下人等，经族复立合文，扶规加禁。自今以后，家外人等毋许魆偷残害，倘异日做造正用，务必向众言明，登山指示何株，再行砍斫。伏愿人人遵守公禁，踊跃相从。如违，定行重罚，无得为亲者讳。设有恃强不遵者，定即公同鸣县民政长究治，决不宽恕徇情。恐口无凭，立此合同文约一样三纸，各收一纸存照。

一秩下做造大厦，预向首士言明指示，准砍一根，照依老例，备出钱一千文。如采取二根，务要公同商妥，品价归祀经收，只此。

一家外人等私行窃取擅伐，被人拿获，报众公同议罚，演戏一夜，计酒两席，现给赏□英洋两元。如有隐瞒不报公者，查出照前同罚，又及。

民国二年阴历三月初六日

立合同文约人大佑公秩下值年首士：可铄、继钦、天树、可秤、可杨、可炜、可水、继辉、继青、继耀、继新、天仁

族：彦杰、班思、可起、继影、继天

奉书：继德[②]

从这份合约可以看出：民初，大佑公秩下值年首士继钦、可铄、天

① 如俞江主编《徽州合同文书汇编》卷十一第147页记载，咸丰六年五大房祖坟合葬后，规定族众以后不许偷葬；若有，听凭宗族理论，将偷葬骸骨抛毁，无得异说。第162页记载，同治六年公同禁止不准在老坟内再行扦葬，以保护祖坟。另附表3《清末民初徽州民间纠纷一览》中上告官府诉讼案例第14号案例也是保护祖坟合同。

② 刘伯山主编：《徽州文书》第一辑卷十《祁门二十二都红紫金氏文书——民国二年三月大佑公秩下值年首士可铄等立合同文约》，第397页。

树等人，原有共祖坟山一号，鉴于坟荫屡被不肖支丁砍伐之情形，故倡众公立合约，扶规加禁、以资保护。如若恃强不遵，则鸣县民政长究治无辞。

再来看几份保护山林的禁约。

文书一：黄义伦秩下山林禁约

立议加禁合文约人黄义伦祀秩下子孙三房人等。缘因土名鲍家坞同鲍家塔来龙住后，庇荫各处山场，向蓄树木苗竹柴薪。近因丁繁以及妇女人心不一，或魆地入山窃取砍树，□樭屡遭耗损，不能成材。是以合众三大股嘀议一切严禁。嗣后男妇大小以及雇伙人等，均不得入山砍斫树木、□雕樭杪、窃劅柴槎、偷挖竹笋。如有等情，除将所窃之树归众，仍甘罚大钱一千文整入祀公用外，仍罚插旗封山示众。如有强梗不遵，合众执约处惩；倘有知音不报徇情者，一令甘罚；如有报信者，公议赏大钱二百文。自今之后，各须遵守，毋自取咎，今立加禁合文一样三纸，各房收执一纸，永远存照。再批抑或公议挑□，三房务要面议派工挑劅，毋得自秋入山。如违，照罚，又照。又批，所有山脚田坢坦坢，只准一丈为界，如再越者，一同甘罚，又照。

同治十二年岁次癸亥，十月初二日

立议加禁合文约人黄义伦祀秩下：正□、正坚、

高钟、高镇、高钺、高□、黄阿邱氏

代笔：正偶①

文书二：金天合堂秩下山林禁约

立合同扶规文约人金天合堂秩下重仁、可滋、继彩、可起等。缘吾祖迁居斯土创业维艰，制作栽培村基蓄养苗木。一则以增合族之光，一则以足公众之用，迭年归公解造片柴，运闪出售。俾秩下

① 刘伯山主编:《徽州文书》第四辑卷三《祁门三四都汪家坦黄氏文书——清同治十二年十月黄义伦祀秩下子孙三房人等立议加禁合文约》,第38页。

人等，于寒冬无事之日以□以抗家支，年货自有撑持。不惟使秩丁得以安赏乐业，而且免公众遇事派丁，岂非上祖安长久之计，为子孙之所谋者深也。无如近年来人心不古，故违先人之遗墨，屡背当今之合约，迄至今日，举目四顾，松杉苗木残害一光，实令有心人之不堪睹。爰是邀同四户合志人等，再扶旧规，严整新约，来龙朝山水口左右里外，青龙庇荫杨林洲树及新安岭笋竹，并合境松杉二木，至于毛炭片柴野火，悉依旧章加禁。如违合约，人等议罚。倘有恃强不遵，照约具名，鸣官究治。所有费用，公事公支，不得累及出身之人，亦不得徇私肥己。意存扶规者昌，心存败众者亡。伏愿人人一心，众志自可成城耳。恐口无凭，立合同扶规文约一样八纸，各收一纸为据。

光绪二十七年十二月十三日

立合同扶规文约人：重仁、可滋、维彩、

可迟、继天、可通、彦济侄代

秉笔人：济卿[1]

文书三：方元端公支下山林禁约

立议合墨人方元端公支下阖村众等，为复申公禁以培风化预防外侮事。窃思山不禁不足见柴薪之稠密，树不养胡克有山木之葱茏。苟能一道同风居仁由义，任其日夜之所息雨露之所润，则柴薪益见其繁盛，而山木更见其阴浓，斧斤以时入山林，又何虑材木不可胜用。近年以来，远近山场屡被宵小之流、无耻之辈敢蹈不法，彼此不分，视壁上之指陈为具文，窥乡间之戒约为故事。非其有而取之者，有之；择其弱而食之者，有之；五禾未熟之时，攘窃之；而□食树木，尔我无间盗砍之以炎焚，甚致树芥松丫生养无存，致令风不古若俗。即时衰视此行为，靡所底止。若不重行整理，变为明伐

① 刘伯山主编：《徽州文书》第一辑卷十《祁门二十二都红紫金氏文书二——清光绪二十七年十二月金天合堂秩下重仁等立合同扶规文约》，第536页。

之愈肆，则日非一日，难以挽回也。爰是遥集众等公议合约，立定章程。惟愿阖村习好、和气致祥、物我分明、强弱无负，不可以口角争端，因罅隙而愤大事。若有外人侵侮，须同心而与相谋。不得已成讼结仇，所（需）费用，照灶科派，无得作舍道旁生端反悔耳。立墨之后，务宜革面洗心，遵规踏矩，声相应而同气相求，出相扶而守望相助。机默之语，秘之勿宣。关系之言，不可外道。一唱而百和，一语而百诺，则众志可以成城，贞固足以干事。又何患行之不利耶。此系众心情愿，各无异言，恐口无凭，爰立合墨。对同两纸，各执一纸，永远存照。

中华民国十二年三月 日

立议合墨人：方元端公[①]

以上三份护林禁约订立的时间分别是同治十二年（1873）、光绪二十七年（1901）、民国十二年（1923），符合清末民初这一研究时段，其均是鉴于族丁故违先人之合墨、无序砍伐山场林木而制定的。在合同条款中也规定了族人违约处罚方案，或罚钱充公或送官究治无辞，并规定了告官讼费的筹集办法，或公事公支或照灶科派。直至民国后期，徽州宗族内部订立的类似护山合约亦是不胜枚举[②]。

徽州宗族为提高此类众立合墨与禁约的公信力和约束力，往往还向官府申请加禁，以保护祖坟、山场。如下面这份告示所示：

保护胡氏祖墓告示：五等嘉禾章军法科科长衔署绩溪县知事兼警察所（所）长郭重申示谕事。案据龙川胡氏宗祠、城北胡氏宗祠五品衔附贡生缉熙，广东大埔县知事良铨、巡检良镈、直隶补用知事……状称呈请严禁违令盗害、叩恩给示重申严禁保全荫木而护祖

① 黄山学院编：《中国徽州文书》（民国编）第二辑卷八《民国十二年三月徽州方元端公支下立议合墨》，第198页。

② 如民国二十四年绩溪县大源乡曹氏宗族以“曹聚星堂”名义，由族长、年长、保长和五大房成员公同制定了全体催开禁山公益会议序言。虽是民国中后期资料，但对全面理解徽州地区保护山林传承与连贯性，具有重要意义。详见卞利：《明清徽州社会研究》，安徽大学出版社2004年版，第179—180页。

茔事。缘公民等两宗祠统祖晋散骑常侍炎公、宋提干念五公暨德应公、伏音公安葬均在土名金紫山，兴养松树护荫祖茔，两祠派衍丁繁，实为发祥之地。经官裔明少保宗宪公、户部尚书富公、都察院御史宗明公咨部示禁森严，宋明及清咸丰七年、民国六年后裔清举人钦加道衔特授宁波府元洁恩贡生、炳坤举人钦加同知衔特授宜春县湛等请示严禁祖墓来龙。自龙须山即龙台岩发脉及土名正班坞金紫山，系资、事两字号一带左右产石山场，均为祖墓来龙。无论众业己业，概行禁止凿石取料灰胚，恐伤龙脉。即如金紫山两湾三肩由岭直下常侍公墓，凤形附葬晋太守永智、赠太师以荣公横列一山，双龙合气，乃至宋提干公墓地免征，又名虎林坑即金紫山合抱荫木，弥望葱茏护坟庇村，两有倚赖，数百年来永禁盗害。现值举国兴养森林皇皇禁令，近有不肖派丁胡进宝，梨园卖妻无赖地痞，盗拼紫金山荫木。□匠赵必文知情谋拼，致迫族裔控。奉批示金紫山公产，前已给示申禁，自应仍旧保养荫木。讵赵必文胆敢扬言纠众强砍荫木，恐于两祠祖茔必受损伤，而于省长指令又被败坏。呈催奉批提讯，赵必文情亏逃避不敢投案，起诉未缴盗拼废约，恐埋祸根。若不叩恩重申严禁，诚恐□匠纠众违令犯禁，盗砍荫木，损祖殃丁，后患无底。为此佥叩做主，赏准给示勒碑，重申永禁，保全荫木、护坟庇丁，两祠祖茔有赖等情前来。查该两祠祖墓来龙，坐落资、事等字号之龙台岩、金紫山一带左右产石山场。前经该两祠派裔清仕官等公请示禁该金紫山合抱荫木之森林，又据该祠派裔等续请示禁各在案，该□匠等自不得与该裔私相谋拼。据状前情，除批状悉据称金紫山荫木为该族护坟公产，自不容任意强砍，致滋事端。前既示禁有案，准予重申禁令，以杜妨害可也。此批挂严外，合亟重申示禁，为此示仰诸色人等一体知悉：须知龙台岩、金紫山一带为龙川、城北胡氏两宗祠祖墓发祥地点，凡属该祠派丁，对于该山所产森林，均应公同保护，不许私相损害以及盗砍私拼情事，刑章具在，勿以身尝。自示之后，如敢故违，一经发觉，定即按律从严科处，绝不宽贷。其各凛遵毋违，特示。

民国十二年九月三十日

知事郭会琛，告示实贴晓谕[①]

从这份保祖告示可以看出：龙川、城北胡氏两宗祠共有统祖安葬于土名金紫山内，属鳞册资字、事字等号。因此山乃产石山场，宋、明及清咸丰七年（1857）、民国六年（1917）均有禁令，严禁凿石取料，其上护坟荫木也严禁盗害，以免损伤龙脉。民国十二年（1923）胡氏宗族不肖族丁胡进宝利欲熏心，不顾宗族与官府关于保护祖坟的层层禁令，串通外人赵必文，恃强盗拚坟山荫木，迫使族裔上控官府后，赵必文情亏匿案不出，盗拚废约未能缴出。为防日后生变，该两宗祠不得不叩恩请示政府再次赏准给示、勒碑严禁，以保全荫木、护坟庇丁。此举得到民国政府首肯，示仰诸色人等一体知悉遵从，如违按律从严科处，绝不宽贷。在此份文书中提及咸丰七年已经示禁有案，那么咸丰七年的示禁告示是怎么规定的呢？幸运的是笔者恰好找到了这份文书，内容如下，以资比对。

奉宪严禁：署绩溪县正堂加十级记录十次田 为佥叩给示，勒碑永禁事。据恩贡生胡炳坤、教谕衔池州府训导胡湛、觉罗官学教习胡泮、布政司经历胡洪溥、浙江即补府经历胡祥麟、翰林院孔目胡成训、贡生胡沇林、生员胡铭浚……胡瑞发等禀称：生等统祖晋散骑常侍炎公、世祖宋提干念五公暨德应公、伏音公安葬土名虎林坑，派衍丁繁，实为发祥之地。该处祖墓来龙，属鳞册资字、事字等号。自龙须山发脉，及土名正班坞、金紫山一带左右山场，均为来龙出脉处所。自宋元迄今，子孙附葬者不可悉数，是以世代相沿。凡属资字、事字等号产石山场，无论众业己业，俱不准取石烧灰，亦不得私卖他姓。所以，保祖坟而庇丁命，叠奉前宪示禁有案。兹因派丁无知，不识禁令之严，希射取石之利。业经生等控奉提究，蒙公

① 民国《绩溪龙川胡氏宗谱》卷四《保护胡氏祖墓告示》，民国十三年木活字本。

处息情，愿受罚伏罪，并安醮祖基，勒碑永禁，嗣后不再掘损。为此，复申前禁，佥叩恩赏给示，勒碑永禁，没存衔感。上禀等情到县，据此，除批示外，合行出示严禁。为此，仰该处人民知悉。查得龙须山系郡城来龙正脉，自此分枝，及正班坞、金紫山一带左右山场，悉为该祖坟要脉，仍遵前禁，无论众业己业，概行禁止，不得开矿掘损。嗣后如有不肖派丁勾通顽梗石工，胆敢破禁开矿情事，许该生等指名禀县，以凭立拿严究，按律重办，绝不姑宽。各宜凛遵毋违，特示。

咸丰七年六月　日示

告示右（上）仰知悉[1]

此份告示记载的即是咸丰七年（1857）绩溪龙川胡氏宗祠，为防不肖支丁将祖墓来龙开矿掘损、私卖他姓而呈报绩溪县衙，恳请勒碑永禁，以保祖坟而庇丁命的。绩溪县正堂在接到胡氏宗族如上请求后，即给予批准严禁。

民国中后期，因为政权更迭、时局动荡，由宗族单独订立封山合同或申请政府示谕加禁的举措都不能取得良效，故此时宗族就采取请人看管山场，按比例分成收益（一般是三七或二八分），并言定每月初一、十五，采取挨班鸣锣焚禁等方式来保护山场[2]。

需要提及的是，徽州聚族而居的传统，使得各大宗族或与村庄重叠，或在村庄政权中占据绝对优势。故我们发现类似保护坟荫、山场的合同禁约，也往往由宗族或村庄领袖共同制定或交叉推行。试以下面这份文书为例进行说明：

休宁县公署布告第二十二号为布告事。据二十都长潭公民查冬梅、查瑞堂、查观喜、查□庆、查有富、查大长等呈称：缘有祖遗

① 此《奉宪严禁碑》仍竖立在龙川胡氏宗祠内，转引自赵华富：《徽州宗族研究》，安徽大学出版社2004年版，第421—422页。

② 详见黄山学院编：《中国徽州文书》（民国编）第二辑卷六，《民国二十五年十一月徽州汪叙伦堂汪余助等立禁山约》，第330页；《民国二十五年十一月徽州汪庆奎等立托约》，第331页。

并续置山业多宗，坐落土名长潭笔箭坑，系臣字二百七十九号起，至三百五号止。计山税八亩有奇，粮在二十都三图十甲查士起、查得户完纳无欠。山均兴植树木，蓄养柴薪茶柯，合村公等保护来龙脉命，历禁拼伐无异。讵尔年来，人心不古，诚恐不法棍徒频登山场，偷窃树木柴薪，甚至串盗拼伐，纵火焚毁山树。种种恶害，不堪言状。民等村居三十余户，穷乡僻壤，山多田少，年赖兴植茶树为大宗出产，近来窃害山树之风日炽，若不设法加禁，农林后患堪虞。爰集合村公议规则，组织一会，名曰禁山会。凡村居户蓄养山树之家，按日合派两人，无论晴雨，巡守树木，以资防范。为此赴案据情沥陈，吁恳鉴核，赏批给示，严禁窃害树木茶柯，以资保护而维农林。倘奉示禁后，仍有不法之徒故违禁令，任意窃害情事，并乞准许随时指交地保获案禀究，以重禁令等情到署。据此，除批示外，合亟布告。为此，布仰该处诸色人等一体知悉，尔等须知该公民等合力造林，系为振兴树艺起见，自布告后，如有不法棍徒敢放火烧山，盗砍窃伐树木，以及放牧牲畜，残害林木，□□被害。业主随时指交警保护送来县，以凭讯明按律究办。其各遵照毋违，切切，此布。

中华民国七年四月二十九日
县知事刘荣椿，布告实贴长潭地方晓谕[1]

从这份文书可以看出，休宁县二十都长潭村查冬梅等祖遗山业，历来蓄养柴薪，用以保护来龙命脉。因近来人心不古，查姓三十余户诚恐不法棍徒频登山场盗拼盗伐，纵火烧山，损害茶叶经济。故在自发成立禁山会后，还公请休宁县赏批给示、严禁窃害，以资保护而维农林。休宁县公署随即颁发布告，严禁该处公民窃害树木茶柯，纵火烧山，以振兴树艺。从此次公请的民众均为查姓推测，这些民众的身份除是该村行政编制之村民外，极有可能也是聚族而居的查姓宗族成员。再看下面一

① 黄山学院编:《中国徽州文书》(民国编)第二辑卷六《民国七年四月二十九日休宁县公署为给示禁山护林事布告》,第337页。

份禁约：

立合族重新禁约人叶敦本堂秩下众等，原本族田少山多，境内之山，守护尚易。惟境外及与外村连毗之山，最易启募端。虽先人防事周密，契约详明，然代远年湮，难免不无争论。且当卖出村，尤是易起交涉。前管理村务首人秉彝君有见于此，曾于光绪二十一年合族创立禁约，内载列本村众己山场不得当卖出村一条，一以保全族产，一以免除外争。其意至美，其法至良。但历年已二二，收约人又惰于检理，以致约纸霉烂难以久传，且该约禁条多端，山业一项亦未细分缕析。用是合众相嘀，重立山业专项禁约，以承既往而永警将来。但约成之后，秩下众等各宜遵守，毋犯为贵，倘不幸而有犯者，无论强豪、弱户，均须照约施行，庶祖业得以全完，而山主不致外溢。前人创业维艰，后人守成宜严，吾族人其永识之，恐口无凭，特立禁约存照。计开禁规七则。

一、盗卖祠产于村外者，除饬卖犯将契取回外，仍认罚款英洋二十元入祠收用。中见代笔如系本村人者，亦各罚英洋二十元，盗当者罚款均减半。倘有硬抗不遵，致公众起伙者，其伙食不论若干，概由不遵人照缴，不得求护。

二、盗卖祠产于村内者，除饬卖犯将契取回外，卖犯、买主各认罚款洋二十元。中见代笔如系本村人者，亦各罚洋二十元，盗当者罚款均减半。其伙食一节，与一则同。

三、自卖己业于村外者，除饬卖主将契取回外，仍认罚款英洋十元。中见代笔如系本村人者，亦各罚洋十元，自当己业于村外者，罚款均减半。其伙食一节，与一则同。

四、如犯以上一则或二三则者，倘无力取契及无力认罚，则责令亲房将其家产遍（变）卖，以为取契认罚之款。

五、如犯以上一则或二三则者，既无力取契认罚，又绝无家产可卖，则将其本身逐出各祠之外，生不许领饼享胙，殁不许入祠享祭。所有当卖契价，倘祠内钱文有余，暂由祠内赎转。日后犯身恢复归正，能将契价与罚款各加典代息，子母一同归祠，或其子孙能代缴者，代由本祠将犯身收回祠内。

六、自卖己业于村内者，固属买卖常情，不在本约例禁之内。

七、以上所禁买禁卖，概指山骨主坌而言，浮苗不在禁内。然各家现在所养浮苗，多属众山，本祠因系秩下子孙，姑免山骨老租，日后倘将浮苗出卖村外时，本祠仍须酌收迭年老租，由买主成交，卖主亦必须将成交老租一节书于卖契之内。

民国六年岁次丁巳阴历八月十三日

立合族重新禁约人叶敦本堂秩下：秉慎、行芳、秉阴、秉丁、尚质、秉国、秉中、秉怀、行安、秉湖、行银、行发、尚爵、秉成、尚操、高瑞、行俭、秉松、尚钰、行则、秉公、在椿、在朝、行起、秉柏、行炜、尚仟、秉灵、在国、在新、行全、秉平、在竹、行贞、尚津、行魁、行敏、秉连、行中、在川、在天、行善

代笔书约人：在田[1]

从这份禁约文书可以看出：叶敦本堂秩下众等，鉴于本村境内之山，本族守护尚易，但境外与外村连毗之山，则最易产生纠葛，便在前管理村务首人创立之合族禁约的基础上，再立山业专项禁规七则，以保护本族山业与祠产。从这份文书中我们可以看到光绪二十一年（1896）合族创立的禁约，是在前管理村务首人秉彝君倡议下立定的，此份民国六年（1917）叶敦本堂制定的合族禁约，其产业禁卖的范围又包括村内外人群。由此可见，聚族而居的宗族在村庄开展的各项活动，其实施的范围有时是与村庄交叉或重叠的。

综上所述，徽州地区历来重视风水与山林保护，其境内每一大型村庄附近的水口林，常被徽人想象成该村或该族的龙脉所在，从而严禁砍伐与侵犯。徽州“山多田少”的客观事实，也使得各大宗族对山场的管

① 刘伯山主编：《徽州文书》第四辑卷五《民国六年阴历八月叶敦本堂秩下众等立合族重新禁约》，第190页。

理更加严格。他们要求族人必须及时兴养树木柴薪，严禁侵犯祖冢与滥砍滥伐。如发现族人监守自盗，轻则族规处治，重则鸣官究办，对于族外之人，更是不告不休。正是在各大宗族的系统维护下，才保证了徽州村庄和宗族的双赢与可持续发展。

3.严禁赌博鸦片，净化宗族风气

徽州赌博之风历来猖獗，明清时期，伴随着徽商商业经营的成功，拥资巨万的巨商大贾及其子弟往往生活奢靡、嗜赌成瘾，再加上地痞无赖从中推波助澜，设赌诱骗，使得赌风日炽[①]。“开场赌博，诱骗良家子弟……夜聚晓散，设机暗害，贼盗渐由此始”[②]，因赌博引起的倾家荡产、家破人亡及偷盗、抢劫等危及社会安全与稳定的各种问题不断浮现。到了清末民初，赌风更盛，且常与吸食鸦片相伴而行。鸦片是伴随着近代中国半殖民化问题加重而出现的新的社会顽疾，它在毒害民众身体之余，更威胁着社会安宁与稳定。

关于赌博的危害，一些民众早有清醒的认识，徽州各地出现的很多通俗易懂的禁赌民谣就是这方面的折射。“劝世人、莫好赌；好赌之人必吃苦。莫看平日人忠厚，陷入赌场如恶虎；毁了多少好前程，拆了多少好夫妇。赢了还想赢，输了不服输。贼盗多由赌博生，犯法受刑自找苦。”[③]咸丰年间，闽中花会[④]大炽于新安，俗称“花灯鼓”，其危害更盛。“花灯鼓，输的苦，一个铜钱赔三十，五个铜钱赔百五，惑人就在这上头，不惜身家性命赌。须知世界买卖多，那有此理供子母。饶你都赢总不输，也恐祸事临到汝。轻则生灾暗劫磨，重则受刑到官府。流三千里徒三年，不止县前打屁股。昨闻闽县有此风，传染忽到我乡土。造此作

① 卞利：《明清徽州社会研究》，安徽大学出版社2004年版，第298—299页。

② 王振忠：《晚清徽州民众生活及社会变迁——〈陶甓公牍〉之民俗文化解读》，载《徽学》2000年卷，安徽大学出版社2001年版，第151页。

③ 卞利：《明清徽州社会研究》，安徽大学出版社2004年版，第316页。

④《民事习惯调查报告录》记载：闽省“花会尤盛……城乡游民，凡遇斯会，卖衣典产奔赴恐后，未赌之先，焚香祷神，往庙祈梦，梦关则押关，梦岳则押岳，男女杂沓，奸盗并作，伤风败俗，莫此为甚”。参见前南京国民政府司法行政部编，胡旭晟、夏新华、李交发点校：《民事习惯调查报告录》，中国政法大学出版社1998年版，第640页。

孽甚刻毒，妇女铜钱一齐数。花灯鼓，输的苦！”[①]在民间社会，因涉赌而发生的纠纷案件也是屡见不鲜[②]。

除民众层面外，徽州各大宗族也早已认识到了赌博的危害，翻看晚清以前各大宗族谱牒，可以发现关于赌博危害与禁赌规定的记载比比皆是：“登场赌博，坏人子弟，而亦自坏其心术，破毁家产，荡析门户。若此之流，沉溺既久，迷而弗悟，宜痛戒治，使其改行从善，不亦可乎？”[③]故在族规家法的制定中，对赌博行为是明文禁止的，并制定了赏罚分明的条款约束族众。如嘉庆《黟县南屏叶氏族谱》中记载：“族中邪僻之禁至详，而所尤严者赌博。赌博之禁，业经百余年，间有犯者宗祠内板责三十，士庶老弱概不少贷。许有志子弟访获，祠内给奖励银二十两。”[④]雍正《休宁茗洲吴氏家典》中规定：“子孙赌博、无赖及一应违于礼法之事，其家长训诲之。诲之不悛，则痛棰之。又不悛，则陈于官而放绝之。仍告于祠堂，于祭祀除其胙，于宗谱削其名；能改者复之。”[⑤]

清末民初之际，徽州宗族一方面继续以族规家法的形式向族人宣扬赌博的危害，严禁族众参赌，并制定了惩罚措施。“冶游、聚赌，此皆近世风行之恶习……每见子弟之陷溺其中者，始则堕志耗神，继必废时失业，父母不之顾，妻孥相饮泣。及至负债累累，荡产倾家，弱将为丐，强且为盗。以有限之欢娱，易无穷之痛苦，诚属不值。即或未至此极，而嬉酣无度，游惰成风，既已害于尔家，亦将祸及其国。严戒青年，各

① 许承尧撰，李明回、彭超、张爱琴校点：《歙事闲谭》卷三十一《花灯鼓》，黄山书社2001年版，第1117页。

② 具体请参看附表3《清末民初徽州民间纠纷一览》中上告官府诉讼案例第60—61号案例。第60号案例发生于民国元年，鲍兆隆控洪观林因为好赌荡家，先将其妻程氏卖与陈新太，得财礼百元，数日后又搭台串骗将程氏抢回，故请求官府主持公道。第61号案例发生于清中后期，被告因向原告借贷不成，遂诬赌泄愤。另在黄志繁、绍鸿、彭志军编《清至民国婺源县村落契约文书辑录》卷四(第1281页)中对赌博危害也有相关记载：“同治四年，民人吴源兴因其逆子魁仁不肖，嫖赌洋烟，好吃懒做，逼死前妻，不顾后妻。且打骂父母，盗卖产业，将店业家产败绝，吴源兴夫妇无奈之下只有将仅存的屋业半间当与弟媳，补贴家用。”

③ 乾隆《重修古歙东门许氏宗谱》卷八《家规·游戏赌博》，清乾隆十年刻本。

④ 嘉庆《黟县南屏叶氏族谱》卷一《祖训家风》，清嘉庆十七年木活字本。

⑤ 雍正《休宁茗洲吴氏家典》卷一《家规八十条》，清雍正十一年木活字本。

宜猛省。”[①]“赌博一事，更关风化。素封子弟，忘其祖、父创业之艰，挥金如土，狼藉者饵诱，呼红喝绿，一掷千金，迷不知悟，及至倾家荡产，无聊底止，方知怨恨，殊不思不能谨于始，事后悔前非，其能济乎？犯此者，众共击之。”[②]有的宗族甚至将聚赌族丁开祠逐出、送官究治。“乡里之害莫甚于作贼聚赌，不肖子弟游手好闲蹈此习者，除送官严究外，邀族、房长开祠逐出，虽身后不准入祠。”[③]清末黟县宏村乡贤汪云卿还撰写了一篇小文章，批驳“赌博是消遣”的谬论，劝谕族人要抛却幻想，努力生产，勤劳致富。“赌博哪里是消遣，明明是想去占人家的钱财……呼朋引类聚星昏，一入赌场想鲸吞；邪淫奸盗此根埋，橐尽橐空始罢终……输了之时想捞本，赢了之时不算它。输时多来赢时少，搞得后来无收成；费神失业从赌起，破家忘国在其中。奉劝人人快快醒，速将赌博快丢开；各个努力来生产，从此家富国亦强。”[④]

另一方面，徽州各大宗族面对风俗败坏，人心不古之情形，还发挥组织优势，积极会同地方官府，申请颁布禁赌告示。对于屡教不改的，则送官惩治，以增强禁赌法律效力，如下列两份文书所示：

文书一：祁门县禁赌告示

特授祁门县正堂加十级随带加一级世袭云骑尉周 为给示严禁等事。据十九都淑里监生黄尚仁、监生黄永贞、武生黄升廷、耆民黄正富、民人黄永通、黄尚章、黄松能、胡洋生呈称：切思民各有业，废业由于荒嬉。恐因子弟无知，或被引诱勾留。入其彀中，则是耗财之地。陷于井（阱）中，难为脱网之身，甚至伦常败坏，同场莫辨尊卑。夫赌博有输有赢，输者筹谋百计，横逆多端，所以子弟放滥未始不起于赌博。伊等村居淑里地方，一河之岸原共一社。近来子弟间有闲游，或恐赌钱费时失业，是以合社公同商量：东至乌株

---

① 民国《绩溪鱼川耿氏宗谱》卷五《家族规训》，民国八年木活字本。

② 同治《歙县金山洪氏宗谱》卷一《家训》，清同治十二年刻本。

③ 歙县瞻淇汪氏敦睦堂清同治八年碑文。转引自唐力行：《延续与断裂：徽州乡村的超稳定结构与社会变迁》，商务印书馆2015年版，第87页。

④ 卞利：《明清徽州社会研究》，安徽大学出版社2004年版，第315页。

岭及蟹坑岭，西至林村直至李坑岭，南至南坑岭，北至峰英尖等处地方，概行禁止赌博。然规条虽立，而约束未必尽遵，倘稍因循，必终废弛，始则伤风败俗，继则成群效尤，非奉赏示，难束民心。吁恳给示永禁赌博，以靖地方，以保身命，将使人皆乐业，合地相安，群黎戴德等情到县。据此，除批示外，合行给示严禁。为此，示仰十九都乌株岭、蟹坑岭、李坑岭、南坑岭、峰英尖、林村等处地方居民人等知悉：自示之后，尔等务宜恪遵规条，永远禁止，毋得仍在该处开场聚财。倘有不法之徒，胆敢不遵约束，许尔等指名扭禀送县以凭，从严究办，决不姑宽。各宜凛遵毋违，特示。右（上）示严禁。

同治八年六月十六日示

告示仰地保实贴，毋误[①]

文书二：祁门县禁赌告示碑

特授祁门县正堂加十级随带加一级世袭云骑尉周 为给示严禁事。据恩贡生陈锡畴、生员陈嘉谟、族长陈龙生、监生陈寿长、陈光门、监生陈光斗、民人陈全吉、陈男泰、陈德泰、陈求意等，以禁止赌博，以安正业，叩恩给示。禀称：伊等住居文堂中村，士农工商各执务业，并无游民。近因人心不古，三五成群，相聚赌博。伊等目击心伤，若不严行禁止，□□风俗浇漓，不知伊于胡底。因是，合村商议：上至荫墩，下至普护庵，前至桃花降，后至李坑降之内，无许开宝、招摊、开牌、掷骰、掷钱，以及各样赌博，均行禁止。诚恐日久年堙，防闲□懈，地方喇棍因而强行破禁，非沐明示，不□惩愚玩，而来一心。为此，伏叩赏给告示，以垂久远，以安正业上禀等情到县。据此，除批示外，合行给示严禁。为此，示仰文堂及荫墩、普护庵、桃花降、李坑降等处地方民人等知悉：自

① 王钰欣、周绍泉主编：《徽州千年契约文书》（清民国编）卷三《同治八年祁门县告示》，第48页。也可参见卞利：《明清时期徽州的民间禁赌》，《安徽师范大学学报》（人文社会科学版）2002年第4期。

示之后，□□务须先□□□□□□□□□□得仍前聚赌，违反禁令。倘有不法棍徒，复敢在地方仍蹈故辙，许该□□□□□指名赴县，据禀以凭提案，从严惩办。各宜凛遵毋违，特示。遵示严禁。

同治九年三月十八日[①]

文书一是同治八年（1869）祁门县十九都淑里一社黄姓（从申请示禁的民人几乎全是黄姓来推测，他们应属于同一个宗族）鉴于赌博的危害，商量划分禁赌区域严禁赌博，并公请祁门县令支持而发布禁赌告示。文书二是同治九年（1870）祁门县闪里镇文堂中村陈氏宗族族长陈龙生鉴于族丁“三五成群，相聚赌博”之情形，带领族众划分该村禁赌范围，并请求祁门县令颁发禁赌告示碑的。

由此可见，清末民初之际，徽州各大宗族鉴于赌博的危害，普遍采取制定族规家法、订立合约、申请官府加禁等方式来约束族众。

除聚众赌博外，吸食鸦片是中国进入近代社会后，困扰民众生活的又一社会陋习。与赌博不同，吸食鸦片不仅耗费大量钱财，胡适曾提及其“全族一年的自然之利（农业）仅五千余千，而鸦片一年耗七千二百千（一千即一两）”[②]。且因其属于毒品，还会对民众身心健康和社会安全稳定造成严重危害[③]。清末徽州社会已出现了戒食鸦片烟的打油诗：“劝君切勿食洋烟，一食洋烟累百年，日月半从灯下过，功夫多为引来捐，销精铄髓形先瘦，荡产倾家疾久延。莫到儿孙皆学样，始知流毒恨

①《清同治九年三月十八日祁门县严禁赌博告示碑》，原碑现存于祁门县闪里镇文堂村中文堂敦本祠。转引自卞利：《明清徽州社会研究》，安徽大学出版社2004年版，第311—312页。

②《钝夫年谱》，台北远流出版公司1986年版，第240页。

③ 可参看附表3《清末民初徽州民间纠纷一览》中上告官府诉讼案例第22、29号案例。在第22号案例中，绩溪县程德安控程梓馨将两家共屋之左手大门闭塞，致在此屋右屋开灯卖烟的自己无门出入，屋业成废。从中可见鸦片烟贩卖吸食之普遍。绩溪县令为平息纷争，判平时共屋之左大门封闭，如遇婚姻寿事等，宾客往来之时程梓馨不得阻止程德安由左大门出入，程德安亦不得再于此屋右边卖烟，两得其平，取具双方切结后销案。在第29号案例中，绩溪程八春控族叔程金元霸占与其相连之屋基、厕所、山林等祖产，程金元指责逆侄程八春不务正业，专嗜游荡，嫖赌吸烟，并妄图盗卖祀产、盗砍祖荫，被已发现阻止后，怀恨在心，挟恨捏控，由此可管窥清末民人沉溺烟赌之概况。

终天。"[①]民国时期，烟赌还与诸多陋习汇集在一起，对民众健康和社会风俗带来极大危害。试以下面这份《全徽教育协进社议案》为例进行说明：

> 晚近改造社会之呼声日高，言社会教育者，大都注重阅报社、通俗教育馆、公共体育场、半日学校或夜学校等事件，此数事诚为改造社会所不可缺。但从实际之根本上观察，则尤有急于此者。鸦片、红丸、吗啡、烟卷诸毒物之为害也，赌博之为害也，奢侈之为害也，游手好闲之日多之危害也，此皆足以损害青年身体，压迫人民生计及妨害地方前途之治安者。若不从此等事为彻底之挽救，如溺于水者尚未救之出水，予以衣服将焉用之。然则改造社会亟宜先从实际之根本上着手无疑，今从实际上之根本着手，均有最急之数事。一为劝导拒毒。鸦片、红丸、吗啡、烟卷，皆毒物也。一为劝导戒赌。迷于赌者未有不荒于事者也。一为劝导节俭。值此米珠薪桂四海困穷之时代，所有地方礼俗上惯例及交际往来、平时居处，皆宜一律改从俭约，以节财之流也。以上数者，关于地方前途至重且大，通俗讲演以此为急。此外，则宜组织工艺传习所或工艺场，俾一般游手好闲者得皆有职业以谋生，庶不至于失所。尤有进者，则为佛教阅经社之组织，可随时讲明因果报应之理，以改善人心也。此数者皆已办有成效，然后再进。以其余之设施，以增高其文化之程度，庶不至□等矣。[②]

这份民国初年《全徽教育协进社议案》记载显示，伴随着社会变革的加剧，当时的徽州除进行必要的教育改革，以符合社会发展大势外，亟需解决的社会问题还包括损害青年身体，压迫人民生计及妨害地方前途之治安者的吸食鸦片、沉溺赌博和游手好闲。故需开展三项社会改革：

---

① 刘伯山主编：《徽州文书》第二辑卷八《黟县十都宏村万氏文书——清末〈课程〉之十七至之十八》，第480—481页。

② 黄山学院编：《中国徽州文书》（民国编）第二辑卷七《民国十年至十二年徽州〈全徽教育协进社议案〉（之四十九）——改造社会应审定之进行程序案》，第198页。

一为劝导拒毒，一为劝导戒赌，一为劝导节俭。

正因烟赌横行，偷盗、奸贪、失信、奸淫等社会问题频出，故清末民初各大宗族均以治理烟赌为中心，纷立合约，甚至报官存案，以期振兴宗族与净化社会风气。如下面三份文书所示：

文书一：叶敦本堂秩下申禁合约

立允协约人叶敦本堂秩下行芳等，为勠力同心、扶危救弊事。原我族自高祖远公迁居以来，秩下人等向称纯朴。且山场地坦，兴养材木茶子茶叶等项，前人煞费心神。旋因近年以来，人心叵测，当事者不无掣肘之忧，以致积弊靡底。芳等目击心伤，爰是邀集同志者八人共襄厥事，申禁一切。凡属洋烟赌博、坟林庇荫、来龙水口、松杉竹木、春冬二笋等项一并在内，我等毋徇私情毋渔其利，毋畏首畏尾始勤终惰，矢公矢慎毋怠毋荒。伏愿祖灵不泯，挽回天心，庶我等亦可为村内一小补云是为约。计开各项条规：

一约禁。俱注众授我等约上，不必赘誊。

一钱文。公收公支，务要眼同封锁柜中，不得扯用。

一收费。务要典钱首人，倘有收来过三日不入公者，一经查出议罚。

一辛俸。只因祠内空乏，系我等自愿出身，不得言及。

一约首。徇情纵犯者，以三倍科之。

一约首。家违犯者，以二倍科之。

一约首。八名遇事不到者，公罚典钱二千文，如有故者，不在此论。

清光绪二十二年三月初八日

立允协约人叶敦本堂秩下：高瑞、秉刚、

秉型、秉国、秉宏、行芬、行安

书约人：行芳书①

① 刘伯山主编：《徽州文书》第四辑卷五《清光绪二十二年三月叶敦本堂秩下行芳等立允协约》，第184页。

文书二：余姓宗族公议禁约

立公议人余社伍公墨据。众等尝闻朝廷有律法，原以整肃纪纲。乡党有公议，亦以防闲奸恶。近来人心不古，悖先人之规模，风俗败乱，不务士农工商之正业，专及嫖赌而成行。以奸贪为活计，视信义为等闲，慕少艾姿色奸淫，伦常扫地，牝牡成性，鸡雉谁分。丑态混于家乡，秽名扬于邻里，诱赢夜而□奔，图财物为得计，懦弱被其辱凌，骄矜孽如山积。窃思乱伦败常，风化焉能继世。举目伤心，深为切齿，为会同乡族公议，望各洗心涤虑，痛改前愆。如有仍前不悛者，公同理取。或有强梗恃势不遵者，定当通族呈官究治或公议革逐。庶知人心所忌惮，移恶风而敦雅化，易乱俗而致淳风。自议之后，须要内和外睦，不得以强欺弱，各专其业，尽享太平之日矣。倘然外事侵欺，毋得离破□穿，阖村如同一家，不致违拗推诿。兹恐族众人心不一，特立议公墨据一纸，永远存照。

清光绪二十四年五月　日

立公族合墨据众等族长人：余光前、余大鹏、

余明椿、余天福、余光梦、余大□、余大生

房长：余大海、余旺湖、余大波①

文书三：金天合堂秩下公议禁约

立合同文约金天合堂秩下四户人彦承、彦济、彦曜、可滋等。窃思吾祖迁居斯土已数百年余，虽云祖俭流光，尤赖祖制精善。当其栽培村基、蓄养苗木，不惟增光于族内，而且足用于公支。抑其深虑秩丁，严禁一切赌博，不惟免是□之于祸，而且使和气于一脉。所以秩下人等悉归正道，不入邪途。□延数十世，是赖祖章之而未有易也。迨至近年来，人心不古，故违先人之遗墨，累背当今之合约，魆□行赌博不务正业。残害松杉，以□钱之为易。松杉一光，

① 刘伯山主编：《徽州文书》第四辑卷七《歙县三十都七图余氏文书——清光绪二十四年五月族长余光前等立公议墨据》，第264页。

则田亩之佘积，国课又何从所产。□□是邀同四户人等，再扶旧规，请宪颁示。松杉苗木、阖境野火，以及纸牌、骨牌、骰子、地钱、摇摊、开宝，概严加禁，不得有违。倘有背约，在公同重罚。如恃强不遵，何股秩丁则坐何股。当事人首名公同鸣官究治。公事公支，不得累及出身之人。出身之人不得退缩，亦不得存私肥己。心存扶规则昌，心存败众则亡。伏愿人人一心，众志成城，自可以光前而裕后耳。恐口无凭，立合同文约一样八纸，各收一纸为据。

光绪二十八年七月初十日

立合同文约人金天合堂秩下四户人：彦承、彦杰、班护、可贞、可扬、彦曜、可□、可□、可湄、可起、彦城、彦济、可进、可倈、继彩、继彬、可通、可滋、继青、继天、继海、叶泰

秉笔人：班惠、彦城、可通①

从以上三份文书可以看出：这些厘正风俗合约的出现，均是徽州各大宗族族长、房长等宗族首领带领族众进行制定的，其约束的范围包括洋烟赌博、坟林庇荫、来龙水口、松杉竹木、春冬二笋、纲常伦理等诸多款项，尤以烟赌治理为重点。且为取得更好的公信与执行力，徽州宗族还常在合约中特别规定，族人倘恃强不遵，背弃合约内容，轻则公同重罚，重则呈官究治。

民国中期，徽州宗族针对族人聚众赌博、贩卖红丸毒品等不法行为，继续发挥组织作用，通过订立禁约、报宪立案等方式进行约束。如下面这份文书所示：

立出会议加禁合同文约人吴义叙堂秩下经手人广诚等。兹因村内叨天洪福，人众丁繁。刻下人心不古，各家青年子弟不务正业，常以赌博为大宗，贩卖红丸为正业。银钱耗散，田地抛荒，俱系败坏之村风。皆因先年未曾立有约束，故而人心不齐，情不得已，所

① 刘伯山主编：《徽州文书》第一辑卷十《祁门二十二都红紫金氏文书二——清光绪二十八年七月金天合堂秩下四户人彦承等立合同文约》，第542页。

以各房司事人会议前行报宪立案。加禁赌博、红丸均归一统。一则约束子弟，二则警戒刁风。倘有无耻之徒恃强聚赌、出售红丸、开灯强吃等情，如有前去拿获者，公同惩罚。各房司事之人不能推委倒缩，前行布告，决不徇情。至于开销费用，俱系祠内公派公出，不得累及司事之人，免其日后坑陷公私正事。亦不能以公肥私，以好保全合村之名风。自议规程之后，各宜凛遵，毋得违墨致干犯科之条。恐口无凭，立此会议合同文约一样七纸，各收一纸，永远存照。

一议证禁四至，里至到坞滩尸石，外至板岭脚桥头，南至大峰，北至来龙大峰为界。

一议不法开场破禁之人，如有拿获者，罚大洋十元，阑家亦即十元。

一议违背规条遵章者，罚大洋二十元，公同演戏加禁。如不遵者，公同报宪，照律惩治。

民国二十一年四月二十四日

立议加禁合同文约人：吴广诚、广开、大□、大典、大定、大湖、光达、大伸、大豪、光成、大锦、大锐、大兴[①]

从这份加禁合约可以看出：吴义叙堂秩下各方司事人等，鉴于本族世风日下，各家青年子弟不务正业，沉溺烟赌，败坏族风与村风，故倡议除报宪立案外，且需齐立合约，一则约束子弟，二则警戒刁风。至于开销费用，俱系祠内公派公出。

综上所述，聚族而居的宗族格局，使得徽州社会对近代社会变迁具有特殊的应变能力。依靠宗族自身的调节，使得徽州宗族在保持自身稳定与凝聚力之余，还利用族规家法、村规民约带领族众进行了息讼、保护祖坟与山场林木和禁烟禁赌等诸方面的治理工作，在净化宗族内部环境之余，也对徽州社会产生了诸多影响。可以说，徽州社会的有序和稳定，离不开各大宗族对其各自成员的约束和社会治理。直至20世纪50年代，随着土地改革的进行，加之农村合作化运动的深入开展，宗族祠田、

① 黄山学院编：《中国徽州文书》（民国编）第二辑卷六《民国二十一年四月（祁门）吴义叙堂秩下吴广诚等立议加禁合同文约》，第321页。

学田、祭田等被大量没收后重新再分配，宗族已经丧失了对财产和生产资料的控制。在此过程中，宗族缙绅、地主等遭到沉重打击，新的村级组织逐渐取代宗族，并接收了农村社会的各项工作，宗族组织走向了衰亡，其时代使命也由此走向了终结。

二、地方官府：防范治理纠纷，稳定社会秩序

清末民初之际社会动荡，盗匪频出，徽州社会满目疮痍，物资匮乏，人心惶惶，围绕有限资源的纷争不断。为稳定地方秩序，徽州历届政府在坚守与变革中不断创新纠纷调处与社会治理方式：一方面继续借助宗族与士绅合力开展纠纷调处与司法审判工作；另一方面兴保甲、严户籍，加强对民众的管控，并深化对烟赌等各种社会问题的源头治理，以此缓解统治危机，着力稳定徽州社会秩序。

（一）调解审判并举，及时化解纠纷

众所周知，自秦始皇统一中国后，传统中国实行的是郡县制，郡县以下不设治，县是最低级别的基层政权，其下就是分散林立的各个乡村。清末民初，封建王朝虽已终结，但直至1927年作为县级政权派出机构的“区”的设置，才使得乡村自治的空间被大大压缩，徽州地区也不例外。在这之前，“在国家和地方民众之间，有着巨大的权力空间”[①]。为有效维持基层统治，自明后期起，徽州各级政权便开始借助设在基层的保甲、乡约等准行政组织和宗族这一社会组织来加强对民间社会的管控。面对民间社会发生的各类纠纷，地方官府是支持徽州宗族、保甲、乡约进行纠纷调处的，这一方面可以节约行政成本，另一方面也有利于基层社会稳定。正如我们上节所述，大量族内纠纷在宗族内得以被平息。当纠纷延至族外，保甲、乡约组织便成为徽人常选的申诉之地，且保甲的调解作用远比乡约更活跃。统计附表3《清末民初徽州民间纠纷一览》中的111件民间调解纠纷，明确显示由保甲、乡约调处的共33件（其中保甲

① 唐力行：《徽州宗族社会》，安徽人民出版社2005年版，第217页。

调处的27件[①]、乡约调处的6件[②]），占据29.7%的比例。在这33件调处案例中，显示纠纷双方为同族的仅4件，其他均发生在邻人、主佃、主雇等外人之间。当然并不是所有的调解都是成功的，若纠纷单方不服调解或调解不力时，民众便会将案件呈公究治。毕竟“当纠纷双方的权力地位大致相当时，调解妥协最为有效；但是，对于恃强凌弱，它就显得无能为力。在这种情况下强调妥协事实上可能就是为邪恶势力开脱”[③]。如前所述，县级地方政府是民众上告的必经之地[④]。通过梳理附表3《清末民初徽州民间纠纷一览》中的66件上告官府诉讼案例，发现地方政府的审判思路大致相同，即在依据相关律例，尊重民间私约的基础上，力图快速和息结案。如附表3所列上告官府诉讼案例第3号案例江秀山诉金步云坟旁盗葬一案中，县主以原告江秀山并无此山契据，故判此地系金姓世业无疑，并取具双方切结销案。上告官府诉讼案例第16号案例汪、方、王、曹、詹及香严院六姓共有山场权益纠纷中，县长断案思路也是依据六姓之前订立的合约内容，断定此山权益继续按合约执行，按比例摊分，以杜争竞。

（二）依托户籍管理，缉盗除匪安良

从前章总结的清末民初徽州民间纠纷类型可知：动荡的时局，使得徽州社会盗案频发，人身伤害案也是层出不穷，二者在此时期徽州民间纠纷中占据16.9%的比例[⑤]。为更好地防范纠纷，稳定民间社会秩序，清末民初各届地方政府在坚持保甲制度之余，还进一步细化户籍管理，即

① 详见附表3《清末民初徽州民间纠纷一览表》中民间调解第1—2、9、20—21、43、60、100号调处成功案例及第33、37、46、51、53—55、57—58、61、63、66、77—78、81、83、85、89、94号未记载结果案例。

② 详见附表3《清末民初徽州民间纠纷一览》中民间调解纠纷第3—4、29、92—93、103号案例。

③ 黄宗智：《清代的法律、社会与文化：民法的表达与实践》，法律出版社2014年版，第57页。

④ 如明清法律规定：“凡军民词讼，皆须自下而上陈告，若越本管官司，辄赴上司称诉者，(即实，亦)笞五十(须本管官司不受理，或受理而亏枉者，方赴上司陈告)。”参看田涛、郑秦点校：《大清律例》，法律出版社1999年版，第473页。

⑤ 统计表2-1《清末民初徽州民间纠纷类型一览》中177件纠纷案例，人身伤害案有19件，盗窃案有11件，共计30件，占据16.9%的比例。

在编制保甲户牌、保甲门牌、保甲册[1]等的基础上，还制作了户口调查表、户口门牌，以期加强对民众的管控，实现“缉盗除匪安良”之目的。

我们先来看一下保甲制，它创立于北宋时期，“是由封建官府自上而下推行的一种按照户籍编制来统治人民的基层行政组织制度和社会管理控制制度”[2]，在稳定社会秩序方面发挥了重要作用。在前面章节中我们已重点探讨了保甲作为基层行政组织制度在民间调处中所起的作用，本节则主要探讨其如何依托户籍管理在社会管控中发挥职能。保甲的创立虽是在宋代，但在徽州地区，直至明嘉靖年间才开始设置，万历初年才开始在徽属六县普遍推行。其设置的初衷乃是鉴于“民风彪悍、盗贼多有”，为严防治安而设。翻阅明清徽州县志，均可发现这一轨迹：“休居万山中，民性健悍，且西南接江浙境，无赖子出没靡常，盗贼多有，遂议劝谕扞卫法，合乡约保甲并行之。”[3]崇祯年间，祁门“时邑盗炽，昼攫金，（知县）令各里保俾自相擒捕……四境帖然”[4]。为更清晰地说明问题，我们将依托徽州文书资料，从中选取明末、清前期及清后期数份保甲文书，通过分析其保甲组织编制及保甲内容，来管窥地方政府防范纠纷、稳定秩序的举措。

文书一：明末保甲户牌

> 歙县保甲人户牌：歙县，乡地名系二十五都一图第 保，保长程隆源，保副 。一户张付，年 岁，身系二十五都一图，生理（后面字迹损毁缺失）。弟 ，子 ，侄 ，妇女 口，佣工 人。
>
> 万历三十三年三月二十二日[5]

---

① 保甲户牌、保甲门牌、保甲册的逻辑关系如下：保甲户牌是保甲门牌编造的依据，保甲门牌的汇编又构成保甲册，三者均详细登录每户、每牌、每甲（保）的户主姓名、籍贯、年岁、执业以及男丁女口等信息，彼此之间密切关联。参见刘道胜：《清末保甲编制与村族社会治理——基于光绪年间徽州三种保甲册的考察》，《安徽师范大学学报》（人文社会科学版）2015年第5期。

② 陈瑞：《明清时期徽州保甲组织的职能发挥及其影响因素》，载常建华主编：《中国社会历史评论》第十四卷，天津古籍出版社2013年版，第338页。

③ 万历《休宁县志》卷二《建置志·乡约保甲》，明万历三十五年刻本。

④ 康熙《祁门县志》卷二《名宦》，清康熙二十二年刻本。

⑤ 王钰欣、周绍泉主编：《徽州千年契约文书》（宋元明编）卷三《万历三十三年歙县保甲人户牌》，第338页。

文书二：清前期保甲门牌

祁门县正堂陈 为清查保甲设立门牌，以除匪类以靖地方事。案奉各宪饬令各府州县严编保甲缘由到县，奉此合饬城市乡村各都图保甲烟灶丁口、寺庙僧道编造册内，毋许隐匿。十家编一甲，立一甲长，十甲编一保，立一保长，均要殷实老成，毋许奸棍孤独邀充。给以印信门牌，书填姓名、丁口、生理，邀相稽查。夜则巡更，子夜有事，互相救应，不许容留匪类。如违治罪，各宜凛遵，须至牌者，计开：

祁门县十一都三图二保三甲，保长徐佛老，甲长朱本清。

汪公会八甲支用单在内。

一户朱本清，年四十五岁，（祁门）县人，务农生理，男妇女共 口，仆 岁，同居（余下九户信息略）。

康熙五十二年 月 日给[①]

上面两份文书分别为保甲户牌及保甲门牌。文书一显示的为明末万历年间歙县保甲户牌，登记了辖区住户的“姓名、年龄、生理、男妇大小丁口”等基本信息，但并未说明此时保甲组织的编制与设置的目的。崇祯年间歙县知县傅岩对保甲制的记载恰好帮我们弥补了缺憾。“严行保甲。十家为甲，十甲为保，择材能诚实者为长甲，置牌架器械，遇盗鸣锣，传知救捕。平日逐户挨查赌博非为，呈首究治。其无籍流棍、技术流娼、游食僧道，严行驱逐，地方宁谧。”[②]由此可见，明末徽州保甲组织的编制为“十家为甲，十甲为保”，设置的目的是“驱逐流民，缉盗禁赌”。文书二为清代康熙年间祁门县保甲门牌，从中可以看出此时登记的住户信息与明末基本一致，且保甲组织编制仍为“十家编一甲，立一甲长，十甲编一保，立一保长”，力图通过对辖区内人口（包括城乡各都图

① 王钰欣、周绍泉主编：《徽州千年契约文书》（清民国编）卷一《康熙五十二年祁门县编十家保甲牌》，第166页。也可参见陈瑞：《明清时期徽州境内的保甲制度推行与保甲组织编制》，《安徽大学学报》（哲学社会科学版）2012年第3期。

② （明）傅岩：《歙纪》卷五《纪政迹·事迹》，明崇祯刻本。

保甲烟灶丁口、寺庙僧道人员在内）[1]进行细致调查与统计，以达到“以除匪类，以靖地方”之目的。因为就地方官而言，所辖区域是否得到有效管理、辖区内社会秩序是否和谐稳定、治安状况是否安然良好，是衡量他们政绩好坏的最为重要的指标之一[2]。

那么到了清末，保甲组织的编制和设置的目的有何变化呢？我们将以下列数份文书为例，进行细致说明。先来看道光、同治年间的两份保甲文书。

文书三：清后期道光年间保甲门牌

特授江南徽州府歙县正堂加十级记录十次马 为钦奉等事。奉各宪札钦奉谕旨，颁发新例保甲事宜各条到县。奉此合给门牌，开列该户姓名、籍贯、年岁、生理并男妇大小丁口，俱照填写明白。如有邪教、盗贼、光棍、私铸私销、窝娼窝赌、逃犯逃遣以及赌具刑书一切有干例禁之事，该邻右保甲再行呈图，立拿究惩。倘敢纵容不报，一体连坐。须至牌者。

计开：十五都九图第 户 年 岁营运，祖母 母 伯母 婶母 嫂 妻 弟 弟媳 妾 子 媳 女 孙 孙媳 侄 侄媳 侄孙 雇工 叔 婶。

保长：汪兆，甲长 。县 发给该户，用木板张挂[3]。

道光二十年十二月 日 给

文书四：清后期同治年间保甲总牌

十家甲长总牌：钦赐花翎同知衔署理江南徽州府歙县正堂加十级记录十次 为钦奉上谕事。奉行编查保甲，遵照前□大部准行条款，给发十家总牌。务须开列各户姓名、籍贯、年龄、生理、丁口，

① 辖区内所有人口登记在保甲册中，会有区别显示。如对本贯人户是按良民予以编制，这种良民册构成了保甲册的主要部分。而客户、棚户等则纳入特殊户籍编列，他们不但需要本贯人户“出具保结”，且另给门牌，在保甲册中独立成编。

② 陈瑞：《明清时期徽州保甲组织的职能发挥及其影响因素》，载常建华主编：《中国社会历史评论》第十四卷，天津古籍出版社2013年版，第339页。

③《清道光二十年十二月徽州府歙县门牌》，载周向华编：《安徽师范大学馆藏徽州文书》，安徽人民出版社2009年版，第215页。

不待遗漏一人，违者甲长、保长等并究。共十家牌内人敢有为贼为盗、窝盗窝□、窝娼窝赌、抢夺□□、私铸私销、私盐私茶、囤贩硝磺、倾造假银、奸拐人口、造卖赌具、结盟拜会、招集匪类、妖言煽惑、依附刑教、统众打降、夜聚晓散、或夜去早归、或先贫骤富以及容留面生可疑之人、行迹诡秘之徒种种情事，历经遵行在案。兹奉府宪檄行，刊发王文成公十家牌一本等因到县。奉此合行照录刊发、晓谕化导。为此仰甲长知悉：遵将文成公牌法一本，每日稽查晓谕化导。后开各家人户一番互相惩戒。如有前项事犯不法之徒，即行密报，立拿究治。如敢容隐，事发一体同罪不贷。须至牌者。

一甲长，生理，本户男丁 名。

一户，生理，本户男丁 名。

……

县挂门首，周年更换稽查。

都 图 甲长 经管 村 庄 人户。

同治六年 月 日给[①]

文书三为道光年间歙县颁发新例保甲门牌，其中除照旧开列住户“姓名、年龄、生理并男妇大小丁口”等基本信息外，还需备注住户“籍贯”，这是因为伴随着外来客民尤其是棚民[②]在清中期后的涌入，徽州政府也加强了对民众的管控力度。这时保甲设置的目的不仅是“缉盗”，还扩展至严防“邪教、光棍、私铸私销、窝娼窝赌、逃犯逃遣以及赌具刑书”等一切有干例禁之事。文书四为同治年间歙县颁布十家甲长总牌，要求开具住户信息同文书三一致，不同之处在于因受太平天国运动等的冲击，故对一切“面生可疑之人”及“有干例禁之事”的罗列显得更加详细，保甲防范更全面，增加了诸如“私盐私茶、囤贩硝磺、倾造假银、

① 王钰欣、周绍泉主编：《徽州千年契约文书》（清民国编）卷三《同治六年歙县十家甲长总牌》，第38页。

② 关于棚民，请参看本书第一章明及晚清以前徽州民间纠纷类型及处理方式，其中详细叙说了棚民来徽时间及对徽州本土生态环境与社会秩序的危害。

奸拐人口”和“结盟拜会、招集匪类、妖言煽惑、依附刑教、统众打降、夜聚晓散、或夜去早归、或先贫骤富以及容留面生可疑之人、行迹诡秘之徒”等内容的防范，以达到“安民”这一稳定社会秩序之目的。

接下来，我们再摘录光绪前期的两份保甲文书以资补充说明。

文书五：光绪五年（1879）十家门牌

十家门牌：祁门县正堂柯 为给发门牌事。照得现办保甲，按十户立一牌长，十牌立一甲长，十甲立一经董，责成挨户编填，互相保结，以清盗源。为此给发十家总门牌，注明年贯丁口执业，互相稽查。倘一家为匪不法及窝藏盗贼，九家公同出首，毋得容隐干咎。牌甲长地保人等，知而不首致干同罪。如有迁移生故婚嫁增减，随时在于门牌本户旁添改，并告知牌长，牌长转报甲长，甲长转报经董，于册内一体改注以凭抽查。倘有隐漏察出干咎。须至牌者。

计开 都 图 第 甲 第 牌，小地名 距城 里。

经董 甲长 牌长 地保。

一户 现年 岁 系 省 州 县人 以 为业。

男丁 女 口 伙计 人 奴仆 男 女 人 雇工 人。

…………

一严禁三五成群，拜盟结党；一严禁行迹诡秘，煽惑乡愚；

一严禁窝盗窝娼，扰害良民；一严禁讼师讼棍，搭掩撞诈；

一严禁私铸私宰，相习为非；一严禁赌局烟馆，容隐匪类；

一严禁持械打降，倚众逞强；一严禁拐抢妇女，和诱略卖；

一严禁外来流丐，强讨恶索；一严禁游手好闲，懒惰失业。

县 裱糊木板于各家门首，轮流张挂。

光绪五年 月 日给[1]

文书六：光绪十年（1884）十家门牌

① 王钰欣、周绍泉主编：《徽州千年契约文书》（清民国编）卷三《光绪五年祁门县十家门牌》，第111页。

十家牌：钦加同知衔特授休宁县正堂水 为给发十家门牌事。现奉臬宪札发章程，饬即督率董保人等清查户口、举办保甲，按十户立一牌长，十牌立一甲长，责成逐户挨查，以清盗源，合行给发总门牌。为此牌仰该牌长收执，嗣后务须常川稽查。各户内有犯种种不法等事，即行出首毋得容隐，亦不许诬捏。如有迁徙生故婚嫁增减及出外佣工贸易，随时由牌甲各长告知董保人等，于门牌同图册内一律改正以凭抽查。倘有隐漏察出干咎，须至牌者。

一牌长，年 岁 县人 事业 男女大小 共 口。

第一户家长 人 年 岁 家内男女大小 共 口。

…………

第十户家长 人 年 岁 家内男女大小 共 口。

以上十户共计男女大小 共 口。

一严禁三五成群，拜盟结党；一严禁讼师讼棍，搭掩撞诈；

一严禁窝盗窝娼，扰害良民；一严禁私铸私宰，相习为非；

一严禁开场聚赌，容隐匪类；一严禁抗粮漏税，玩误正供；

一严禁持械打降，酗酒行凶；一严禁拐抢妇女，和诱略卖；

一严禁外来流丐，强讨恶索；一严禁逃荒难民，蜂拥入村；

一严禁行踪诡秘，暗为不法；一严禁游手好闲，到处流荡。

光绪十年 月 日给①

文书五为光绪五年祁门县颁发的十家门牌，从中可见此时保甲编制与之前相比，有了一些变化：即新增牌长一职，并按“十户立一牌长，十牌立一甲长，十甲立一经董”的标准重新进行了设置，并新增了对讼师讼棍、搭掩撞诈、赌局烟馆、容隐匪类、持械打降、倚众逞强、外来流丐、强讨恶索、游手好闲、懒惰失业等不法行为的防范，以资达到“互相保结，以清盗源”之目的。文书六为光绪十年休宁县十家门牌。其基本内容与文书五基本一致，保甲设置的目的仍是“逐户挨查，以清盗

① 王钰欣、周绍泉主编：《徽州千年契约文书》（清民国编）卷三《光绪十年休宁县十家牌》，第165页。

源”。不同之处在于门牌结尾处对民众的约束条款又有新增。如“严禁抗粮漏税，玩误正供”，“严禁逃荒难民，蜂拥入村”，“严禁行踪诡秘，暗为不法”。这些条款的新增乃是清末徽州政府对社会新问题的积极应对。依据本书前两章研究可知，清末民初徽州社会民间纠纷与以往相比，出现了很多新类型与新变化。除前已述及的盗案频发、人身伤害增多外，在租佃纠纷方面，抗租逃佃现象也大大增多，如明及晚清以前租佃纠纷只占纠纷总数的1.4%，清末民初时已上升至9.6%[①]。太平天国运动后，伴随着徽州本地人口的急剧减少，大量闲置山场田地亟待外人开发，这就在客观上给外来逃荒难民来徽提供了契机。为防土客纠纷，缓解执政压力，故清末徽州官府在保甲制中对逃荒难民蜂拥入村进行了严禁。

到了民初，随着政权的更迭，用以监控民众的保甲牌更多地被民国政府替换成了户口调查表与户口门牌。如下列两份文书所示：

文书七：民国十七年（1928）户口调查表

安徽省普通户口调查表：歙县第九区方家那第三甲第十牌第二号。姓名：户主：方继生，妻汪氏，女兰花。年龄及生年日月：二十三岁，光绪二十二年十二月；二十三岁；五岁。性别：男，女，女。职业：务农。籍贯：歙。犯重罪者：无。居住时期及在家或外出：祖居。合计人数：男一女二。亲属称谓：（待填）。寄居关系：（待填）。佣工关系：（待填）。附记：（待填）。

中华民国十七年八月 日

具报人：方继生

调查人：汪世燮、黄大恭[②]

文书八：民国十七年（1928）户口门牌

① 根据表1-1《明及晚清以前各朝徽州民间纠纷类型一览》和表2-1《清末民初徽州民间纠纷类型一览》中的数据统计而来。在表1-1中显示租佃纠纷有4件，占据民间纠纷1.4%的比例；表2-1中租佃纠纷有17件，占据民间纠纷9.6%的比例。

②黄山学院编：《中国徽州文书》（民国编）第二辑卷六《民国十七年八月歙县方继生户口调查表》，第343页。

编查户口门牌：安徽省绩溪县第二区岩山第（后面文书缺损）。户主姓名：程燮和。年岁：四十九。性别：男。职业：农。本客籍：客。居住时间：迁居三十一年。亲属：男四人，女六人。寄居：男一人，女 人。佣工：男一人，女 人。

中华民国十七年八月十三日填给[①]

上述两份表格的填写年份同为民国十七年。文书七乃打印好的歙县户口调查表模板，斜体字下划线部分为手填。从中可以看出，此调查表需填写的住户信息除包括常规的姓名、年龄、性别、职业、籍贯、男妇大小丁口、亲属关系、佣工关系外，还增加了犯罪情况、寄居关系、居住时期及居住状态、附记等相关信息，以便政府全面、快速了解民众信息，从而进行管控。文书八是绩溪县的编查户口门牌，需登记住户的信息与文书七基本一致，仅增加了“本客籍”一栏。到民国后期，户口调查表还增加了教育程度、特殊技能、有无废疾、已未婚等栏目[②]，可以说，现代户籍管理制度的模板在此已初步定型[③]。民初户口调查的目的何在呢？这可从民国后期的户口调查资料中得到启发：即通过订立五户联保联坐切结，互相监察，以达到杜绝同结住户通匪、窝匪、为匪及充当汉奸、间谍情事[④]之目的，如知情不报，即依法连带坐罪。

由上可知，清末民初之际，晚清与民国政府针对转型期社会秩序动荡、贼盗频发、人身伤害及租佃纠纷迭起之状况，与时俱进，不断在传

① 黄山学院编：《中国徽州文书》（民国编）第二辑卷六《民国十七年八月绩溪程燮和户编查户口门牌》，第342页。

② 参看黄山学院编：《中国徽州文书》（民国编）第二辑卷六，《民国二十八年六月休宁程贵扬户口调查表》，第348页；《民国三十年休宁汪义瑞户口调查表》，第349页；《民国二十八年八月黟县朱同耀户口调查表》，第351页。

③ 查阅现在的居民户口簿，笔者发现各地派出所发给每位居民的常住人口登记卡中，需要居民登记的基本信息几乎与清末民国一致，即主要包括姓名、性别、职业、出生地、出生日期、籍贯、文化程度、婚姻状况、家庭成员、户籍变动情况等，新增的栏目主要有民族、宗教信仰、身高、血型、身份证号码、兵役状况等带有现代社会烙印的元素。

④ 参见黄山学院编：《中国徽州文书》（民国编）第二辑卷六，《民国二十八年六月休宁程贵扬户口调查表》，第348页；《民国三十年休宁汪义瑞户口调查表》，第349页。

统保甲户籍管理制度基础上进行革新，创设了户口调查表与户口门牌等新形式，以资更好地防范治理纠纷，达到“缉盗除匪安良”这一稳定社会秩序的目的。

（三）革除社会陋习，净化社会风气

如前所述，徽州社会陋习中，占据第一位的就是烟赌。在附表3《清末民初徽州民间纠纷一览》中就收录有数起烟赌纠纷案例[①]。面对烟赌带来的危害，除上节所述及的徽州宗族对此加强约束外，历代徽州地方官员也不断制定措施和条规，对此不良风气进行打击，以消灭滋生纠纷的温床。如明末歙县知县傅岩列举该县十大社会公害时，赌博就被其评为第二大公害，认为“赌风日炽，亡赖恶棍串党置立药骰筹马局，诱人子弟倾荡家产，甚有沦为奸盗，而犯者比比”[②]。故要求当地保甲组织“平日逐户挨查赌博非为，呈首究治”[③]。根据清末徽州知府刘汝骥在徽州各县开展的社会调查数据显示，赌博这一陋习经久不绝。如以绩溪为例，显示诸种犯罪中，以赌博为最多。该县每逢演戏、赛会，各式赌局便随之大开，参与人数众多。“剧场会期，赌棚林立，棚或数十人或数百人，宝摊骰牌，色色俱全。秋成后，无论大村小村，不啻以赌场为其俱乐部，通宵达旦，习以为常。”[④]除绩溪外，在休宁，因五方杂处，赌风更炽。“每届茶市，屯溪附近一带赌匪麇集，作阱陷人，无知愚民一入彀中，无不倾家荡产”[⑤]，不难想象赌输之人，若无力偿还债务，穷极之下

① 附表3《清末民初徽州民间纠纷一览》中明确记载因涉赌上告的纠纷虽然只有2件(即是上告官府诉讼案例第60—61号案例。在第60号案例中，原告鲍兆隆控洪观林，因为好赌荡家，先将妻子程氏卖掉，后又串骗搭台作案，将程氏抢回。在第61号案例中，被告因借贷不成，转而诬陷原告涉赌泄愤)。但在一些纠纷案件处理中，时常可以看到原被双方指控对方吸烟涉赌的，如上告官府诉讼案例第22号案例中，原告程德安与被告程梓馨因共屋出入路径问题不断互讼，程梓馨即揭发程德安在共屋右手边任意开灯卖烟。在上告官府诉讼案例第29号案例中，被告族叔程金元反驳原告程八春的指控，就提及逆侄程八春不务正业，专嗜游荡，嫖赌吸烟。

②（明）傅岩:《歙纪》卷五《纪政迹》，明崇祯刻本。

③（明）傅岩:《歙纪》卷五《纪政迹》，明崇祯刻本。

④（清）刘汝骥:《陶甓公牍》卷十二《绩溪民情之习惯》，第613页。

⑤（清）刘汝骥:《陶甓公牍》卷七《休宁县武生黄祺等呈批》，第520页。

势必偷盗抢劫，危害社会。婺源也是如此：“会场一开，赌局林立，奸人倚为利薮，荡子因而破家……伤风败俗，为害不可殚述。”[①]刘汝骥鉴于“赌博为地方巨害，盗窃、人命胥由此生”[②]之实情，也曾数次严申赌博禁令，并撰就四言告示，责成六县实力奉行[③]，刘本人还曾在屯溪河街一带捉赌局数处，但禁赌效果并不理想。正如刘汝骥本人所言：“游手嗜赌，有若慕膻，非一纸文诰所能禁也。”[④]到了民初，随着赌博花样不断翻新，赌风更盛。据1928年《徽侨月刊》记载：“歙南街源一带赌风素盛，三年前通行者，不外乎牌九、麻雀、骰子宝……一般嗜赌者，必须亲自到场，而争胜负……今花会流行……其赌法异常便利……赋闲者便亲到赌场，有事者或将钱交水客带去。幸而中机，遂有以一获三十倍之收入，负则不过九牛一毛，故村众之贪念蓬蓬勃发，不可遏止……虽地方官不乏清廉，下令严禁，乃其左右差役藐视国法为具文，不独不极力拿办，且而翼护赌棍，朦混官长，借词塞责，得钱卖法，以饱其私人之囊。”[⑤]所以可以想象，禁赌必定是一无所获[⑥]。

除赌博外，清末民初鸦片问题也相当严重。鸦片战争后，鸦片大量涌入中国本土。以上海为例，清末民初，市场上专业救生鸦片催吐药品的出现，从一个方面折射出民人吸食鸦片之普遍。如下列文书所示：

---

① (清)刘汝骥:《陶甓公牍》卷十二《婺源民情之习惯》,第594页。

② (清)刘汝骥:《陶甓公牍》卷七《休宁县附生李蟠根呈批》,第520页。

③ (清)刘汝骥:《陶甓公牍》卷十《徽州府禀地方情形文》,第542页。

④ (清)刘汝骥:《陶甓公牍》卷六《绩溪县张令廷权申批》,第514页。

⑤《徽侨月刊》第16期《花会之流毒》,转引自王振忠:《徽州社会文化史探微:新发现的16~20世纪民间档案文书研究》,上海社会科学院出版社2002年版,第466—467页。

⑥ 卞利认为徽州的赌博陋俗历经数百年,数次严禁但收效不大,主要在于它有广阔的市场和基础。包括广大乡村长期以来缺乏娱乐活动;设赌之徒的诓骗,其可能会产生的巨大赢钱机会,使得被诱之人,自然而然地堕入赌局圈套;再者地方官府禁赌不力,甚至在接受开设赌场者的贿赂后,变成赌场的保护神。详见卞利:《明清徽州社会研究》,安徽大学出版社2004年版,第316—317页。田涛归纳的原因也大致相同:“一则此种陋习有着长久的历史,二则在相对封闭的社会形态下,不利于开展正常的文化活动,使乡间生活单调乏味,再则对于财富的奢望,对偶然性的心理依赖,都可能使赌博行为得以蔓延。”详见田涛:《徽州民间私约研究及徽州民间习惯调查》上册,法律出版社2014年版,第239页。

上海善善堂张宅救生鸦片吐药：五分作一服，温水半杯化开送下。大约一刻之久，即有欲吐之状。乃再饮清汤二大碗，以助其吐。吐后再饮清汤，使之再吐。待黑水吐尽，只吐白水方可。假如历时已久，有昏迷欲睡之状，此系鸦片已经消化，恐吐犹未尽，必须用两人扶而行走。另用一人，以竹片打其两腿皮肉，使之知痛惊醒，随行随打，终夜不睡，方保不死。倘任其睡去，即无救矣。本宅住洋泾浜锦里。本宅精制无灰戒烟丸。如有存心救世情愿施送者，可寄信前来代为修合。[①]

正所谓有需求才有市场，鸦片催吐药品的出现，反映出在当时民间社会，吸食鸦片的民众群体数量必定不少。其实鸦片不仅流毒于上海这类通商口岸，伴随着商业交流的增加和人口流动，身处皖南山区的徽州也未能幸免，如以婺源县为例："婺人嗜之者亦多，自士夫以及负贩细民靡然成癖。虽穷僻山居无他市肆，而烟寮随在皆有。"[②]曾任晚清徽州知府的刘汝骥曾提及"徽俗不论贫富，吃烟者十人而六七，面黧骨削，举目皆是"[③]，于是禁烟成为禁赌之后地方官府亟需处理的又一要政。试以光绪朝两份文书为例，管窥清末徽州地方官府的禁烟举措：

文书一：光绪二十四年（1898）烟馆执照

印照：钦加五品衔赏戴花翎署理歙县正堂加六级记录十二次何 为给发印照事。照得地方开设鸦片烟馆，最易藏垢纳污。而无知愚民日往购食，渐至上瘾成疾失业废时，壮者或流而为匪，弱者且因而毙命。是烟馆之为害，实有罄笔所不能书，擢发所不能数者，□□□□□。姑念尔等□在其中，暂从宽免以示体恤，此后只准关闭不准添开。除委员会董督保，将阖邑现开烟馆共有若干家逐户查明造册，并取具不敢窝匪销赃连环保结呈县备查，一面通禀各大宪

① 刘伯山主编：《徽州文书》第二辑卷七《黟县十都宏村（春晖堂）汪氏文书——清末民初上海善善堂张宅救生鸦片吐药广告》，第217页。

② 光绪《婺源乡土志》第六章《婺源风俗》，清光绪三十四年活字印本。

③（清）刘汝骥：《陶甓公牍》卷十《徽州府禀地方情形文》，第542页。

立案外，合行给照。为此照仰该烟馆收执，嗣后务须凛遵国法安分营生，每晚亥刻歇灯停止卖烟，毋许留人住夜。倘敢故违不遵，及有窝藏匪类、代销赃物等情事，一经察出或被告发，定即封屋追照提案重办。牌甲保邻屋主同业知而不首，一体连坐，决不曲贷。烟馆如因折本歇业并者，临时将照缴销。毋违，切切。须至牌照者，右（上）照给十七都二图烟馆张尚云收执。

光绪二十四年十二月二十日给①

文书二：光绪三十一年（1905）烟馆照会

钦加四品衔署理江南徽州府婺源县正堂加二级记录二次记大功五次记功 次邓 为照会事。案奉本府宪札饬不能改业之烟馆，经本府禀准各宪查照筹议原册，自上年冬季起，饬令缴费领牌为凭。其未缴过筹议捐在豁免灯捐，以后续开者勒令闭歇以示区别等因。奉经本县分别示谕，饬差挨村查明现开烟馆姓名，开单报县填给牌照，禁谕饬令遵章缴捐在案。窃维府宪之意，原以烟一项最易坏人子弟。一经上瘾即成废弃，甚或勾漂引赌，纳污藏奸，为害地方实非浅鲜。特以若辈陈瘾已深，势难骤革，议令领牌缴费，原期寓禁于捐以期逐渐改业。但能少一烟馆，即为地方除一巨害，立意极为深远。所有各村烟馆，除现已查明领牌各户暂准照常开设外，无论何人，概不准再有续添，亦不准顶名私开。其现开烟馆，或因无力缴捐情愿闭歇者，许其即出具永不再开切结检同牌照禁谕缴销。所有前欠牌费，并准免予补缴以示体恤。倘敢阳奉阴违抗捐滋事，定即提案严究勒令闭歇。贵文会绅董有稽查劝导地方之责，亦难辞咎。除出示晓谕外，合将该村烟馆姓名开单照会。为此照会贵文会绅董烦为查照，随时认真稽查，饬会已领牌照各烟馆务须遵章按季缴捐。如敢抗违延欠以及无照私开者，许即随时指名禀县提究勒闭，以照烟戒

① 王钰欣、周绍泉主编：《徽州千年契约文书》（清民国编）卷三《光绪二十四年歙县县衙准开烟馆印照》，第317页。

而靖地方，幸勿徇情庇纵，同干未便，切切。须至照会者，右（上）照会东乡六都汪口绅董俞。

光绪三十一年二月二十八日照会[1]

文书一乃光绪二十四年（1898）歙县发给烟馆收执的执照，从中可以看出：为从源头上遏制烟害，歙县借助经董、地保等乡绅势力，加大了对烟馆开设的管理力度。即一则控制烟馆数量，告诫民众烟馆只准关闭、不准添开。二则将现有烟馆信息登记造册，取具各商户安分切结存案后，才可颁发合法开业执照。三则告知违法处罚标准。如违，定即提案重办，牌甲保邻屋主等知情者也连坐不贷。从文书二光绪三十一年（1905）婺源县发给文会绅董的照会可以看出：随着时间的推移，各县对烟馆的管控更为严格。文书一时烟馆只需登记造册后写具保证书即可开业，文书二则显示各烟馆合法开设除满足上述条件外，还需文会绅董认真稽查，督促各烟馆知晓要及时缴纳捐费才能领照开业，无力缴捐之店铺可在免除其捐费后勒令闭歇，即以捐税为杠杆达到控制烟馆数量之目的。

到光绪三十三年（1907）刘汝骥就任徽州知府后，鉴于“乡间私开烟馆尤为地方之害”，故一方面采取“手撰告示重申禁令，白话浅说随时劝戒”等方式苦心劝说民众戒烟，重塑民众戒烟信心，指出地方“少一吸烟之人，即多一有用之人，有冻死饿死之人，断无瘾死之人”。另一方面则通过“广设禁烟局调查给照，勒令民众限期戒烟，购买戒烟药品”等方式戒除烟瘾。在他的号召下，徽属各县均开展了禁烟行动。如下面两份文书所示：

文书三：宣统元年（1909）祁门县禁烟令

钦加同知衔赏戴花翎兼巡防营务处特授祁门县正堂加一级杜 为出示重申禁令事。查接管卷内案奉各大宪叠次专札奉部奏准通行，

① 王钰欣、周绍泉主编：《徽州千年契约文书》（清民国编）卷三《光绪三十一年婺源县督查烟馆纳捐照会》，第392—393页。

严禁吸食鸦片烟并禁种土药暨饬将烟馆勒令闭歇。嗣又奉禁烟公所宪札，饬无论卖土膏店及有瘾吸户，均应分别请领所照及旅行小票，有瘾之人仍应遵章自光绪三十二年起，十年戒断等因，均经前县出示禁止谕董查造在案。本县到任以来，访闻城乡各处烟馆故态复萌，仍然私自开灯卖吃，甚至明目张胆，设灯□聚家喧闹，实属故违禁令。当经本县亲自查出在城之林高照、郑芝香等带署惩办在案。林高照等既敢如此，则似林高照等者必不止一人。城内既敢如此，则曰乡必更加甚，言之殊堪痛恨。除再密查究办、勒令领照外，合亟重申禁令。为此示仰阖邑各色人等一体知悉：尔等须知洋烟为害最烈，小则□伤志气，大则倾败身家。当此立宪时代，何能有此弱种之为。自示之后，务各父诏其子、兄勉其弟，有则戒除，无则加勉。倘一时实不能戒除净尽，亦当遵照章程赴该管董保处报名赴县领牌买食，仍限年断尽。卖烟之人亦须来县呈报，听候给价发卖，亦只准出卖土膏，不准违例设榻卖食。本县不惮若口烦言告诫尔等，倘敢□前不领牌照私自开灯，则是自外生成为地方之蠹。一经察出或被告发，定当提案加等究办，决不再贷。凛之。右（上）示禁令。

宣统元年正月十四日示

告示实贴□里，毋损[①]

文书四：宣统元年祁门县绅董照会

照会：钦加同知衔赏戴花翎兼巡营务处特授祁门县正堂杜 为照会乘便附查事。案奉巡警道宪排单札开，奉督部堂端电开西历二月一号即中历明年正月十一日，沪上特开万国禁烟公会。方现奉命届时赴沪督率开设，各省情形未能周知，全凭来电报告以资应付。前次电询种、吸、卖三节，以能得实在数目为要，承示各款惟有土药运销数目至产土地亩若干、近三年内减种种若干、原有吸户若干、

① 王钰欣、周绍泉主编：《徽州千年契约文书》（清民国编）卷三《宣统元年祁门县告示》，第441页。

比年戒脱若干未蒙示及。祈再饬查飞速电复盼切等因。奉此查电札严切万不可缓，兹乘贵绅调查选举之便，请即附查较为确实。除谕地保随同清查外，合发草册照请。为此照会贵绅：请烦查照于调查选举之际，顺便确切查明照册填注以凭申报。事关全局亦系立宪政体之切要者，务望破除情面认真办理。倘该地保稍有玩□徇延，准即函送究办，望切。须至照会者，右（上）照会二十三都调查员王悦、赵壁、金玉藻、王泽。

宣统元年正月二十四日照会[1]

上述两份文书为宣统元年祁门县发布的禁烟告示与照会邀请。文书三乃祁门县正堂奉府宪及禁烟公所宪札要求，再次重申禁烟令。一则严禁民众吸食鸦片，倘一时不能戒净者，勒令按程序限期戒烟。即先赴该管董保处登记再赴县领牌买食，并遵章自光绪三十二年（1907）起，十年戒断。二是针对本县烟馆复萌之现状，勒令各烟馆赴县呈报，听候给价发卖，并只准出售土膏，不准违例设榻卖食，倘不领牌照私自开灯，定当提案究办。文书四是祁门县正堂鉴于来年要赴上海参加万国禁烟公会，且为立宪政体建设需要，要求各士绅乘调查选举之际，附带查明本县鸦片种、吸、卖三节情况并照册填注上报，地保也负有随时清查之任务，倘地保玩忽职守，定即函送究办。

由此可见，在禁烟运动中，晚清徽州各级官府积极发挥当地保甲、文会、士绅等民间力量，采取多级联动、多措并举的禁烟举措，并一再声明办事不力及知情不报者定即函送究办、一体连坐，可谓用心良苦。但戒烟的实际成效却并不明显。正如清末刘汝骥所言，各绅“办戒烟目的只在勒索捐款、布置私人”[2]。到民国时期，这种现象也未得到改变。徽州社会“烟馆之盛，烟鬼之多，甲于全省，土豪劣绅多方包庇，中央

---

① 王钰欣、周绍泉主编：《徽州千年契约文书》（清民国编）卷三《宣统元年祁门县照会》，第442—443页。

② （清）刘汝骥：《陶甓公牍》卷十二《婺源民情之习惯》，第593页。

禁令名存实亡，四乡烟土、红丸买卖等于公开”[①]。根据当时的报纸记载：“徽城自禁烟局设办以来，本寓禁于征之意，颇为着力。讵知一般牟利之徒，公然售卖，纷纷开馆营业，实繁有徒，闻现在已有四十余家之多。噫！禁征二字，何混淆若是耶！”[②]直至全面抗战爆发后，吸烟问题仍为社会毒瘤，难以根除[③]。如下面文书所示：

调验证明书：安徽省政府皖南行署戒烟所为发给调验证明书事。兹有黟县县政府送验男性被验人胡周元，年五十七岁。系安徽省黟县人，现住黟县第三区顺仁乡第高田保第五甲。业经本所验明无瘾无毒，合行发给证明书以资证明。此证。兼主任、副主任、医师。中华民国二十八年十月三日。

调验人誓词：胡周元敬谨宣誓：此次蒙安徽省政府皖南行署戒烟所验明无瘾无毒，恢复名誉。今后誓永不吸烟，亲友中有吸烟者，我当劝其戒除，以尽自救救人之道。倘出所之后，有违犯誓词吸食烟毒行为，愿受枪决处分，谨誓。宣誓人：胡周元。监誓人：□□□。中华民国二十八年十月三日。

注意事项：此项证明书不得遗失，本所得随时传调复验，该民

---

①《徽州治安问题》,《新安月刊》第6期,转引自张小坡:《民国时期旅外徽州人所办刊物与改造徽州社会的舆论动员》,《安徽大学学报》(哲学社会科学版)2011年第4期。另据《徽宁旅沪同乡会第一届报告书》(1923.5—1924.9)中记载:红丸之毒已流入徽属婺源。1923年4月婺源北乡保卫团团丁就拿获私贩6名、红丸75罐,不料团董居然意存隐匿,仅将私贩1人、红丸10罐交警解县,由此可见土豪劣绅之包庇情形。转引自张小坡:《旅外徽州人与近代徽州社会变迁研究》,中华书局2018年版,第166页。

②《徽侨月刊》第13期,转引自王振忠:《徽州社会文化史探微:新发现的16~20世纪民间档案文书研究》,上海社会科学院出版社2002年版,第466页。

③ 如以1930年前后的绩溪县为例,县长赵同芳因嗜好烟赌,禁令松弛,而受到民众抵制没有在任上善终。参见张小坡:《民国时期旅外徽州人所办刊物与改造徽州社会的舆论动员》,《安徽大学学报》(哲学社会科学版)2011年第4期。另黄山学院编《中国徽州文书》(民国编)第二辑卷六《民国三十一年三月休宁县袁吉谦甲长证明书》(第351页)记载:“本甲人民之集会阅读书报及正当娱乐,均应在甲长办公处举行及设置,但不得有吸食鸦片或代用品,窝娼聚赌及其他违法行为。”从中可以看出,无论是普通民众还是行政官员,吸烟嗜赌问题是屡禁不止。

于奉到复验命令时，应即投验。具避不投验者，得拘拿法办[①]。

从这份由安徽省皖南行署戒烟所发给黟县民众胡周元的调验证明书可以看出，在民国后期，徽人吸食洋烟现象应该还很普遍，不然戒烟所不会印制这种成型的官方调验文本。另从调验人誓词“倘出所之后，有违犯誓词吸食烟毒行为，愿受枪决处分”可以看出，正因吸食洋烟行为屡禁不止，民国政府才会如此重拳出击。

由上观之，清末民初动荡的时局、纠纷迭起的局面，都给徽州地方政府治理纠纷、稳定社会秩序带来了巨大挑战。面对危局，徽州历届政府以变应变：一方面继续依托宗族、保甲、乡约等社会组织调处纠纷，消弭矛盾；另一方面则运用行政与司法力量，加强纠纷防范与陋习治理等工作，治标更治本。在这当中，户籍管理制度发挥了巨大作用，即通过互相保结，以清盗源，以安民生。

① 刘伯山主编:《徽州文书》第一辑卷一《黟县二都四图胡氏文书——民国二十八年十月胡周元无瘾无毒调验证明书》,第464页。

第四章　清末民初徽州民间纠纷治理的个案研讨

清末民初民间纠纷与社会治理的研究既需要从总体上进行宏观把握，亦需要通过具体个案进行微观解剖。本章拟以个案研究为依托，细致探讨清末民初徽州宗族及地方官府应对纠纷、加强治理的举措。宗族应对个案笔者选取的是歙东吴清山汪氏，通过考察其面对祠墓纠纷时的应对举措，特别是其主动寻求与地方官府联手的努力，进一步深化我们对清末民初徽州宗族的认识。官府治理个案笔者选取的是清末徽州知府刘汝骥，通过解析《陶甓公牍》这一官方文集中的诉讼案例，帮助我们清晰看到清末徽州社会之矛盾所在。转型期的清末徽州社会，除常规的婚姻田土细故纠纷外，还出现了很多新的纠纷，如学务警务纠纷与教民客民冲突。同时，烟赌、缠足、溺女等社会陋习屡禁不止，极大地败坏着社会风气，束缚着近代徽州迈向文明的步伐。面对转型期的矛盾冲突，徽州地方官员依靠宗族、借力绅商，在解决纠纷案件之余，还加大了对症治理力度，力图尽快稳定社会秩序。囿于当时历史大背景的局限，对症治理的效果并不尽如人意，但地方官府的上述努力，毕竟对清末徽州社会产生了一定影响，也一定程度上推动了徽州近代化进程，理应得到历史肯定。

一、宗族应对：以清末民初徽州吴清山汪氏祠墓纠纷为例

本节拟以附表3《清末民初徽州民间纠纷一览》中上告官府诉讼案例第1号案例“重立禁碑，饬杨良玉迁移榨坊保护风水案”这一个案为切入点，以徽州大族——汪氏宗族为例，详尽分析清末民初徽州宗族在

面对祠墓纠纷时的应对方案与治理举措[1]。

（一）吴清山汪氏祠墓简介

歙东吴清山乃新安望族汪氏祠墓所在地之一。徽州汪氏始于颍川侯，东汉年间中原大乱，三十一世祖文和公渡江南迁，避地新安，遂为新安汪氏始迁之祖。三十三世祖侯澈公仕吴有功食邑，迁居歙东，殁后葬于吴清山，三十六世祖道献公仕晋为黟县令，亦附葬于此。迨至四十四世祖华公，当隋末扰攘之际，以一旅之师，免六州于锋镝之苦，护国佑民，唐昭宗天祐三年，晋封越国公，追尊所出，乃于墓前建忠烈祖祠，供奉侯澈公、道献公及华公，历宋元明清，得邀特典，蠲租免征，有隆无替。自此汪氏子孙蕃息，在新安有“十姓九汪”之谚。

（二）吴清山汪氏祠墓纠纷类型及应对方案

吴清山汪氏祠墓，自唐天祐三年（906）设立，至清末民初，斗转星移，历史已跨越千有余载，在这漫长的历史过程中，祠墓也曾数次遭遇生存危机。笔者将在分析清末民初汪氏祠墓纠纷类型及内容的基础上，探讨宗族积极有效的应对举措。正是因汪氏宗族的“世守弗替”，积极应对，才维持了其先祖祠墓“千年之冢，不动一抔”[2]的景象。

1.汪氏祠墓纠纷类型

查阅汪氏族谱及墓祠征信录等资料，发现在祠墓管理中，最常见的纠纷类型就是族内管理人员渎职腐败和族外不法势力侵占破坏。这是因为祠墓一般都地处偏僻，再加上祭扫具有时节性，使得族人监督极为不便，这些都为族内外不法势力创造了条件。先来看祠墓内部纠纷。清末

① 关于徽州宗族的祠墓诉讼，郑小春在《明清徽州汪氏祠墓纠纷初探》《汪氏祠墓纠纷所见明清徽州宗族统治的强化》，阿风在《明清徽州诉讼文书研究》一书第八章《明后期徽州的宗族墓地、祠庙诉讼》，徐彬、祝虻在《徽州家谱中的清代涉墓诉讼略论》中均进行了相关探讨，但几位学者研究的时代均是明清时期，对清末民初这一转型期的祠墓纠纷未做深入研究。

②（清）赵吉士：《寄园寄所寄》卷十一《泛叶寄·故老杂记》，清光绪刊本。

民初吴清山汪氏祠墓管理人员主要为司年、祠使等人[1]。司年负责妥善保管祠墓章程、契据及历年收支款目，张罗秋祭事宜，因手握经济大权，故常滋生腐败。祠使除配合司年进行秋祭等工作外，还需整理祠庙内务，负责清洁事宜，其人并无固定收入，仅靠各族标祀时酌情酬给小洋若干，不足以维持生计。穷困之下，渎职盗卖等事时常发生。除了族内祠墓渎职纠纷外，对其构成最大威胁的乃是祠外侵犯纠纷。汪氏祠墓历经千年风雨，曾数次遭遇族外不法棍徒侵害，有学者统计，自明迄清，共计21件纠纷[2]。清至民初，吴清山祠墓纠纷也有7件，为方便读者查看，笔者将此7件纠纷内容统一摘录制成表4-1：

表4-1　清至民初吴清山汪氏祠墓族外纠纷一览[3]

序号	时间	起因	被告身份	纠纷内容	纠纷处理及结果
1	康熙四十四年(1705)	强占祠墓免征地。汪瑞麟等联名呈控册书殷德韬等，串通地棍殷怀光等人擅改印册，强占汪姓免征祠墓地	项里册书殷德韬等人	强占吴清山免征祠墓地	告藩臬二宪，验明殷姓舞弊属实。断定吴清山乃汪姓子孙清业，其地照旧签注免签，革去殷德韬册书之职并责罚三十大板

① 阿风认为，宋元及明代中前期，徽州族人邀请僧道管理墓祠的情况非常普遍。16世纪以后，徽州地区不仅新建宗祠（包括墓祠）不再由僧道管理，就是一些旧有的由僧道管理的祠庙也开始摆脱佛道的影响。不过，对于那些已经成为四方公共香火的祠庙型寺观，去佛道化并非一帆风顺。详见阿风：《明清徽州诉讼文书研究》，上海古籍出版社2016年版，第216—219页。正如在附表3《清末民初徽州民间纠纷一览》中民间调解纠纷第20—21号案例所看到的那样：香火鼎盛的歙县古岩寺咸丰年间仍然由寺僧看管，因而发生了监守自盗纠纷。本节中的汪氏祠墓属于家族性祠墓，所以清末民初之际，祠墓的看管人不再是寺僧，而是由汪氏族人公举，轮流担任。

② 参见郑小春：《明清徽州汪氏祠墓纠纷初探》，载《徽学》第四卷，安徽大学出版社2006年版。

③ 据汪慰纂修《重建吴清山墓祠征信录》（民国十四年刻本）资料进行整理。

续 表

序号	时间	起因	被告身份	纠纷内容	纠纷处理及结果
2	道光七年(1827)	保护重修后祠墓。因墓前祠宇年久失修,将次倾圮,汪姓族人不忍坐视,邀集族众修造完毕,担心附近居民恣意侵害,功亏一篑,故请官府示禁	附近居民及不法棍徒	防止附近居民在吴清山免征地内纵放猪牛故意残害,以及伤害荫木、祠前堆积污秽等	官府示禁。为此示仰该图捕保及附近居民簰户人等知悉:自示之后,如有棍徒在该处免征界内纵放猪牛羊只,荫木之上悬挂稻草柴薪,祠前栏杆等处并坟墓左右,堆积秽污各物故意残害,许该捕保支丁人等指名赴县呈禀,以凭拿究。倘该捕保徇情纵容,一经发觉,定提倍处,断不姑宽,各宜凛遵毋违,特示
3	道光十九年(1839)	保护墓道坟茔。因墓所历经千年,颓塌倾圮,亟待修理。烟村族敬增公慨捐千金,独力重修祠后墓道,害怕无知之徒破坏,故请求官府示禁	无知之徒	防止无知之徒在重修墓道时搅扰运料、或落成后纵畜侵损坟茔	请求官府禁碑勒石,防患未然
4	道光十九年(1839)	保护祖墓禁碑。翰林院编撰汪鸣相等,鉴于墓经千年倾圮塌泄,仅存尺余之地,拟构石运料,鸠工兴修,害怕附近之徒窃害,故请求官府示禁	附近之徒	防止附近之徒或搅扰中途;或窃发清夜;或日后樵苏,纵其斧斤畜牧,任夫践踏;或奸强贪吉;或盗占阴谋;或游客逗留,潜踪止宿,种种弊端不一而足	合行示禁并勒石墓前。为此示仰该图捕保及附近村民人等知悉:自示之后,尔等毋得再于该处滋扰窃害,觊觎图占。倘敢故违,许即指明禀县提究,该捕保等如敢徇隐并处不贷,各宜凛遵毋违,特示

续 表

序号	时间	起因	被告身份	纠纷内容	纠纷处理及结果
5	道光二十一年(1841)	重立禁碑,保护祠墓。汪熚等鉴于道光十九年示禁后,因捕役疲玩,导致汪氏祠墓相继发生匪徒肆窃屏门、戕挖古木,坟茔遭牛羊踏踹不堪之实情,请求官府提比勒缉、再次加示严禁	不法之徒	吴清山祠墓屏门被窃、墓荫被戕挖、墓地被牲畜践踏	告县缉捕、再次示禁并勒石祠前。据此除饬差查缉外,合再给示严禁,为此仰该图捕保及附近居民人等知悉:自示之后,如有不法之徒于免征业内戕伐荫木,窃砍柴薪,纵放牛只,践踏坟茔,以及肆窃祠内物件,许即指名禀县,以凭严拿究惩,如该捕保等徇庇,一并究处不贷,各宜凛遵毋违,特示
6	同治九年(1870)	重立禁碑,饬杨良玉迁移榨坊,保护风水。汪氏宗族裔孙翰林院编修汪鸣銮等,状告府胥杨良玉,在吴清山墓祠侧创设油榨坊,震伤地脉,有碍祠墓风水	杨良玉	杨良玉在吴清山墓侧创设榨油坊,震伤地脉	案后颁布加禁告示,勒石吴清山忠烈祖祠前。押令杨良玉将榨坊物件迁尽,房屋交还原主,并其请迁之梨树塘地方,亦不准开设取具,嗣后断不敢再在云岚山、灵山院、吴清山、乌聊山、崇福寺五处地方汪姓免征祠墓地附近五里以内开设榨坊。倘有不法之徒敢恃强豪,不遵禁示,肆意抗违,许汪姓支丁及捕保人等,随时禀县以凭提案,照例究治,决不姑宽,各宜凛遵毋违,特示

续 表

序号	时间	起因	被告身份	纠纷内容	纠纷处理及结果
7	民国六年(1917)	公请县署,出示保护工程。汪学诗、汪慰等族人鉴于祠墓历年久远,殿宇倾塌之况,倡议重建,担心工程浩大不肖之徒侵害,为防患于未然,公请民国政府保护	不肖之徒	担心不肖之徒偷窃屋料、无端侵害以及妨碍兴造殿宇事宜	歙县知事及行政公署给示严禁。据此除批示外,合行给示严禁,为此仰该处附近居民人等一体知悉:须知该族鸠工庀材,重修殿宇,工程浩大,乃为崇祀祖庙起见,岂容不肖之徒侵害偷窃,自示之后,倘敢故违,准该族祠长等随时扭获,送请究办,以重要工,其各懔遵毋违,特示

统计上表7件吴清山祠墓纠纷案例可以看出：从时间上来看，发生于清前中期的祠墓纠纷有4件，发生于清末民初的有3件，分别是道光二十一年（1841）重立禁碑，保护祠墓；同治九年重立禁碑，饬杨良玉迁移榨坊，保护风水；民国六年（1917）公请县署，出示保护工程。从纠纷内容来看，主要集中在治理侵占祠墓免征地和保护祠产两个方面。从纠纷解决的方式来统计，发现汪氏宗族均将祠墓外部纠纷呈公究治，这也和我们前面几章述及的徽州族外坟葬纠纷解纷方式一致，即素重风水之说的徽州宗族，一旦祖墓遭受侵犯时，便会愤然告官，甚至“累讼不休”[①]。从纠纷结果来看，7件纠纷案例均以汪氏宗族胜诉，官府颁布加禁告示而结案。

2.汪氏宗族应对纠纷的治理方案

（1）未雨绸缪，加强祠内管理

面对可能引起的祠内纠纷，汪氏宗族未雨绸缪，及时加强管理。为约束司年权力，祠内议定司年实行轮管制，由四乡公正族人于每年秋祭日轮流充当，交接时承管司年需将收支账目、剩余银两暨本祠置办什物

①（明）傅岩:《歙纪》卷五《纪政迹·事迹》,明崇祯刻本。

连同公匣交给接手司年清点，如交代不清，惟承管司年是问。若徇情隐饰，则需接手司年赔偿。祠内遇有修葺费用，无论多寡均于秋祭日会族议决估值，方许动工，司年者不得擅自兴修，以杜弊混。司年如怀私误公，经族众指摘，确有实际者应斥令退出，一面公举替人承管。为防止祠使渎职纠纷，规定祠庙宜整齐严肃，不得容留外人居住，更不准堆积柴草，畜养鸡豚，致令污秽狼藉，祠内什物亦不许徇情私借。倘发现各种弊实，一经察出，即将祠使量予惩处或从严革退。另为提高祠使待遇，还建议标祀各族酌量加增给予祠使的标祀小费，使其增加收入，得以兼耕种度日，常川驻祠，供奉香火。即在制度约束外，还给予祠使温情的人性化关怀，以消弭其渎职隐患。

（2）上告官府，寻求加禁保护

前已述及，徽人素重祖墓与风水保护，作为名门望族的汪姓，也是如此，该族十分重视祠墓的修葺保护："吾歙聚族而居，凡一村一族对于祖宗之墓祠，未有不慎重保守者，故风俗敦厚，民德较醇，诚以追远之道得也，顾前人之于墓祠既保而守之，后人弗踵而修之。"[①]正如表4-1所示：每当祠墓遭遇族外侵犯纠纷或潜在威胁时，汪氏宗族成员特别是其中的精英骨干力量，便会联合起来第一时间将纠纷上报徽州地方官府，希望凭借精英群体的影响力，向官府施压，"推动了纠纷的解决向利己方向发展"[②]，以保护宗族权益、强化巩固宗族统治。如道光二十一年（1841），当不法之徒违背道光十九年（1839）官府加禁律文，不仅盗窃汪氏祖祠内屏门等物件，而且在祠墓免征地内砍伐荫木柴薪、纵放牛羊践踏坟茔时，汪氏族众中的精英分子如兴化县教谕汪燿、候选教谕汪湛、职举汪立权、举人汪光谦、生员汪林、职员汪开源、监生汪本善、童生汪杏生、耆民汪德森等人便联合起来具呈告县，恳请官府再次发布加禁告示。歙县正堂在接到汪氏族人禀文后，也同意了其要求，不仅颁布加

① 汪慰纂修:《重建吴清山墓祠征信录·序》，民国十四年刻本。

② 郑小春:《汪氏祠墓纠纷所见明清徽州宗族统治的强化》，《安徽大学学报》(哲学社会科学版)2007年第4期。

禁告示，要求捕保和附近居民一旦发现不法情事，准其指名禀县，严拿究惩，如捕保徇情包庇，一并究处不贷，还将加禁公文勒石祠前，以增强法律约束力。到同治九年（1870），汪氏祠墓中又发生了一起重立禁碑，饬杨良玉迁移榨坊的诉讼案件。此案缘由在于汪氏族人认为杨良玉开设之油榨坊有碍汪氏祠墓风水，故汪氏宗族告官的动静更大，力度也更强。其一路从歙县告至徽州府，惊动了分巡道、省按察司、巡抚及两江总督，此案最后的判决结果是官府押令杨良玉将榨坊物件迁尽，房屋交迁原主，并让其具结承诺在其请迁之梨树塘地方亦不准开设取具，嗣后断不敢在汪姓免征地界附近五里以内开设榨坊，以免妨碍汪氏祠墓风水，以妥神灵，并再次勒石永禁，以增强法律约束力和震慑力。上述两起诉讼案件，汪氏族人是鉴于族外侵犯已经发生，为维护宗族权益，被动寻求官府保护的。与此不同的是，民国六年（1917）汪氏族人请求官府颁布保护禁文，却是未雨绸缪、预防纠纷之举，正所谓“与其请究于事后，不若防患于未然”[①]。汪氏祠墓自道光初年重修殿宇、再修墓道后，中经太平天国运动，祠宇被毁，后又遭洪水冲刷，殿宇倾圮无存。族人每当春秋祭扫，见瓦砾堆积，莫不落寞心伤。民国六年，族人汪学诗、汪慰等人拟议重建，惟是工程浩大，工期甚长，诚恐发生不肖之徒偷窃屋料及无端侵害、妨碍兴造等项情事，在此背景下请歙县知事给予严禁。随后歙县知事与行政公署发布告示：严禁不肖之徒侵害偷窃，如敢故违，准汪氏祠长等随时扭获究办。从中可以看出，徽州历届地方政府在面对汪氏宗族保护祠墓祠产请求时，一般都会采取发文保护、勒碑永禁的方式给予支持。

（3）纠纷应对实效

清末民初之际，时局动荡，汪氏祠墓虽曾数次遭遇风雨洗礼、战火冲击及祠内外不法势力侵犯，却能累朝崇祀，巍然屹立。究其原因，一方面在于汪氏宗族对祠墓的及时兴修、妥善保护，特别是面对祠墓内外

① 汪慰纂修：《重建吴清山墓祠征信录》卷之二《民国六年公请县署出示保护工程禀稿并批》，民国十四年刻本。

纠纷时采取了积极有效的应对举措。如面对祠内纠纷，汪氏宗族制定了规章制度对祠内不法行为进行限制和约束，以便消弭纠纷隐患。面对祠外不法势力的侵犯，汪氏宗族则积极寻求官方帮助，请求官府颁布加禁告示并勒石永禁。以解决祠墓纠纷为契机，汪氏宗族对内强化了宗族凝聚力，对外则加强了与地方官府的合作，极大地维护了宗族权益。另一方面则有赖于徽州历届地方官府对宗族等社会组织的重视，对祠墓纠纷的及时干预。地方官府重视宗族组织，源于地方官府看到了宗族在纠纷治理与维护稳定中所起的特殊作用。正是因为徽州宗族与地方官府之间的这种良性互动，才使得其在加强宗族统治之余，还协助官府有效地维护了民间社会稳定。

二、官府治理：从《陶甓公牍》管窥刘汝骥加强纠纷治理的路径

《陶甓公牍》乃是清末徽州知府刘汝骥主政徽州期间留下的官方文集，共十二卷：卷一“示谕”；卷二至卷九“批判”，包括吏科、户科、礼科、学科、兵科、刑科、工科、宪政科等；卷十“禀详”；卷十一“笺启”；卷十二“法制科”，包括民情习惯、风俗习惯、绅士办事习惯等。内容涉及晚清政治、经济、文化和社会风气的方方面面，是了解清末徽州社会的第一手资料，从事徽州社会与法制史研究的学者也可从其审理的诉讼案件和判案思路中管窥其加强纠纷治理的路径及其成效。

（一）《陶甓公牍》写作的时代背景

刘汝骥，字仲良，号李青，直隶静海人，散馆，授编修，官至安徽徽州府知府[①]。其来徽之前，曾受到过慈禧太后的召见，对其委以重任[②]。光绪三十三年（1907）正月，刘汝骥奉旨补授安徽徽州府知府，正式就

① 王振忠：《晚清徽州民众生活及社会变迁——〈陶甓公牍〉之民俗文化解读》，载《徽学》2000年卷，安徽大学出版社2001年版，第128页。

②（清）刘汝骥：《陶甓公牍》卷首《丙午召见恭纪》《丁未召见恭纪》。

任。刘汝骥在徽莅任期间，正是清政府推行“光宣新政”的时期。其上任后，为获得第一手调查数据，更好地推行新政，便委任徽州一府六县内“学识兼优、热心公益”的士绅组织成“统计学会”，分“民情、风俗、绅士办事习惯”等对徽属各县广泛开展社会调查，之后再由刘汝骥本人汇总编订上报安徽巡抚。这些调查资料于宣统年间付梓，这便是流传至今的官箴书——《陶甓公牍》。该书从诸多方面详尽记载了清末民初徽州政治、经济、文化和社会风俗方面的变化，为我们了解当时的徽州社会提供了绝佳的视角，“管见所及，是所有言及徽州一府六县民俗中最为系统、详尽的一种文献”[①]，该书中不仅有徽州民俗的详尽介绍，更为珍贵的是记载了刘汝骥主政徽州期间，审理或过问的大量诉讼案件。通过梳理这些诉讼档案，可以帮助我们更清晰地勾勒出清末民初徽州地方官府治理民间社会的风情画卷。

（二）《陶甓公牍》中记载的诉讼案例分析

在《陶甓公牍》一书中，记载着刘汝骥和徽州上下级官员文书来往的公函、详批、禀批、呈批[②]及堂谕、堂判、议结文[③]等公文资料，特别是此书记载着大量的“禀批”资料，关于如何写好“禀”，汪辉祖有过精彩论述：“申上之文，曰验，曰详，曰禀。验止立案，详必批回。然惟府批由内署核办，自道以上皆经承拟批，上官有无暇寓目者。禀则无不亲阅，遇有情节繁琐，不便入详及不必详办之事，非禀不可。宜措词委曲叙事显明，上官阅之自然依允。凡留意人才之上官，往往于禀揭审视疏

① 王振忠：《徽州社会文化史探微：新发现的16~20世纪民间档案文书研究》，上海社会科学院出版社2002年版，第126页。

② “详、禀、呈”均是申上之文。区别在于，“详”虽必批回，但府批常由内署核办；“禀”是下对上的报告，对于“禀”，上级官吏无不亲阅，遇有情节繁琐不便入“详”及不必“详”办之事，非“禀”不可；“呈批”是下级向上级的一种公文格式，属呈文类，但与一般呈文不同的是，“呈批”中一定是带有对某件事情的意见批复。

③ “堂谕、堂判、议结文”等是清中后期徽州官员在判案过程中对诉讼案件给出的一种结论性的判语，又称为“审语、谳语、参语”。在明代中期及清代中前期，此判语多称为“看语”，表述为“看得、参得、审得”。

密，虽报雨、请安各禀，亦不可不慎。蒙头盖面之文，土饭尘羹之语，最易取厌，尽汰为佳。”[①]由此可见，禀批等公文在保留汇报内容多样性之余，更体现了上级官员亲力亲为的审判思路。为研究问题之需要，笔者特从《陶甓公牍》一书中，将涉及诉讼的禀批、呈批、详批等公文资料进行整理分类，并制作成附表5《〈陶甓公牍〉所载诉讼案例情况》。

从附表5中可以看出，清末徽州纠纷种类除常规户婚田土细故等外，还出现了很多带有时代烙印的新动向。烟赌问题、学务警务纠纷与教民客民冲突层出不穷，且诬告横行，在这当中，当地劣绅和差役管班等共同加剧了行政与司法腐败。“比年以来讼事日多，婚姻细故可勒罚千余洋，觞豆微争可牵累数十户。而借学争款、借尸讹财之案更司空见惯，靡月不闻。其巧者，勾通丁幕，颠倒贤奸；不疑无兄，乃谓盗嫂；曾参纯孝，居然杀人。昔时敦愿之风澌灭殆尽，岂民情生而巧诈欤？实由二三劣绅演出此恶象，使邑人蒙玷也。”[②]甚至连民风最为纯朴的绩溪[③]，社会风气也发生了变化。“绩之民情，素非刁健，谚有云：‘横打官司直耕田’，即此可见世风之变。口角微嫌，本民事也，而架为刑事。钱土细故可遵断也，而故违判断。甚至一诉讼事也，有数个目的物之请求；一原被告也，有多数连带人之牵涉。呈词则支离闪烁，传审则躲避宕延。其实由讼棍吏胥百端煽惑，当事人既堕术中，每有欲罢不能之叹。”[④]为更清晰地了解此时纠纷种类新变化与各类纠纷发生频率，笔者在附表5的基础上制作了表4-2：

① (清)汪辉祖著，赵子光注释：《一个师爷的官场经》之《学治臆说·禀揭宜委曲显明》，九州图书出版社1998年版，第88页。

② (清)刘汝骥：《陶甓公牍》卷十二《婺源民情之习惯》，第593页。

③ “绩俗极俭，而安守本分，为诸邑所不及。语云：‘惟有绩溪真老实。’”见许承尧撰，李明回、彭超、张爱琴校点：《歙事闲谭》卷十八《歙风俗礼教考》，黄山书社2001年版，第601页。

④ (清)刘汝骥：《陶甓公牍》卷十二《绩溪民情之习惯》，第611—612页。

表4-2 《陶甓公牍》中72个诉讼案例统计一览

序号	纠纷种类		件数	备注
1	户婚纠纷	违例不娶	1	共9件，占12.5%
		私奔	1	
		诱拐妇女	5	
		骗婚图诈	1	
		孀妇再嫁	1	
2	过继纠纷	霸占继产	1	共3件，占4.2%
		阻挠过继	2	
3	产业纠纷	山木归属纠纷	1	共8件，占11%
		田产纠纷	1	
		盗卖祠产	1	
		寺庵归属纠纷	1	
		卖屋纠纷	1	
		房屋产权纠纷	2	
		重复出卖纠纷	1	
4	租佃纠纷	欠租纠纷	1	共1件，占1.4%
5	经济纠纷	房款分配不均纠纷	1	共4件，占5.5%
		欠款纠纷	3	
6	坟葬纠纷	义冢私垦	1	共2件，占2.8%
		坟山盗卖	1	
7	坟荫纠纷	坟树归属纠纷	1	共1件，占1.4%
8	人命	意外身亡	1	共3件，占4.2%
		谋杀	1	
		暴毙	1	
9	差役腐败	差役勒索	3	共10件，占13.9%
		蠹书敲诈	1	
		代书索费	1	
		门丁索费	1	
		差役把持	1	
		差役疲玩	1	
		捕役伙吞	1	
		刑书串弊	1	

续　表

<table>
<tr><th>序号</th><th colspan="3">纠纷种类</th><th>件数</th><th>备注</th></tr>
<tr><td rowspan="8">10</td><td rowspan="8">诬告诈骗</td><td colspan="2">诬告图诈</td><td>2</td><td rowspan="8">共10件，占13.9%</td></tr>
<tr><td colspan="2">借尸图诈</td><td>2</td></tr>
<tr><td colspan="2">索讼抬诈</td><td>1</td></tr>
<tr><td colspan="2">诬告被欺</td><td>1</td></tr>
<tr><td colspan="2">诬告被殴</td><td>1</td></tr>
<tr><td colspan="2">诬告名节</td><td>1</td></tr>
<tr><td colspan="2">诬告强奸</td><td>1</td></tr>
<tr><td colspan="2">诬良为仆</td><td>1</td></tr>
<tr><td rowspan="5">11</td><td rowspan="5">学务纠纷</td><td colspan="2">摊派学捐纠纷</td><td>2</td><td rowspan="5">共7件，占9.7%</td></tr>
<tr><td colspan="2">教员学生纠纷</td><td>1</td></tr>
<tr><td colspan="2">教员堂长纠纷</td><td>2</td></tr>
<tr><td colspan="2">教员煽动学生罢课</td><td>1</td></tr>
<tr><td colspan="2">学生挟众罢课</td><td>1</td></tr>
<tr><td rowspan="2">12</td><td rowspan="2">警务纠纷</td><td colspan="2">警务、学务经费冲突</td><td>1</td><td rowspan="2">共2件，占2.8%</td></tr>
<tr><td colspan="2">警民、绅商冲突</td><td>1</td></tr>
<tr><td rowspan="2">13</td><td rowspan="2">教案纠纷</td><td colspan="2">阻教恃教案</td><td>1</td><td rowspan="2">共2件，占2.8%</td></tr>
<tr><td colspan="2">教士与书差纠纷</td><td>1</td></tr>
<tr><td rowspan="2">14</td><td rowspan="2">烟赌纠纷</td><td colspan="2">招赌卖烟</td><td>1</td><td rowspan="2">共2件，占2.8%</td></tr>
<tr><td colspan="2">革役吞烟抵瘾</td><td>1</td></tr>
<tr><td rowspan="8">15</td><td rowspan="8">其他</td><td rowspan="2">盗窃纠纷</td><td>牛肉牛皮失窃</td><td>1</td><td rowspan="8">共8件，占11.1%</td></tr>
<tr><td>箱箧失窃</td><td>1</td></tr>
<tr><td rowspan="2">迷信</td><td>接送神像，致起争端</td><td>1</td></tr>
<tr><td>求雨祈福，致起争端</td><td>1</td></tr>
<tr><td colspan="2">挟嫌报复</td><td>1</td></tr>
<tr><td colspan="2">私买违禁物品</td><td>1</td></tr>
<tr><td colspan="2">有伤风化</td><td>1</td></tr>
<tr><td colspan="2">国丧期间理发</td><td>1</td></tr>
<tr><td>合计</td><td colspan="3"></td><td>72</td><td>100%</td></tr>
</table>

从上表可以看出：诉讼种类前7项中户婚与过继纠纷、产业纠纷、

租佃与经济纠纷、坟葬与坟荫纠纷共计28件，占整个诉讼案例的38.9%，第15项其他类案例共8件，占11.1%，即户婚田土钱债等传统细故案例占50.0%。除去第8项人命纠纷4.2%的小份额外，还有45.9%的案例是属于清末纠纷新动向的范畴。在这其中，差役腐败和诬告诈骗发生的频率最高，共计20件，合占27.8%。学务和警务纠纷两项共9件，占12.5%。烟赌和教案纠纷共4件，占5.6%。赌博在中国由来已久，但教案纠纷与嗜烟问题则是鸦片战争后带来的新的社会现象。虽然从案件发生的绝对数量来看，烟赌和教案在整个诉讼统计中发生的比例偏小，但它并不是孤立存在的，常穿插于其他类型诉讼案例中。如从附表5中列举的案例中可以清晰看出：第17号案例卖屋纠纷中购买冯观长浮住屋的买主黄金聚即为教民。第68号案例因求雨祈福引发争端的原告唐某就是牧师。第50号案例诬告强奸一案中，朱四因强奸不成，便诬告其氏夫涉赌泄愤。第52号案例摊派学捐纠纷中的被告周星乃是聚赌嗜烟之劣徒[①]。第60号案例商人曹英控告警局外委任恒智的罪名也是嗜烟纵赌[②]。由此可见，伴随着整个中国社会大环境的改变，清末徽州社会矛盾也发生了新的变化，单纯依靠宗族等社会软控制手段来加强徽州地区的统治，已经变得不再现实。地方政府此时必须重拳出击，运用强制手段来稳定社会秩序。

（三）刘汝骥应对纠纷、加强治理的路径

在具体的解纷模式中，刘汝骥首先因地制宜、依托各大宗族进行纠纷治理方面的尝试。其指出小的纠纷案件要先在族中解决，不能匍匐于公堂，万事和为贵。“既有祠规，应归祠议，必牵涉多人匍匐公堂，何为

① 除本地士绅向刘汝骥控诉揭发周星外。胡适对此也极为愤慨，据其记载，周星乃绩溪一目不识丁之徒，平素在家设赌诱人赌博，又开一牛场盗窃耕牛，待家境渐丰后，捐监生，交讼棍。在保护伞下设学堂，借机勒捐敛财。更可恶者，他居然在学堂内公然兜售洋烟与学生，并夜夜聚赌抽洋分成。参见张小坡：《旅外徽州人与近代徽州社会变迁研究》，中华书局2018年版，第372—373页。

② 关于此案的详细经过，详见张萍：《晚清徽州的绅商冲突——以〈陶甓公牍〉中记载的屯溪水灾救助纠纷为例》，《温州大学学报》（社会科学版）2017年第2期。

者?”[①]“同是一本一菀一枯木，有相赒相济之义，一经涉讼，必致大伤感情，反为不美。”[②]并指出宗族的作用，在“敦族谊而弭讼隙”[③]之余，还可实现地方自治，成我徽美满特色之善政。“各族公举贵且贤者以为族正，由地方官照会札付以责成之。户口以告，田谷以告，学童及学龄而不入学者以告，好讼好赌及非理之行为以告，一切争讼械斗之事，固可消弭于无形。即保甲、社仓、团练各善政，皆可由此逐渐施行。地方自治，此其初哉首基!”[④]其次面对旧有的社会陋习和伴随着时代而出现新的纠纷类别，刘汝骥大力加强社会改革，重治行政与司法腐败，净化社会风气，力图使清末徽州社会跟上时代发展新步伐。

1. 革除恶习，重治烟赌

徽俗之最恶者，曰迷信，曰嗜赌[⑤]，其次则是缠足与演淫戏。迷信、演淫戏与缠足，是封建社会遗毒对民众精神和身体上的双重损害，刘汝骥上台伊始，就大力进行改革，“手撰告示为纠正之”。他规定:“凡淫昏之祀，无益之费，将一切罢黜之……以破迷信而挽浇风。”[⑥]指出世风日下，必以维持风化为己任。“凡一切艳情小说、淫荡戏出，概不准登台试演自取罪戾。其有能采古今忠臣、孝子、奇男子、奇女子之嘉言美行谱入新声开通风气者，则非惟梨园之翘楚，抑亦社会之嘉禾。本府当赏给银牌以奖励之!除传谕各戏班具结不准再演淫戏外，为此申明禁令，仰阖属士绅人等一体查照，后开各戏目，永远不准点演”[⑦]，即罢黜迷信，禁演淫戏。“若夫缠足一事，此本普通习惯，惟徽俗为甚，不缠足者则群以下户视之。”[⑧]为此刘汝骥一面以自己三个女儿不缠足的成长成才经历现身说法，一面手撰告示饬绅学界随时演说，并与士大夫相约:“务各父

①（清）刘汝骥:《陶甓公牍》卷四《休宁耆民黄子玙呈批》，第494页。

②（清）刘汝骥:《陶甓公牍》卷四《休宁附生吴廷芸呈批》，第499页。

③（清）刘汝骥:《陶甓公牍》卷四《歙县生员汪勋等呈批》，第494页。

④（清）刘汝骥:《陶甓公牍》卷三《黟县胡令汝霖禀批》，第477页。

⑤（清）刘汝骥:《陶甓公牍》卷十《徽州府禀地方情形文》，第542页。

⑥（清）刘汝骥:《陶甓公牍》卷一《破除迷信示》，第467页。

⑦（清）刘汝骥:《陶甓公牍》卷一《禁演淫戏示》，第465—466页。

⑧（清）刘汝骥:《陶甓公牍》卷十《徽州府禀地方情形文》，第542页。

劝其子，兄劝其弟，夫劝其妻，呼寐者而使觉，提醒者而使醒。其年老骨折者听其自便。其十五岁内外之女子已缠者速行释放，未缠者万勿自寻苦恼。移此缠足之光阴之功夫，使之识书算读经史，略知宇宙变迁之大势，较之束缚其筋骸，摧残其肢体，动作需人扶掖者，其优劣奚若，此不待智者知也。"[①]缠足、迷信等社会陋习，其对社会稳定和民众体能的破坏力尚且有限。烟赌则不然，无知愚民一旦沾上烟赌，"无不倾家荡产"，甚至"因输空而轻生者，有之"[②]。"赌博为地方巨害，盗窃、人命胥由此生。"[③]"吾国生计问题，种种受外人朘削，而朘削之最酷者，莫如鸦片，其他洋货不过攫吾财而已，鸦片则并吾生产力而胥攫之，此殆中国之通患。"[④]烟赌问题之所以很难治理，一方面在于普通民众在动荡的社会变局面前，无所适从，只能选择自我麻痹与自我沉沦来弥补精神的空虚[⑤]。另一方面则在于徽州各地土客混杂且差兵、捕保庇纵容隐。以歙县为例："近来吾歙不法行为在社会上占多数者曰客民、曰赌棍……土著赌棍又以客民为羽翼、以衙役为爪牙，故历来禀赌从无拿获到案者。"[⑥]在休宁"陈春九等开场聚赌，既经该县亲拿，何以该地保竟敢得贿纵逃？如果属实，胆玩已极，仰休宁县立即严提讯究详办"[⑦]。为治理烟赌，刘汝骥首先向民众表明了自己的决心："求治之方，自当以痛除烟赌为第一要义，人人痛心疾首之事，地方官尚不能实力铲除，则一切新政皆属空言。"[⑧]在禁赌方面，刘汝骥下令"密拿著名赌棍尽法惩办，并会衔出示严申禁令，以杜后患"[⑨]。对于戒烟，他一面力劝民众购买减价所售的戒烟药品，提升其戒烟信心，指出"有饿死冻死之人，断无瘾死

① (清)刘汝骥:《陶甓公牍》卷一《劝禁缠足示》,第466页。

② (清)刘汝骥:《陶甓公牍》卷十二《祁门民情之习惯》,第602页。

③ (清)刘汝骥:《陶甓公牍》卷七《休宁县附生李蟠根呈批》,第520页。

④ (清)刘汝骥:《陶甓公牍》卷十二《婺源民情之习惯》,第593页。

⑤ 王灿:《〈陶甓公牍〉视野下的晚清徽州社会探析》,《运城学院学报》2014年第4期。

⑥ (清)刘汝骥:《陶甓公牍》卷十二《歙县民情之习惯》,第580页。

⑦ (清)刘汝骥:《陶甓公牍》卷七《休宁县廪贡生吴尔宽等呈批》,第525—526页。

⑧ (清)刘汝骥:《陶甓公牍》卷十一《复绩绅程志侯茂才宗沂》,第572页。

⑨ (清)刘汝骥:《陶甓公牍》卷七《休宁县附生李蟠根呈批》,第520—521页。

之人；有吸烟日瘦弱之人，断无戒烟后不强壮之人”[①]。另一方面则由政府出面，“调查给照，限制购食”[②]，“领照吸烟之人，尚须递年缩减以示限制”[③],并采取强制措施，颁布了一系列禁令，限令烟馆闭歇，并密查烟馆与捕保吏胥勾结，“照得开灯烟馆，勒限六月底一律闭歇……倘仍不知悛改……定即饬拿到案，烟具销毁，房封入官，轻则量予科罚，重则发充苦工”[④]。“乡间私开烟馆，倚捕保为护符自所难免，应责成信实可靠之绅士查实，即行照章充公”[⑤]，即借助士绅之力，取缔烟馆保护伞。

2.整顿学堂，改良巡警

“学务、警务同为新政大题目，全在官绅一气，公共维持，方有起色。”[⑥]学堂的毛病一是政府所拨津贴款本无多，“皆地方脂膏所出”[⑦],主要靠征收捐税（如珠兰花捐、锡箔捐、米捐、茶税）维持，因而也激起了官商之间的矛盾。“劝学与筹捐，是相需甚殷之事，又是两相龃龉之事”[⑧]，“所谓自愿认捐者，不过公牍欺人之语，大半强迫从事耳”[⑨]。二是学堂靡费开支太多，“学堂之难办，由于经费之难筹，经费之难筹，由于开支靡费之太多”[⑩]，如以休宁学堂为例，“一小学堂每岁经费三四千元尚不敷用。其实学生不过二三十人，东郭滥竽居其多数”[⑪]。在祁门也是如此，“东山学堂旧有经费不为不丰，闻近年所谓堂长者，任意滥支毫无收束”[⑫]。在经费本就无多的情况下，不肖士绅往往还中饱私囊。“近

---

①（清）刘汝骥:《陶甓公牍》卷一《谕书差戒烟文》,第468页。

②（清）刘汝骥:《陶甓公牍》卷六《绩溪县张令廷权申批》,第514页。

③（清）刘汝骥:《陶甓公牍》卷七《代理绩溪县叶令学仁禀批》,第524页。

④（清）刘汝骥:《陶甓公牍》卷一《严禁烟馆示》,第468—469页。

⑤（清）刘汝骥:《陶甓公牍》卷三《休宁县刘令敬襄禀批》,第482页。

⑥（清）刘汝骥:《陶甓公牍》卷五《绩溪县商会司事高维干等呈批》,第505页。

⑦（清）刘汝骥:《陶甓公牍》卷五《绩溪县增生李嘉善禀批》,第510页。

⑧（清）刘汝骥:《陶甓公牍》卷五《绩溪县文令化舒详批》,第501页。

⑨（清）刘汝骥:《陶甓公牍》卷五《绩溪商学同人附生程裕济等禀批》,第509页。此类纠纷可见附表5第52—53号案例。

⑩（清）刘汝骥:《陶甓公牍》卷五《歙县蔡令世信禀批》,第502页。

⑪（清）刘汝骥:《陶甓公牍》卷十一《复婺绅李蠡莼侍郎昭炜》,第569页。

⑫（清）刘汝骥:《陶甓公牍》卷十一《复祁门县赵令元熙》,第570页 。

日财政困难，罗掘四出，不肖士绅往往借办学题目以自私自利。”[①]三是中学堂以上学科太杂，于经学反多荒废[②]，且学潮纷起[③]，严重扰乱了教学秩序。因此刘汝骥提出了很多应对办法。针对有限的经费和匮乏的办学场所，他提出广兴族学，慎收捐税。“本府于族学一事极力提倡，我徽聚族而居，就祠堂、文会而扩充之，尤属轻而易举。”[④]“一族之中得贤且达者主持其事，就原有祀产而推广之，除岁时祭扫外，尽数移作培植子弟之用，族学之兴当翘足可待。”[⑤]若族内无余款时，则可由热心之绅任其职、担任其事，以节约共享已有的教育资源，并成立劝学所，普及教育。针对捐税过重的情况，刘汝骥客观地指出：“学务、民艰、商困三者，不能不兼筹统计……今日地方筹捐，有若国际交涉，一字不可含糊，界限稍有不清，即有无穷后患，此不可不先事防之。”[⑥]“总之，筹款一事，当官者不饱私囊不取非义，便无疚于心无愧于百姓。为商民者既隶帡幪，则捐税义务无所逃于天地之间。”[⑦]对于学科太杂的问题，刘汝骥重视国学，提议各州县学堂皆要以中文为重。“小学添设洋文，与《奏定章程》不合，以粗识之无风丁之学童，遽使其习格磔钩辀之殊语，耗时伤脑尤非所宜。”[⑧]针对学潮，他要求“教员当按所定日时上堂授课，毋得旷废贻误，又学堂教习有不得力者，随时辞退”[⑨]，“至学生结党攻讦师长，此端万不可萌”[⑩]，学生挟众罢课，“联名具禀，最为学堂恶习……

① (清)刘汝骥:《陶甓公牍》卷五《歙县蔡令世信禀批》,第501页。

② (清)刘汝骥:《陶甓公牍》卷首《丙午召见恭纪》,第462页。

③ 详见附表5第54—58号案例,包括教员与学生之间的纠纷、教员与堂长之间的纠纷等。

④ (清)刘汝骥:《陶甓公牍》卷五《黟县罗令贺瀛详送附生汪烒桥〈私立崇实小学堂规章〉批》,第503页。

⑤ (清)刘汝骥:《陶甓公牍》卷五《祁门县赵令元熙详劝学章程批》,第503页。

⑥ (清)刘汝骥:《陶甓公牍》卷五《徽绅附贡生程全等禀批》,第502页。

⑦ (清)刘汝骥:《陶甓公牍》卷六《祁门县赵令元熙详批》,第514页。

⑧ (清)刘汝骥:《陶甓公牍》卷五《绩溪县增生李嘉善禀批》,第510页。

⑨ (清)刘汝骥:《陶甓公牍》卷五《绩溪县东山高等小学堂学生宋征等禀批》,第505页。具体案情简介可参照附表5第54号案例。

⑩ (清)刘汝骥:《陶甓公牍》卷十《禀查办绩溪县胡嗣运、周懋和互讦一案文》,第549页。详见附表5第55号案例。

如有不守规则再蹈前非者，即行牌示开除，并严追在校费用以示惩儆”[①]，以稳定兴学之秩序。

警务方面一是经费短缺，特别是停收灯捐、肉捐和实行全面禁烟后，岁入捐款当骤减数百万有奇。且“警局筹定之款，小学堂再三拨去，警务将不可支……仰绩溪县立即查明原有经费若干，拨归学堂若干，是否足敷巡警之用，务须并顾兼筹，勿稍畸重，是为至要”[②]。要想解决筹办郡城警费紧张的问题，一方面赖士绅协力认筹，另一方面则将判案所罚之款拨归巡警经费[③]。二是人员紧缺。徽州风气，皆“以当兵为耻”[④]，巡警力量相当薄弱。以歙县为例，“郡城方面寥廓，而巡警现额只有二十人，此二十人者‘昼夜梭巡’，已时虑捉襟见肘”[⑤]。在黟县，“山深林密，土客杂居，守汛官兵仅十余人，警勇又属无多”[⑥]，地方守备极其空虚。故各县除需加紧扩充警务外，还可举办团练自卫。“近奉抚宪严饬举办团防，实足以辅官力之不逮，消匪患于未萌。”[⑦]三是差捕疲玩，且与盗贼内外勾结。“盗经卡过，赃为卡截，自应赃盗并获，何以该卡勇不即擒获，任其远扬而去……何至两月之久，一无缉获？捕务废弛，实堪痛恨。”[⑧]“纠伙至四五十人，劫赃至千万金，强盗如此横行……事越旬日尚未拿获一犯，官懦捕疲亦可概见。该县盗案迭出迄未破获，看此现状，

---

①（清）刘汝骥：《陶甓公牍》卷十《详查复新安中学堂学生滋事情形文》，第550—551页。详见附表5第58号案例。

②（清）刘汝骥：《陶甓公牍》卷五《绩溪县商会司事高维干等呈批》，第505页。也可见附表5第59号案例。

③《陶甓公牍》卷七《代理绩溪县叶令学仁禀批》（第524页）中，即将葛玉恒、程灶祚招赌卖烟所罚之洋，拨充巡警经费之用。见附表5第63号案例。卷十《禀教士牧良请办吴克明等一案议结请销文》（第546—547页）中，吴克明所罚鹰洋100元、叶德彪所罚鹰洋50元，一并拨充公用。如蒙恩准，所罚之洋应请即充徽郡巡警经费。详见附表5第61号案例。

④《陶甓公牍》卷十《徽州府禀地方情形文》（第543页）记载：“徽州风气，其稍识之无者，皆以当兵为耻，其始降格以求者，势也。”另卷十二《歙县民情之习惯·职业趋重之点》（579页）记载：“歙民向以读书为荣，以当兵为耻。”

⑤（清）刘汝骥：《陶甓公牍》卷六《休婺祁黟绩五县会禀批》，第513—514页。

⑥（清）刘汝骥：《陶甓公牍》卷七《黟县附生朱崧毓禀批》，第522页。

⑦（清）刘汝骥：《陶甓公牍》卷七《黟县附生朱崧毓禀批》，第522页。

⑧（清）刘汝骥：《陶甓公牍》卷七《黟县监生李桂馨呈批》，第529页。

亦未必无豢盗窝盗之人。”[①]在有限的人手面前，又存在相关人员办事效率低下和与盗匪内外勾结的情况，故必须对警务进行整顿。“巡警者，民政之总机关也。地方既有长官，即当由长官握其枢纽。”[②]除“密派侦探，并悬示赏格外……还需加派干勇，会营移县上紧缉拿，勿再松懈”[③]，并“一月一比，至案破而止”[④]。

3.融洽土客，教民相安

徽州虽处万山之中，但伴随着近代社会进程的加快，还是不可避免地跟外界社会有了更多的接触，在这过程当中，教民问题、土客冲突一直都是困扰执政者的难题。“西人传教，清初最盛……（各处）共建天主堂三十余所，入教者厚与金帛。自（康熙朝）汤若望被革职后，一律禁止……至雍正间，严海禁，毁各处教堂，止留京师一处，俾西人修历者居之。迨后岁月既久，禁防乃疏，道、咸间教案乃浸多。”[⑤]关于教民问题，以婺源为例：“婺邑交际占大部分者有数端。一为对于外人。自董门建天主教堂，邑遂有白种人足迹，奸民借奉教为护符欺压乡里。”[⑥]婺源的情况并非个案，在绩溪、歙县、祁门、休宁也有外民的渗入：“查绩溪服天主教者，庚子年有教民二百八十七人，恃势横行，凡诉讼皆恃保护，故服教者日多”[⑦]，“歙为程朱阙里……城中有英国耶稣堂，又有法国天主堂，奉教者尚少，惟犯罪奸民偶借为护符焉”[⑧]，祁门“天主、耶稣两教，咸同以来入教者甚属寥寥。光绪己亥年间教风最盛，庚子以还教风渐杀，彼此往来渐见融洽”[⑨]。休宁有“天主堂二、耶稣堂一”[⑩]。除了

① (清)刘汝骥:《陶甓公牍》卷七《黟县江苏候补知府李显猷禀批》,第529页。

② (清)刘汝骥:《陶甓公牍》卷六《休婺祁黟绩五县会禀批》,第513页。

③ (清)刘汝骥:《陶甓公牍》卷七《黟县江苏候补知府李显猷禀批》,第529页。

④ (清)刘汝骥:《陶甓公牍》卷七《黟县徐汪氏禀批》,第529页。

⑤ 许承尧撰,李明回、彭超、张爱琴校点:《歙事闲谭》卷六《杨长公所著书名〈不得已〉》,黄山书社2001年版,第197页。

⑥ (清)刘汝骥:《陶甓公牍》卷十二《婺源民情之习惯》,第594页。

⑦ (清)刘汝骥:《陶甓公牍》卷十二《绩溪风俗之习惯》,第623页。

⑧ (清)刘汝骥:《陶甓公牍》卷十二《歙县风俗之习惯》,第583页。

⑨ (清)刘汝骥:《陶甓公牍》卷十二《祁门风俗之习惯》,第605页。

⑩ (清)刘汝骥:《陶甓公牍》卷十二《休宁风俗之习惯》,第590页。

教民外，客民问题也很突出："近来吾歙不法行为在社会上占多数者，曰客民，曰赌棍。客民以江右为最强，聚众行凶流为贼盗者亦复不少。今方谋地方自治矣，禁烟则彼不受，禁赌则彼不受。"[①]黟县虽"无中外之交涉，惟土客杂居，易生恶感"[②]。婺源"与江西之浮梁、乐平、德兴，浙江之开化等县皆犬牙相错，邑人不注意工艺，故江西工民多佣食其间，其人性多粗犷，稍不如意辄呶呶忿詈"[③]。可见，伴随着近代社会进程的加快，教民与客民纠纷已成为统治者必须面对的问题。对于涉及教民纠纷的，刘汝骥一方面尊重认同教堂神甫等人员的教规，认为"教民犯教规，神甫立即斥革绝不偏袒，此教堂公事公办"[④]，徽州地方政府绝不干涉。另一方面，在发生教民冲突后，面对外国传教士狐假虎威、指手画脚干涉中国内政、咄咄逼人要求惩办中国民众之无理要求，刘汝骥则立场鲜明、态度坚决地予以拒绝。如在附表5中记载的第61号案例天主堂牧教士请办吴克明、汪社保等阻教恃教一案中，刘汝骥即义正辞严地表明自己的为官立场。"敝府于词讼案件最为注意，不分是教非教，皆敝府子民，偶有因讼延累者，必严批申斥……敝府办事一秉大公，断非他人所能淆惑。各国条约传教谕单及贵教'十诫七克'之大旨，亦尝讲求而涉猎之，若不加检点信口开河，敝府决不承认也。"[⑤]相对于教民问题，客民问题处理起来就简单得多。除了要加强对客民的惩处力度外，主要是继续鼓励婚姻联合[⑥]，待相习日久，交际自有感情，自可消弭矛盾。

4.速结词讼，严惩差役

为了重建清末徽州社会秩序，刘汝骥对诉讼案件尤为上心，并采取相关措施加强治理。

① (清)刘汝骥:《陶甓公牍》卷十二《歙县民情之习惯》,第580页。

② (清)刘汝骥:《陶甓公牍》卷十二《黟县民情之习惯》,第608页。

③ (清)刘汝骥:《陶甓公牍》卷十二《婺源民情之习惯》,第595页。

④ (清)刘汝骥:《陶甓公牍》卷三《休宁教民黄金聚控汪社宝一案堂判》,第477—478页。

⑤ (清)刘汝骥:《陶甓公牍》卷十一《复天主堂总司铎牧良》,第570页。

⑥ (清)刘汝骥:《陶甓公牍》卷十二《祁门民情之习惯》,第602页。

(1) 速结案件

据刘汝骥统计,“本府衙门每月案件不下二三十起,自来稿居其大半”[①],“一涉讼事,则差役张牙舞爪以待,曲直未分,弱者废时失业,黠者转因以为利,惟恐其案之速结,此小民难言之隐痛也。故地方官体恤民艰,总以速讯速结为第一要着”[②]。“古来循吏,案无留牍,随到随问,随问随结”[③],并告诫民众,“累世缠讼,骨肉相残,有何益处”[④]?“大抵早结一日,百姓即有一日好处”[⑤]。其次应秉公办案,督促翻案。“官之所谓小事者,即民间所谓大事”[⑥],爱民之心溢于言表。此外鉴于徽属六邑区域辽阔,特别是婺源、祁门、黟县三地离郡偏远,民众若远赴郡城地方审判厅控诉,毋论事主尸亲、亲族、见证跋涉维艰,即此相验一端,官民毫无停滞往复亦须经旬,设遇夏令何堪设想,再三筹度,窒碍实多,故禀请在徽州婺源县城设地方审判分厅一所、祁黟二县共设一所[⑦],以提高民事案件的审判效率。

(2) 严查诬告

从附表5中的统计数据可以看出,诬告诈骗类的案例较多,占诉讼案例的13.9%。对于诬告案件,刘汝骥曾进行过专门统计:“讼事以山墓、田宅为多,事起渺忽,滋蔓不休。理直者虽居多数,被诬受累者似亦不少。就(光绪)三十三年而论,田土钱债、口角细故等案共五十起。内原直被曲十二,原曲被直六,中息十,原被平十七,注销二,未结二,两两比较,控情实者占十分之二,诬者占十分之一。”[⑧]在诬告案件中,很多原告有时仅是图一时口角之快,一抒怨气,对于案件的审理结果,有时倒未必真的在意。“黟民尚气好胜,往往两造互控上诉不休,而到案

① (清)刘汝骥:《陶甓公牍》卷四《婺源县余查氏控余启呈霸产一案堂判》,第490—491页。
② (清)刘汝骥:《陶甓公牍》卷七《歙县监生吴高升禀批》,第517页。
③ (清)刘汝骥:《陶甓公牍》卷十二《休宁民情之习惯》,第586页。
④ (清)刘汝骥:《陶甓公牍》卷四《休宁县孀妇李洪氏呈批》,第490页。
⑤ (清)刘汝骥:《陶甓公牍》卷二《署歙县学教谕秦宗荫禀批》,第474页。
⑥ (清)刘汝骥:《陶甓公牍》卷三《歙县民人朱聚禀批》,第476页。
⑦ (清)刘汝骥:《陶甓公牍》卷十《禀请设地方审判分厅文》,第565—566页。
⑧ (清)刘汝骥:《陶甓公牍》卷十二《祁门民情之习惯》,第601页。

者十无一二，盖图批而不图审，诬多实少，或由于此。”[①]针对这些情况，故而规定“绅民禀呈事件，当用正式陈诉，公事则公言之，凡从邮局私递或匿名密告事件，一概不收，以免误会”[②]，即力图通过规范案件受理程序，以此来减少诬告行为发生。

（3）严惩差役，重治司法腐败

徽州健讼之风，本甲于皖省，而差役之玩疲，亦为他处所未有，种种弊端，大抵皆由需索而起。如附表5统计所示，差役腐败纠纷占整个诉讼案例的12.5%，仅少于前述的诬告诈骗案例。在案件的受理阶段，管班门丁假借名目，任意苛罚需索规费。如在附表5第32号叶松等三十余人联名控差役江华借端勒索一案中，刘汝骥就明确指出：“彼差役房书多逮一人，即多一分之财，门丁管班按成分肥，何乐不一气呵成、互相朦蔽？纵有发其覆者，彼此巧为辩护……闻该县管班二人，每人岁入不下二三百金。入押有钱，否则刑辱随之。出押有钱，否则多方留难，或捏他故以中伤之，必填溪壑而后已。”[③]“何以滥罚、滥押、滥刑？以乡间眦睚之细事，视为审鞫重囚之巨案……至该衙门差役无事生事，勒索私费，诚恐难免。”[④]因此，差役是鼓励民众缠讼的，“讼棍、蠹差又从中把持贿蔽而鱼肉之。”[⑤]在案件的执行当中，对于有钱有势的一方，差役们是大开绿灯，盖有钱便可保人，甚至可擅改刑期。“该犯由永远监禁改为监禁十二年，现在年限未满，何以率行开释，恐有贿纵脱逃情弊……”[⑥]对于那些无人花钱疏通的案件，即使过了关押年限，也会故意拖延。“查监犯项下黄昆源一名，原请监禁五年，今限满已逾二年，久在应释之例。岂得以无人具保为辞长此淹禁。盖有钱便可保人，已成各县通弊……关金寿一名，本年二月十一日亦满，原禀三年之限均应释放，

① （清）刘汝骥：《陶甓公牍》卷十二《黟县民情之习惯》，第607—608页。
② （清）刘汝骥：《陶甓公牍》卷一《到任裁革门丁谕》，第465页。
③ （清）刘汝骥：《陶甓公牍》卷七《歙县州同衔叶松等禀批》，第516页。
④ （清）刘汝骥：《陶甓公牍》卷七《休宁县孀妇项金氏呈批》，第522—523页。
⑤ （清）刘汝骥：《陶甓公牍》卷七《歙县四品封职吴永麒呈批》，第521页。
⑥ （清）刘汝骥：《陶甓公牍》卷七《婺源县职员齐江禀批》，第521页。

或交族属领管以省羁累，又未结。”[①]面对司法领域的种种乱象，刘汝骥指出首先要严查差役相互勾结，因讼索费，维护司法公正。“房班书差，不准与本署家人私相往来及附耳密语等事……宅门内外，关防宜严，非本署人概不准擅自出入及私自容留寄宿等事，犯者立惩。”[②]针对衙门乱收费的现象，刘汝骥建议“该代书等缮写呈词，来稿者费若干，依叙者费若干，该承发房挂号费及各房发行费、值日差费若干，着即一一据实禀明，不准稍有隐饰。本府已确有所闻，将两相比较，从中定价，榜示周知。尔书役等原不能枵腹从公，凡我百姓亦不致因讼受累，与者受者皆可告人，此两利之事也”[③],即将各项收费公开透明化，杜绝陋规影响。其次裁革门丁和代书，招聘书记生，减少案件的中间呈报环节。“凡门丁执帖、签押诸名色一概革除，至承上启下之机关，则延用士人为之。凡官绅来谒见者，通名立即延请，一切公牍随到随呈，不准片刻迟留。”[④]“惟查代书一项，改头换面，无非胥吏化身，噬瘦吮肥，仍未脱讼师习气。积久蠹生，不得不实行陶汰，本府今定议招考书记生……有愿充是项书记生者，定于本月二十日来辕，听候命题考取。”[⑤]最后建立跟踪和联动机制。针对那些已被革除之差役变换名目上台、重操旧业的，要严厉打击。如在阳春班纠纷案件中，发觉“吴春有贿纵抗差情事，已经行牌斥革。王任去未半载，公然复充”[⑥]的真相后，即要求将戏差名目永远革除，如有传唤面谕之事，尽可随时拣派，有需索留难者，立即从严惩办，以恤伶艰而去弊政。在附表5第38号金有松控江华唆谋把持一案中，查“江华系三十三年间因案批饬拿办之犯，胆敢更名江盛复充县役，可谓积猾”，断不容其盘踞公门，重为民害[⑦]。

① (清)刘汝骥:《陶甓公牍》卷七《休宁县龄令安详批》,第518页。

② (清)刘汝骥:《陶甓公牍》卷一《到任裁革门丁谕》,第465页。

③ (清)刘汝骥:《陶甓公牍》卷一《谕代书、承发房写生文》,第465页。

④ (清)刘汝骥:《陶甓公牍》卷一《到任裁革门丁谕》,第465页。

⑤ (清)刘汝骥:《陶甓公牍》卷一《招考书记生牌示》,第467页。

⑥ (清)刘汝骥:《陶甓公牍》卷四《阳春班桂红云呈批》,第490页。

⑦ (清)刘汝骥:《陶甓公牍》卷七《歙县民人金有松呈批》,第524页。

（四）影响与成效

刘汝骥在徽主政时间，试图依托宗族、借力绅商，改造社会陋俗，化解纠纷，加快学务、警务和司法体系的改革，重建清末徽州社会秩序。但事与愿违，清末新政在徽州的实施效果并不尽如人意。烟赌、迷信等社会陋俗的改造效果有限，学堂和警务建设中也是困难重重，在加强司法改革时，遭遇更多的是下级官员的阳奉阴违，消极对抗。究其根源，一方面在于处于风雨飘摇中的清廷实施清末新政的目的不纯，如在《陶甓公牍》一书卷首《丁未召见恭纪》中，慈禧太后在对刘汝骥进行就职前的会谈中，就明白地说道："所谓预备立宪者，无非通下情就是了，那不是空空'立宪'两个字，祖宗法度就全不用了。"由此可见，作为清末新政核心举措之一的预备立宪，也仅是清政府为了挽救统治危机被迫做出的某些变通。且在新政各项措施的执行中，朝廷未能给予地方官充分的权力保障和财政支持。无论是学堂建设还是警务维持，全靠捐税维持，商民困苦不堪，抗捐时有发生，甚至有"拆学堂、打捐局之谣"①，故"商界、农工界待举之事甚多，惟苦于地方贫瘠，财力既弱能力尚浅，议论多而成功少，职是之故"②。另一方面则在于刘汝骥寄予厚望的绅商，常借公益之名行利己之事。"邑之大患，莫甚于险陂贪狡之夫，假义务为名，以行其争权攘利之术。办学堂目的，只在争公费；办邮政目的，只在拆私函；办警务目的，只在扣饷项肥身家；办工艺、办戒烟目的，只在勒索捐款、布置私人。大言以欺众曰：'吾事事能尽义务。'绅董其貌，奴隶其心，紫夺朱，郑乱雅，履霜冰至，君子惧焉。"③故常出现"学堂堂长，则甲仆而乙倾；商会总理，则此举而彼讦。操戈相向，治丝而棼，毫无秩序之可言"④。"无根之木易枯，无源之水易涸，无秩序何以有善

① （清）刘汝骥：《陶甓公牍》卷五《歙县耆监方朋等禀批》，第502页。

② （清）刘汝骥：《陶甓公牍》卷十二《歙县绅士办事之习惯》，第584页。

③ （清）刘汝骥：《陶甓公牍》卷十二《婺源民情之习惯》，第593页。

④ （清）刘汝骥：《陶甓公牍》卷十二《祁门绅士办事之习惯》，第606页。

良效果？”[1]若办新政无秩序、无效果，则不如不办。“集民脂民膏以办事，苟无效果，则谋新不如守旧之为佳。调查各界新政，劝学所、教育会表面成立矣，而学堂腐败如故；商会、商局表面成立矣，而商市腐败如故；自治巡警，团练表面成立矣，而地方腐败如故。造种种恶因，现种种怪状，若非厘剔清订，欲言效果，恐难望于九年预备之期。”[2]

由此观之，刘汝骥在清末徽州改革的措施虽然覆盖面广，用力颇多，但在当时的历史大背景下，实施的效果并不尽如人意。连他本人也不得不感叹：“举今日之沉疴丛瘢，一旦摧陷而廓清之，窃谓非张江陵、俾士（斯）麦一流人物不能也。”[3]虽则如此，刘汝骥在徽州主政期间，对徽州社会政治经济、风俗文化和行政司法领域的各项进行变革，对后来徽州走上近代化进程产生了一定的影响。

①（清）刘汝骥：《陶甓公牍》卷十二《绩溪绅士办事之习惯》，第624页。

②（清）刘汝骥：《陶甓公牍》卷十二《绩溪绅士办事之习惯》，第624页。

③（清）刘汝骥：《陶甓公牍》卷二《署歙县学教谕秦宗荫禀批》，第474页。

第五章　清末民初“大徽州”民间纠纷类型及治理举措

——以旅外徽商善堂组织为切入点

众所周知，徽学覆盖的研究范围，不仅包括徽州本土的“一府六县”，还应包括徽商及徽州文化影响并覆盖的旅居地区域“大徽州”。因为徽州与徽商是连在一起的，故为更好地研究清末民初徽州社会全貌，本章跳出“小徽州”的地域限制，将徽商旅居的“大徽州”纳入研究范畴。正如唐力行所说“我们既要守住疆界，把握地域疆界内的整体特征，又要超越地域的疆界，探讨其与环境的互动”①，将“大徽州”纳入徽学的研究范围，将单一、静态、直观的研究变为整体、动态、立体的研究。

前面几章中我们已经系统考察了清末民初徽州本土即“小徽州”地区民间纠纷类型及宗族、官府加强纠纷治理的举措，知晓了此时民间纠纷多发生于同族、亲戚与邻人之间。本章我们把研究目光投向徽商经营集中之地的“大徽州”，作为客民，旅外徽商在客居地从事生产生活及开展慈善活动，不可避免的要与本籍同乡及当地民众产生交往与联系，故此时纠纷多发生于同乡、土客之间。为论述更具体，本章拟以徽商在客居地开办的殡所、义阡等善堂组织为研究切入点，在考察其为客殁同乡开展“寄棺、埋葬与扶柩回乡”等慈善救助活动的基础上，管窥其遭遇的纠纷类型及“大小徽州”之间协同治理的举措。

一、旅外徽商善堂组织的建立及管理

徽商作为中国十大商帮之一，崛起于元末明初，鼎盛于明清时期，

① 唐力行：《延续与断裂：徽州乡村的超稳定结构与社会变迁》，商务印书馆2015年版，第16页。

延续至民国近代。其崛起与发展，乃时也、势也。“吾徽居万山环绕中，川谷崎岖，峰峦掩映，山多而地少”[①]，且生齿日繁。非经营四方，绝无治生之策矣。徽人“十三在邑，十七在天下”，其活动范围“几遍禹内”，虽“滇、黔、闽、粤、豫、晋、燕、秦，贸迁无弗至焉；淮、浙、楚、汉，其迩焉者矣”[②]。尤其是在江南各地，向有“无徽不成镇”之谚[③]。为实现“抱团发展、以众帮众”的商业目的，旅外徽商在客居集中地一般都建有会馆、公所等地缘性组织，为同乡提供各种商业服务。同时鉴于同乡贫而病卒，棺柩无处安放掩埋、无力运送回籍的现实窘境，于客籍地还建有殡所、义阡等善堂组织，为同乡提供寄柩、掩埋和运送回籍服务。“吾徽人笃于乡谊，又重经商，商人足迹所至，会馆、义庄遍各行省。”[④]本章中，我们将以《徽商会馆公所征信录汇编》这一资料为中心，在系统考察旅外徽商善堂组织建立分布的基础上，通过追踪棺木安放、掩埋及运柩回籍的过程，归纳总结出其遭遇的纠纷类型及寻求官府支持、联手解决纠纷的举措。

（一）殡所、义阡善堂组织的建立

旅外徽商在旅居集中之地创办的殡所、义阡等善堂组织，广泛分布于全国，其慈善救助的对象乃是面向本籍客殁同乡。在建立形式上，殡所、义阡等善堂组织或与会馆相依相存或独立存在。一方面，会馆、公所和义庄、义园、义阡、殡所等善堂、善会组织是“孪生兄妹”[⑤]，他们建立的顺序，或先或后，形式不一。一种形式是先有会馆、公所，再建

① 《徽商便览·缘起》，转引自张海鹏、王廷元主编：《明清徽商资料选编》，黄山书社1985年版，第6页。

② 许承尧撰，李明回、彭超、张爱琴校点：《歙事闲谭》卷十八《歙风俗礼教考》，黄山书社2001年版，第603页。

③ 民国《歙县志》卷一《舆地志·风俗》，民国二十六年铅印本。

④ 许承尧撰，李明回、彭超、张爱琴校点：《歙事闲谭》卷十一《北京歙县义庄》，黄山书社2001年版，第357页。

⑤ 李琳琦、梁仁志整理：《徽商会馆公所征信录汇编》，人民出版社2016年版，第4页。因下文多次出现此书，故后文不再详列版本信息，只罗列此书中引用的征信录名称。

殡所、义阡等善堂组织，这种建立方式较为普遍。如汉口紫阳书院、武汉新安笃谊堂、九江新安笃谊堂、北京重续歙县会馆、杭州新安怀仁堂、金陵重建新安会馆、闽省安徽会馆等。另一种形式为先有殡所、义阡等善堂组织，继之再建会馆、公所。如京都绩溪馆、休宁新安思安堂、南京新安会馆、陕省安徽会馆等。另一方面还存在只有殡所、义阡等善堂组织，而无会馆依托的情况。如杭州新安惟善堂、黟县登善集、上海徽宁思恭堂、上海思义堂等。详见表5-1：

表5-1　旅外徽商会馆公所与殡所义阡等善堂组织建立情况一览[①]

序号	建馆地点	名称	所处时代	会馆与善堂建立先后顺序
1	湖北	汉口紫阳书院	书院建于康熙三十三年(1694)；义阡建于乾隆四年(1739)	先有书院，后有义阡
2		武汉新安笃谊堂	是汉口新安书院附设之善堂，建于道光二十七年(1847)，太平天国运动时被毁，同治年间重建，延续至光绪年间	先有书院，后有善堂
3	江西	九江新安笃谊堂	光绪二十九年(1903)重建，与汉口笃谊堂有关联	先有书院，后有善堂
4	北京	重续歙县会馆	会馆肇自嘉靖四十一年(1562)，乾隆五年(1740)再倡建立，道光十四年(1834)仍在运行；义阡是嘉靖四十二年(1563)建立	先有会馆，后有义阡
5		京都绩溪馆	乾隆二年(1737)建义冢；乾隆七年(1742)建会馆	先有义阡，后有会馆
6	徽州本土	休宁新安思安堂	民国六年(1917)在休宁建立，解决上海徽宁思恭堂停柩太多的现实问题	先有义阡，后有同乡会所
7		黟县登善集	道光二十三年(1843)在渔镇建立，解决杭州新安惟善堂和塘栖新安怀仁堂棺柩挤压问题	无会馆，有善堂

① 李琳琦、梁仁志整理：《徽商会馆公所征信录汇编》，人民出版社2016年版。

续 表

序号	建馆地点	名称	所处时代	会馆与善堂建立先后顺序
8	浙江	杭州新安惟善堂	嘉庆初建立,道光十七年(1837)扩建,太平天国运动时被毁,同治年间重建,延至光绪年间。其积压过多的棺柩运回徽州本土,由徽州黟县登善集负责接收	无会馆,有善堂
9		杭州新安怀仁堂	咸丰二年(1852)建立,太平天国运动时被毁,同治年间重建。其积压过多的棺柩运回徽州本土,由徽州黟县登善集负责接收	先有会馆,后有善堂
10	江苏	金陵重建新安会馆	旧有新安会馆,太平天国运动后,光绪三十年(1904)重建;义冢在光绪年间才有	先有会馆,后有义冢
11		南京新安会馆	不详	先有义冢,后置会馆
12	上海	思义堂公所	嘉庆十七—十九年间(1812—1814)建立,太平天国运动时被毁,同治年间重建	此公所即善堂
13		徽宁思恭堂	乾隆十九年(1754)建,太平天国运动后,于同治、光绪年间重建,其积压过多的棺柩运回徽州本土,由休宁思安堂负责接收	无会馆,有善堂
14	陕西	陕省安徽会馆	义园建于乾隆四十四年(1779);会馆于嘉庆二十五年(1820)建造,太平天国运动后,同治年间重修	先有义园,后有会馆
15	福建	闽省安徽会馆	同治元年(1862)先建会馆,后置义地	先有会馆,后有义地

表5-1中的15个善堂，从建立时间来看，因南京新安会馆建立时间不详，不列入统计，剩下的14个善堂，除重续歙县会馆建于明嘉靖四十一年（1562）、休宁新安思安堂建于民国六年（1917）外，其余的均建于清代，并在历经太平天国运动后陆续重建，慈善救助功能一直延续至民

国时期。在建立次序上，会馆和善堂，既可相互依托，又能独立存在。这也和范金民先生的论述一致，即徽商殡所、义阡等慈善设施“不少置于会馆建立后，但有不少早在会馆建立之前就购置了，甚至未设会馆的不少地方也有这类设施”[①]。它们在旅居地的广泛建立，在解决旅外徽人后顾之忧之余，更有效消弭了纠纷动乱因素，缓解了社会矛盾与冲突，有利于“大徽州”社会秩序的稳定。那么在这张由旅外徽商织就的庞大救助网络中，徽人又是如何加强管理，充分保障慈善活动正常进行的呢？

（二）殡所、义阡善堂组织的管理

殡所乃是为客殁同乡提供暂放棺木服务的屋舍。义阡乃掩埋无主或无力运回原籍同乡的坟地，又称义庄、义冢、义园、义所等等。为保证徽籍棺木的正常受理和暂厝流转，旅外徽商制定了相关规章制度进行约束。

其一，严把棺木进堂关。棺木进堂，若非熟识之人，首先需由亡人亲戚等保人作保，确认为本籍同乡，再由善堂刊印两联或三联照票[②]，一般以三联票居多。具体操作程序如下：在联票上“编列号数、分别‘寄厝、埋葬’两项，其遇有领照者，问明男女、籍贯、姓氏，照号数填写照内，其照根与执照一样填写，截留照根存查，将执照给埋葬、寄厝之家持付看守人为据”[③]。且保人要及时提醒堂丁登簿列号，挨序寄厝。根据上述规定，可得知三联照票的照根是留于善堂备存，其他两联，一联交看园人登记落葬，一联自存，以备异日扦葬。如无堂票，棺柩不准停放。另棺柩板材过于单薄者[④]、非本籍同乡病故者[⑤]，棺木也不许入堂。殡所虽可暂厝，但年复一年，必然造成棺木积压的情况，故殡所还规定了棺木存放期限。

---

① 范金民:《清代江南会馆公所的功能性质》,《清史研究》1999年第2期。

② 统计各会馆公所征信录数据,明确记载两联票的有2家,分别为陕省安徽会馆、闽省安徽会馆;三联票的有4家,分别为杭州新安惟善堂、武汉新安笃谊堂、九江新安笃谊堂、徽宁思恭堂。

③《闽省安徽会馆全录》,第338页。

④ 这主要是出于预防时疫的考虑。因为棺木太薄,恐秽气熏染附近乡邻及堂丁人等,触染成疾。

⑤ 非病故者是指死因不明者,各善堂不愿节外生枝、牵扯官司而作出此项规定。

其二，灵活设立停柩期限。停柩期限短则一年，长则二十年，较常见的是三年左右。如新安怀仁堂规定进堂棺木，男左女右，三年为限，孩棺一年为期，经济困难者可于限期前两月，赴堂报明，商缓一年；武汉新安笃谊堂、九江新安笃谊堂规定停柩以三年为限；上海徽宁思恭堂向例大棺存放期限六年，小棺一年，光绪年间统一规定为三年；南昌遗爱堂、杭州新安惟善堂、黟县登善集寄厝灵柩，以一周年为期；上海思义堂旧例以五年为期，后通融为六年；闽省安徽会馆棺柩存放时间最长，为十五年，特殊情况，经亲属赴馆申请，还可再展五年，即为二十年。为防善堂棺木挤压，过了存放期限后，各善堂一般都会出帖知照丧家亲属，并结合善堂各自经济条件与丧家亲属意愿，接受原保及丧家申请，凭原联票或允许其将棺木自带回籍，或照章资送棺柩回籍。如上海思义堂曾设协济会，上海徽宁思恭堂曾设登科会，专为徽籍寒商施棺助葬运柩回乡，无力回籍之柩赖以领费扶回安葬者甚多；武汉新安笃谊堂和九江新安笃谊堂也都规定，若子孙亲属愿带回徽，苦于无力者，酌送带资葬费；新安惟善堂规定，有力者任其自备资用迎归故里、力不足者酌助由杭抵徽船只水脚费装载回籍、极无力者尽给之；南昌遗爱堂也规定[①]，凡无力归乡棺柩，计路程远近凭保人照议，酌助沿途盘费及到徽上山费。

那些限于财力，无力运回原籍的有主棺木或过了存放期限的无主棺柩，善堂即于冬至前后或春秋二季，择土高燥之地，按号标立石碑，刊明姓字并干支、年号，照章安葬至义冢或义阡，以备异日扦葬和平时祭扫，这就必然涉及如何加强义阡管理的问题。

其三，专人守护，及时兴修义阡。首先要派人守护义阡，“适他乡、处异地而有义园之设，所以奠安旅榇、矜慰游魂也。设义园，则必置守园者之居，所以防丘垄之损伤、牛羊之践履也”[②]。其次设立号碑，立石植树护阴，以清地亩，并规定埋葬秩序与祭祀时节。义园按号埋葬，男

① (清)胡正仁编:《遗爱堂征信录》,清道光间刊本。

②《京都绩溪馆录》,第391页。

左女右，每棺隔一定距离[1]，有的义园还实行别葬法，“良葬于上，贱葬于下”[2]。为防侵占纠纷，义阡都会立石植树，以清界限，且“春秋必致祭”。坟冢的兴修，根据善堂经济条件与坟冢维护情况，分为“大小修”[3]。既葬之后，如需起棺带回，仍需凭原保，赴堂报明亡人姓字，确认号数后，才可扦葬。

为保证殡所、义阡等善堂组织的良性运转，必然需要善堂工作人员之间明确分工，各司其职。其工作人员分工与职责见表5–2：

表5–2　殡所、义阡工作人员职责及工作流程[4]

	保人	司事	堂丁	看园人
工作职责及流程	1.棺木进堂，由其担保为本籍同乡且乃病故之棺 2.到司事处挂号，倘日后查出有误，惟保人是问，令其扦葬议罚 3.棺木出堂，仍由原保到堂申明挂号，凭联票按号注簿，将棺木出堂安葬或护送回籍 4.既葬之后，如需起阡回籍，仍需保人作保，至善堂报明亡人姓名及联票号数	1.受理棺木挂号，验明放抬入厝；对照原票，核对放行出堂之棺 2.若善堂经费稍裕，发放资助，帮助无力回籍同乡棺柩回籍 3.每年于清明、中元等特殊节日，轮流赴园对票查坟，防盗葬、侵界、窃树、移碑。并监督看园人工作勤惰，如有不安本分、从中舞弊者，即行驱逐	1.以联票为凭，将棺柩登簿列号，男左女右，按序摆放，预防火烛 2.恪守职责，不能容留匪类燕饮聚酿赌博，如违送官究逐	1.以保护坟茔为首责，及时修补坍塌坟冢，保护园内树木。如冢土低沓，罚去赏钱，仍令添培。如园内树木不小心看守，逐出另招 2.不许私自平冢耕种，不许接受祖籍非本邑同乡及无票葬冢私葬，违者送官究处

从表5–2可以看出，旅外徽商对于殡所、义阡等慈善活动的管理已经有了一套成熟的运作经验，对于棺木的暂厝与落葬，建立了保人担保、司事及堂丁受理棺木暂厝，看园人守护落葬义阡等各项管理制度，以规

---

① 据《陕省安徽会馆录》和《闽省安徽会馆全录》记载：义山埋葬，男左女右，每棺隔六尺。《汉口紫阳书院志略》记载：义阡葬定规则，横五尺，直八尺，深圹四尺。

② 《重续歙县会馆录》，第188页。

③ 如《闽省安徽会馆全录》(第338页)记载：义山坟墓“一年一小修，三年一大修”。《重续歙县会馆录》(第214页)记载：“五年一小修，十年一大修。”

④ 据《汉口紫阳书院志略》《重续歙县会馆录》《陕省安徽会馆录》《新安怀仁堂征信录》《新安惟善堂征信全录》《武汉新安笃谊堂》《九江新安笃谊堂征信录》《思义堂征信录》《徽宁思恭堂征信录》《京都绩溪馆录》等征信录资料整理而来。

范各类人员职责，防止盗葬等违法行为发生，力图使寄棺落葬等慈善活动取得实效。

二、旅外徽商善堂组织纠纷类型及治理举措

规章制度的规定虽然严密，但在实际运作过程中，不管是殡所的管理，还是义阡的看护，甚或是运柩回籍途中都会出现破坏规则与平衡的纠纷事件。面对危机，殡所义阡等善堂工作人员也积极应对，注重内部管理与外部防范，标本兼治，从而保障善堂日常工作的顺利开展。

（一）殡所纠纷类型及治理举措

殡所的纠纷类型主要包括两类，一类是在殡所建设过程中，一类是在殡所日常运营中。首先来看殡所建设过程中遭遇的纠纷及应对治理。由于身居客地，旅外徽商在修造或扩建殡所时，时常会遭遇地匪等不法之徒的骚扰，他们或乘机窃取物料，或借端滋事阻挠善举。如杭州新安惟善堂初建时，开工之际，因“地邻山僻，仍恐地匪无知窃取物料、土工匠作分坊把持，阻挠善举”[①]，武汉新安笃谊堂“义举兴工之始及落成之后，诚恐附近地方有不法棍徒借端滋事，或出面图诈，或暗唆扰害，均于义举有累”[②]。应对办法即将善堂堂规及紧要条规张贴禀明在案，并上报官府请求保护。太平天国运动后，各善堂加快了重建步伐，由于担心不法之徒借端阻挠，故向官府申请保护变得更为频繁。新安惟善堂复造殡房、重建厅屋，“恐有附近不法匪徒借端滋扰工作，勒索把持”[③]，得到官府回应示谕“如有不法情弊，许即捆送到县，以凭惩究，决不姑宽”[④]。上海徽宁思恭堂改造正厅及门房、扩建殡所时，爰拟择日兴工，害怕无知之徒，“借端阻挠，以妨善举”，上报官府后得到官府支持，认为徽商所为实乃地方善举，“自示之后务当共相保护以垂久远，倘有无知

①《新安惟善堂征信全录》(光绪七年刊本)，第405页。

②（武汉）《新安笃谊堂》，第795页。

③《新安惟善堂征信全录》(光绪七年刊本)，第435页。

④《新安惟善堂征信全录》(光绪七年刊本)，第435页。

棍徒借端阻挠，许该董等指名禀县以凭提究；地保容隐，察出并干究处，均不稍宽。各宜凛遵毋违，特示”[①]。其次殡所建成后，在其日常运营中，最常见的纠纷类型就是因本籍同乡霸棺不移、地方土著强行寄放，导致殡所棺木越积越多，无处安放。本籍同乡霸棺不移的原因，或囿于家境贫穷，或出于一己私利。“自复建笃谊堂，仿旧厝棺，或五六年，或三四年，但见其入，不见其出，以至柩盈夏屋，鬼哭秋风。”[②]面对这两种霸棺不移的现象，善堂也采取了不同的处理办法。本籍同乡当中，针对家境贫穷的丧家，“同人乃议资送之举，而广劝一文愿，以筹其经费，随人乐助，随愿相酬……死者得归故乡，生者益无遗憾，则又曲尽乡谊，而义举体恤至微者也”[③]；若募捐经费不足，未能及时运回原籍，则限定日期，就地安葬：“或劝捐、或借项，赶紧先将破坏不堪棺木及有暴露尸骸掩埋义地。”[④]针对那些私心将厝所变为一己私室的，则严厉申斥，若仍执迷不悟，则“本堂司事即照旧章或按期埋葬义地、或春季盘归故土，日后勿得异言，事关一郡之善举，各宜秉公从心，凡我乡人勿怀私见，以图世守悠远”[⑤]。除了本籍同乡霸棺不移外，殡所棺木愈积愈多还有另一方面原因，即非本籍的旅居地居民强行寄放。如杭州新安惟善堂中“乃有近地居民强将棺木存放，以图就便并省租钱，甚至二十余年因循不葬”[⑥]，于是出现棺木停放“甚至堆垛如山，无从稽考，往往旅榇到杭无从安置”[⑦]的窘况。上海徽宁思恭堂也有冒籍棺木入堂的案例[⑧]。针对这种情况，善堂解决的办法则更为强硬，即直接将此不法情节上报官府，请求严禁，并限定日期，或领去自葬或代为埋葬。“自能营葬者凭伊领

①《徽宁思恭堂征信录》，第1213页。

②（武汉）《新安笃谊堂》，第792页。

③（武汉）《新安笃谊堂》，第790页。

④ 如《新安怀仁堂征信录》（第300页）记载，因受太平天国运动的影响，暴露在外的尸棺达百具之多，多已损坏，善堂规定务必劝谕在九月前，就地掩埋，以防疫病传染及棺木积压。

⑤（武汉）《新安笃谊堂》，第810页。

⑥《新安惟善堂征信全录》（光绪七年刊本），第415页。

⑦《新安惟善堂征信全录》（光绪七年刊本），第408页。

⑧《徽宁思恭堂征信录》（第1217页）记载：“今因堂内存棺竟有异境地名，显系冒籍。”

去，如有后人有余地而无力营葬者，令其开单具报，掩埋局代为葬之”[①]。最后，殡所的日常运营中，还会遭遇地方无赖之徒的骚扰，他们每逢冥节趁机混入殡所，肆意妄为。“无赖棍徒，每逢时节或扫墓之期，三五成群混入殡所，肆行诈扰。”[②]不仅如此，他们还“间在公宇（即善堂）门首，聚赌掷钱，扰攘地方”[③]，破坏社会风气。甚至出现了“不法之徒，黑夜将（送棺厝所）门打开，恐延火烛，贻害匪轻”[④]与“寄棺被刨多具的恶性案件”[⑤]。当善堂司事等将这些违法案件上报官府后，大多得到了官府支持与回应，示仰地保和居民人等“毋许棍徒到堂滋扰”。官府对于发生的恶性违法案件，也“饬捕严缉究办”，以肃法纪而靖地方。

（二）义阡纠纷类型及治理举措

义阡大都坐落荒郊，地理位置偏僻，察看监督不便，一般都直接委托看园人看管，善堂司事等人只是定期察看。在这过程中，就给看园人内部渎职和附近居民从外部侵犯间接创造了条件。故义阡的纠纷类型包括两类，一类是义阡看园人内部渎职，另一类是旅居地居民外部侵犯。各善堂针对这些暴露的问题和隐患，也分别采取各项措施，标本兼治，以便及时消弭纠纷。

如在对内管理中，善堂工作人员已经意识到了看守人监守自盗的问题，指出：“夫义庄看守之弊不一而足，或盗卖余地，或私平旧冢，或无端作践，以及强梗诸不法之事。”[⑥]具体来讲，看园人内部渎职主要包括以下几类：一是坟地被守地人盗卖、或纵容别省郡人冒葬。如《重续歙县会馆录》记载，乾隆四十一年春就“风闻看庄人戕害坟茔，私赁地

①《新安惟善堂征信全录》(光绪七年刊本)，第415页。

②《徽宁思恭堂征信录》，第1214页。

③(清)胡正仁编:《遗爱堂征信录》，清道光间刊本。

④(武汉)《新安笃谊堂》，第800页。

⑤《思义堂征信录》(第1091页)记载，思义堂安徽公所善堂停柩被刨，男殡房被刨棺4具，凿损1具，女殡房被刨5棺，尚有3棺被凿毁，堂夫听见响声后，起身照看，贼已逃逸，追捕不及，协同地保等看明后，报知丧家亲属查明殓物，将棺柩细号清单，赴案呈报。

⑥《重续歙县会馆录》，第205—206页。

亩”[①]。在经济利益和侥幸心理的驱使下，纵容别省郡人冒葬，也是时而有之，“义阡去城十余里，值会者交代无常、经理不周，守地之人保无利人之私、纵容别省郡人冒葬。其事已数犯矣。若不严为之防，恐冒葬不止，为侵地之渐也”[②]。解决办法，需要标本兼治，一方面发生违法案件时，要及时向官府汇报，“本庄最严防盗葬，若祖籍非本邑同乡，串通看坟人私行埋葬者，查出除起棺暴露外，仍送官尽法究处，葬家不取票为凭，即为私葬，如地棍强来扦葬，看坟人不报，即以串通盗葬论”[③]，适当时候还需请求官府勒碑永禁，永杜觊觎。当然，最重要的则是防患于未然，建立良好的内部运转与监督机制。义园需择诚实小心者看守，并“让守地之人立承管合约”[④]，保证履行看守职责。还应加强制度建设，设立联票制度，以杜冒葬盗葬。具体的操作办法是善堂印信票，“丧家取票往阡，交付守者收照，指地与葬。每当春秋祭日，司事携簿来阡，对票查坟，注簿勾销原票。倘或有冢无票，罪在守者，即行鸣官究处不贷。守者知警，则冒者无由而入义阡，可永保无虞矣”[⑤]。二是看坟人私耕或出租坟旁余地，甚至平冢私种。冢旁余地，向来不许庄丁耕种，虑有伤损，现今“竟至坟前碑后任意栽种，此后司事询查，务于见时立令拔弃，如庄丁不尊，即行逐出”[⑥]。且界内余地，永不许租与他人耕种，看坟人懒种则荒之，以免发生“始则私租，继则私典私卖，遂致酿成大案”[⑦]。若看坟人胆敢私自平冢耕种的，则“查出即送官按律重究”[⑧]。三是看庄人恣意抬价勒索。可以议定葬坟工价，永为定例，如蹈前辙，即行斥逐

①《重续歙县会馆录》，第206页。

②《重续歙县会馆录》，第188页。

③《重续歙县会馆录》，第204页。

④《重续歙县会馆录》（第190—191页）记载：万历四十六年，朱龙、朱虎、朱朝三人承管徽歙会馆义庄时，立下了义庄承管文约，保证保护义庄树木、照常祭祀、不得私葬私种坟地。其还（第211页）记载有乾隆十四年顺天府尹禁碑，也是为防止看守义冢人李芳声、李芳儒日久疲玩，而让其写具悉遵条约的甘结后，再行勒石示禁的。

⑤《重续歙县会馆录》，第188页。

⑥《重续歙县会馆录》，第214页。

⑦《重续歙县会馆录》，第204页。

⑧《重续歙县会馆录》，第203页。

无辞。如《重续歙县会馆录》规定：雍正年间“议打坑埋葬，每棺钱八百文；议起棺改葬，每棺钱一千文；议每季祭祀，钱八百文；圆坟，每棺钱三百文”[①]；武汉《新安笃谊堂》光绪十三年记载：“安葬义阡……每棺埋葬土工钱六百二十四文”[②]；《闽省安徽会馆全录》规定：同治年间“议开圹棺尾三尺深，掩埋成冢，工钱七百二十文”[③]；《陕省安徽会馆录》记载：落葬“给看园人工食钱一百文，土夫工食钱□□百文，不得争多减少”[④]。

除内部人员渎职外，因义冢远离善堂，看管不便，客观上还为附近无知土著、不法棍徒外部侵犯提供了条件。他们或恃强侵占义地，或垂涎而谋盗葬，或纵放牛畜任其践踏，或盗砍义园用来清厘界址的树木，种种情弊不一而足。如在冒称地主、侵占义地方面，汉口紫阳书院有流民余裕芳呼引族众，冒称山主，并伙同看管僧人月影、行慧两人，将书院公产准提庵与三元殿庙基及余地盗卖与浙宁公所为业[⑤]。《重续歙县会馆录》中有义庄移界兴讼纠纷。道光七年，内务府正黄旗管理圈房人程氏兄弟，将义庄屋旁石界突行改移，指称伊业，侵占义庄土地，后经在京歙县同乡绅士联名上诉官府，呈讼得直，和息结案[⑥]。《闽省安徽会馆全录》中有陈姓刁民冒充地主，妄图强占义冢坟地纠纷[⑦]。在因垂涎而谋盗葬方面，《陕省安徽会馆录》中就发生因历年久远，义冢坟地被人盗葬的情况[⑧]。至于纵放牛畜践踏坟冢及盗砍义冢树木的案例，更是不胜枚

① 《重续歙县会馆录》，第194页。

② （武汉）《新安笃谊堂》，第808页。

③ 《闽省安徽会馆全录》，第340页。

④ 《陕省安徽会馆录》，第292页。

⑤ 《汉口紫阳书院志略》，第120—121页。

⑥ 邹怡：《善欲何为：明清时期北京歙县会馆研究（1560—1834）》，《史林》2015年第5期。

⑦ 《闽省安徽会馆全录》（第339页）记载：有陈姓刁民见他人卖地，图索花红不遂，便将义冢界石毁灭，冒充地主，妄想强占义冢，后经提讯明确，将陈姓责惩，取结完案。

⑧ 《陕省安徽会馆录》（第292—293页）记载：原住持僧人马通兴将己祖业民地一段，卖为义冢坟地后，却因历年久远，围墙坍塌无存，被人盗葬。

举[①]。太平天国运动后，由于义冢旧碑不存，这种情况就更加严重。面对种种不法行为，解决办法除将义阡开明四至、竖石钉界、严界栽树并禁示立碑[②]外，最重要的是将殡所、义阡绘图粘契，上报官府备案，并申请勒石示禁，以防不法之徒借端扰害[③]。

殡所、义阡管理危机，除以上各自列举的类型外，还面临共性的问题即脚夫、扛夫霸分路段、抬价勒索。脚夫，是江南地区从事中短途挑运货物及民间婚丧嫁娶的扛抬，以其体力劳动换取报酬的一种从业人员的泛称[④]。徽籍棺木无论是抬入殡所暂厝还是迁至义阡埋葬，都需雇佣当地脚夫、扛夫劳动，故也时常发生纠纷。最常见的纠纷类型是脚夫、扛夫借端抬价勒索。面对脚夫、扛夫的上述不法行为，一方面善堂于建立之初，就未雨绸缪，制定抬柩章程，对脚夫、扛夫人数及费用进行明码标价，以杜勒索[⑤]，并及时上报官府，请求发布告示或勒石保护，当地官府不仅对善堂的上述要求给予满足，面对脚夫、火夫借民间丧事高抬工价，勒索民众的行为，也是给予严厉打击："查得休邑向有火夫违例私分地段串同霸踞。凡遇民间收殓出殡，高抬工价任意措勒，本家另催他人，

①《重续歙县会馆录》(第212页)记载:因有毁折林木之案,故善堂请求官府禁碑保护园内用于清厘界址的树木;(武汉)《新安笃谊堂》(第795页)记载:汉阳县正堂示仰该地附近居民及看山人知悉,尔等放牧牲畜,务各加意照守,不得任意践踏义冢孤坟;《徽宁思恭堂征信录》(第1210页)记载:上海县正堂发布告示,严禁棍徒在义冢纵放牛羊、马匹践扰,以及砍伐柴草树木等;《新安思安堂征信录》(第1315页)记载:休宁县公署曾应新安思安堂要求,发布布告禁无知地邻,纵放牛马羊猪践害本堂义冢,及所养柴草树木任意偷折。

②《重续歙县会馆录》(第196页)记载:善堂鉴于石界容易被人人为移动,义阡界内多有他省郡人坟墓的事实,故倡议义阡沿界栽树,以清地亩,以资保护。

③《九江新安笃谊堂征信录》(第980页)记载:新安会馆绅董请求将殡所义园地址详绘地图,粘附契尾,上报官府印图备案,勒石垂禁,以防无知痞棍或占业盗厝、或纠合豪强阻挠出路、或纵放畜牧触倒墙垣;《徽宁思恭堂征信录》(第1210页)记载:善堂担心义冢坐落荒郊,地属公所,恐有匪徒践扰,故将冢地除竖石钉界、给示勒石外,并绘图造册,报县勘明,通详免粮立案;《新安惟善堂征信全录》(第410页)规定:本堂价置各契并乐善捐助等契,均宜查明四至、字号、税亩、值置者,呈县钤印,并免侵占而息争端。

④ 申浩:《对清代以来江南市镇中脚夫群体的考察》,《史林》2008年第2期。

⑤ 如武汉新安笃谊堂于道光二十七年(1847)初建时,为防抬工脚夫借端勒索,即制定了规条八款,其中关于抬工行为和费用作了如下约束:"每棺抬至十里铺义所堂中,总给抬工装敛帮费钱二千八百文。"徽宁思恭堂规定:"自乙巳年(1905)年起,施棺送到,给扛力钱二百四十文,堂夫收敛扛抬进堂,给钱一千二百文。"

即滋生事端，实为民家大累。屡经各前县示禁有案，乃日久玩生，故智复萌，闻有霸掯横索之事。除饬差查拿外，合再开规给示，勒石严禁，为此示仰本境火夫人等知悉。自示之后，凡遇婚丧之家，悉听本家查照，定章给价雇倩，不得违例霸踞，以及借称当官名色，高抬工价，肆行勒索。如敢仍蹈前辄，霸掯滋事，许本家据实指名禀县以凭提案，从重究惩，本县言出法随决不宽贷，各宜凛遵毋违，特示。”[①]太平天国运动后，各会馆善堂重建，旧章虽存，但脚夫抬夫勒索故萌，各善堂也再次请求官府支持保护其寄棺送葬义行，饬令脚夫、抬工写立照章领价甘结，不准额外勒索，违者定即拿案究处，并勒石晓谕，以儆效尤。另一方面，最重要的乃是请求官府准许由善堂堂夫自行扛抬，永杜纠纷。关于这一方面的内容，将在下文中以杭州、上海、武汉三地善堂为例，进行重点阐述。

（三）运柩回籍途中纠纷类型及治理举措

虽然徽属各地善堂对棺木存放规定了暂放期限，但在善堂的实际运作中，还有一部分棺柩因为无主认领或丧家亲属无力领回安葬而积压了下来。为了解决积压问题，如前所述，一方面则是将那些愿意葬在义冢或期满不带的无主棺柩运至义阡埋葬。另一方面，在“叶落归根”传统思想的影响下，各善堂会根据本堂经济条件和丧家家属意愿，接受其申请，资助其回籍或允许其自盘回籍。即“首重回籍，无主者置地安葬……俾旅榇亡魂有嗣者得遂还乡之愿，无后者咸叨入土之安”[②]。本部分将着力探讨徽籍棺木在运柩回籍途中的工作流程及纠纷应对举措[③]。为

① 王钰欣、周绍泉主编:《徽州千年契约文书》(清民国编)卷二,花山文艺出版社1991年版,第467页。

②《新安惟善堂征信全录》(光绪七年刊本),第414页。

③ 关于旅外徽商善堂中涌现的纠纷,一些学者在相关著述中有所涉及。如范金民等著《明清商事纠纷与商业诉讼》一书(南京大学出版社2007年版)第八章《商帮与社会各阶层的矛盾纠葛》中,就提及了徽商创办殡所义冢时遇到的纠纷及防范与处理措施;邹怡《善欲何为:明清时期北京歙县会馆研究(1560—1834)》(《史林》2015年第5期)一文中,涉及了义庄管理中看守人的渎职与土著侵占义庄土地等问题;王日根、徐萍《晚清杭州徽商所建新安惟善堂研究》[《安徽大学学报》(哲学社会科学版)2013年第6期]一文中,对地匪无赖和抬工脚夫在惟善堂殡所兴建与运柩回籍途中阻挠善举的行为进行了相关阐述。目前看来,暂未有学者专文完整系统地论述旅外善堂运柩回籍途中遭遇的纠纷及善堂与官府的应对方案。

论述更具体，特选取杭州、上海、武汉徽商比较集中的三地善堂棺木回籍路线为例，系统考察其运柩回籍网络及在这一过程中出现的纠纷及应对方案。

1.运柩回籍网络

各善堂徽籍棺木运回家乡的时节，一般均选择在春秋水旺之季。因路途遥远、水陆兼程，经手的人数众多，徽籍旅榇一般都要经过数次中转，才能运至徽州所属各县邑。

先来看新安惟善堂，作为浙之杭嘉湖及江南苏松常等徽籍棺柩回籍的中转站，徽籍旅榇回籍，途必经杭州，故徽商在杭郡建有惟善堂厝所二十余间，堂基一所，专为暂厝旅榇，分别六县安厝各柩，以妥幽魂而免暴露。由于丧家经济条件各异，“有后、有力者暂停旬日即行带徽，乏力者难免积累之虞”[①]，故惟善堂再予以宽限一年的暂厝时间。倘丧家有子，但经济贫乏无力经营者，酌送船只水脚费装载回籍。若本支乏人，则代埋于杭郡义地。“有后、有力者”的这些棺木，在惟善堂暂停结束后，会由杭州上江运归故土，以道光十八年（1838）记载数据为例，这类棺木每年至少有六十棺，每次数量有数十具之多，这些旅榇到达徽属各口岸后，若“随时载到者不卸，船户势难久待，且山村僻远，招认领抬难免羁延时日，复有暴露之虞”[②]。为免同乡棺柩再次暴露于外，惟善堂还资助徽属六邑在本土各县再设暂柩之所，总名“登善集”[③]，如在歙县水南王村[④]、黟县渔镇等地就设有登善集，接收新安惟善堂运回棺柩，等待丧家亲属速领营葬。再来看上海徽宁思恭堂，位于江南苏松常地区的思恭堂棺木运载回籍时，如前所述，要先在杭州惟善堂中转，然后登

---

①《新安惟善堂征信全录》(光绪七年刊本),第406页。

②《新安惟善堂征信全录》(光绪七年刊本),第413—414页 。

③ 外地旅榇运至原籍后,徽州各邑在邑界水口登岸处大多设有登善集这一暂厝之所,以解决旅榇载到之时,无处中转存放的现实困难。集内有司事等职员,凡旅榇至而无家人资送者,司事即遣信告于丧家,期过而丧家未至者,则将棺柩葬于义地。

④ 歙南王村之六邑厝所,数传之后,因司事不善经营,每岁施棺掩埋寥寥无几,善举遂同虚设,致有人提议提公产以充学费之事,后被刘汝骥拒绝,认为学堂固不可不兴,善举也不能中废。参见(清)刘汝骥:《陶甓公牍》卷四《歙县附生朱学孔禀批》,第498页。

舟扶归故土。根据征信录记载，民国年间，旅沪黟商、休商还在屯溪珠塘铺购地分别建立了新安思安堂、休宁思归堂，着力解决上海思恭堂停柩太多、无力掩埋的现实问题。武汉新安笃谊堂旅榇的回籍路线，则是“自汉登舟，中途水陆兼行，掮抬船载，起驳过山，由汉而饶，由饶而婺而祁而黟，直达休、歙、绩溪各邑各乡村口交卸”[①]。上述三地善堂的建立时间及运柩回籍网络详见下表5-3：

表5-3　新安惟善堂、徽宁思恭堂、武汉笃谊堂建立时间及运柩回籍网络[②]

旅外徽州善堂简介	运柩回籍网络	徽州本土接收善堂
杭州新安惟善堂：清嘉庆初由歙人余锦洲初建，道光十七年(1837)司事胡骏誉等捐资劝募基地扩建，为新安不幸因病物故同乡提供棺柩暂放、掩埋及扶柩回籍等慈善服务。咸同兵燹时被毁，同治年间汪鉴人集资重建，延至光绪年间。惟善堂在浙江德清县塘栖镇还建有怀仁堂义所，停放一时未能回里的徽人棺木。两地善堂积压过多的棺柩，在暂停期限内将会运回徽州本土，由徽州各邑水口登岸处的登善集、暂厝所负责接收，等待丧家亲属速领营葬	杭州钱江一带为上江总汇之区，徽属六县在浙之杭嘉湖及江南苏松常诸郡服贾不幸物故者，欲归榇于故里，途必经杭州惟善堂，在惟善堂暂停旬日后，再由上江运归故土	歙县：歙南早于道光四年(1824)就已在水南村地方盖造平屋和义地，以资暂厝和即行埋葬，后并入杭郡惟善堂在徽州设立的登善集行列。歙北则于光绪七年(1881)在富堨新造登善集厝所两间；黟县：道光二十一年(1841)在渔镇建立登善集，以解决杭州新安惟善堂和塘栖新安怀仁堂义所棺柩积压过多的问题；休宁：在阳湖和上溪口设有登善集，万安镇设有停榇处，以暂安旅榇为目的；绩溪：道光年间，绩溪县在临溪镇设立了义厝，承接杭州新安惟善堂运送回乡的棺柩；婺源、祁门二邑因在浙东贸易者较少，故分设厝所难得其人

① (武汉)《新安笃谊堂》，第798页。

② 据《新安惟善堂征信全录》《新安怀仁堂征信录》《黟县登善集》《徽宁思恭堂征信录》《新安思安堂征信录》《武汉新安笃谊堂》《陶甓公牍》《休宁同乡会公鉴》等资料整理而来。

续 表

旅外徽州善堂简介	运柩回籍网络	徽州本土接收善堂
上海徽宁思恭堂：乾隆十九年(1754)建造，嘉庆时期扩之。道光中，堂之制益扩充矣。太平天国运动时被毁，同治光绪年间请求重修，延及民国年间。乃徽州、宁国两府绅商在上海设立的善堂机构，为同乡提供寄棺、掩埋、助费盘柩回籍等慈善服务。其积压过多的棺柩就运回徽州本土各县邑安葬	上海徽宁思恭堂旅榇回籍，分别由上海斜桥埠、老闸埠、新闸虹口埠、徽宁码头、金利源码头、薛家浜、陆家浜、董家渡等处下船，途经杭之惟善堂中转，有后有力之家暂停数日后，便登舟扶归故土	休宁新安思安堂：旅居上海的黟籍绅商因考虑上海徽宁思恭堂义冢滨海斥卤，棺木朽坏严重，故于民国六年(1917)在屯溪十六都珠塘铺购地建立善堂，旁启丙舍，置义山，解决旅沪同乡的后顾之忧 休宁思归堂：民国时期，休宁旅沪同乡在屯溪十六都珠塘铺地方购买民房数间作为殡舍，用于接收休人寄放在上海思恭堂的棺柩回籍暂厝，以备家属就近领葬
武汉新安笃谊堂：位于汉阳，乃汉口新安书院附设之善堂。道光二十七年(1847)，由黟县人汪荣禄等劝捐盖造于汉阳十里铺义阡之金龙岭地方，为同乡提供停棺、埋葬及送棺回籍服务。咸同兵燹被毁，同治年间重建，延续至清光绪年间。它同九江新安笃谊堂也有关联，九江新安笃谊堂即仿汉阳新安笃谊堂停柩送榇章程而建，其送柩回籍时，归汉口信足兼带，一切听汉口堂董批给关照	武汉笃谊堂旅榇回籍，自汉登舟，由汉而饶，由饶而婺而祁而黟，直达休歙绩溪各邑各乡村口交卸 九江笃谊堂旅榇回籍，托汉口信足兼带后，由九江至饶，饶至祁门、婺源皆水路，至祁门暂厝所后，分流一部分抬至渔亭暂厝所，后再陆续分送至徽属其他各县、各乡、各村口交卸	汉镇笃谊堂在祁门东关外五里牌地方、治东、黟县渔亭均造有送棺厝所，暂停由汉抵祁、抵黟旅榇，再由暂厝所雇夫分头资送至休宁、歙县、绩溪等各邑

从表5-3可知：杭州、上海、武汉三地徽州善堂建立的时代均是在清代，他们或依附于会馆书院，或独自成立。历经太平天国运动后再次重建，延续至清末民国时期。主要为旅外徽籍同乡提供寄棺送葬和运柩回籍等慈善服务。因旅居地善堂厝所有限，义冢又远隔家乡，在“叶落归根”等传统思想的影响下，善堂会结合丧家亲属意愿及本堂经济条件，分批将徽籍棺木运送回籍。为方便丧家亲属招领接收，各旅外善堂、徽商还出资在徽州本土兴建登善集、送棺厝所等暂厝机构，如杭州惟善堂在歙县、黟县、休宁分设的登善集，在绩溪设立的义厝；武汉笃谊堂在

祁门、黟县设立的送棺厝所；旅沪黟商及休商在屯溪十六都珠塘铺分设的思安堂、思归堂；等等。由此可见，各旅居地善堂和徽州本土登善集、暂厝所之间构成了一张严密的运柩回籍网络。

在这张运柩回籍网络中，护送旅榇回籍的信足起着关键作用，他是联结善堂与丧家亲属之间的中间人，“常年穿梭来往于徽州和全国各地徽人聚居地之间”[①]。若不通过善堂信足，想自己领费盘回原籍的，必须“其人可以深信方可准送费交带，盖恐有不诚实子孙、亲友等将带费别用，移棺他处，随便抛露”[②]。除了信足外，旅榇从旅居地运至徽州本土，还需“大小徽州”两地善堂工作人员进行合理衔接与细化分工，其各自工作职责如表5-4所示：

表5-4　两地善堂工作人员职责[③]

人员	信足	堂夫	司事	值年之典
工作职责	1.作为中间人，先从旅外徽州各善堂按途远近，将资助回籍棺柩盘费领齐并立承揽字，再向船户给价，于每年春水发动之时，护送棺柩回籍，一般是送至徽属各县各乡村口登善集或暂厝所交卸。丧家亲属领棺后，需将善堂联票与确认送到回书，交给信足缴堂销差 2.信足带棺回徽，因已给资费，不许向丧家另收分文及勒索，并不准将护送棺木久搁溪边岸侧，如违送官惩治，永不复用	1.旅榇到徽属各埠，扛抬及殓埋，大多皆用徽属各厝所与善集堂夫	1.旅榇到达徽属各邑登善集、暂厝所后，司事照册查点，分别核收，挨号登载号簿，即刻抬入安放，遇有丧家领棺，对号照发，登记无误 2.暂时未领之棺，则于通衢四镇填写各柩姓名、住址，并派人遣信告于其家，以待亲属领回，若过期未领，则查对号簿，注明年月日，葬于徽属义地	1.配合司事工作，查对船行开具的印票及账目 2.检修各水口登善集、暂厝所有无漏患，有即动工修理

① 王振忠：《徽州社会文化史探微：新发现的16~20世纪民间档案文书研究》，上海社会科学院出版社2002年版，第498—499页。

② 详见（武汉）《新安笃谊堂》，第795页。另《九江新安笃谊堂征信录》（第986页）也有相应规定：“议送柩归汉足兼带，该亡人家属戚属如愿亲自带柩、到堂领费者，必须央请妥保领柩，果无他故，亦照章给发。第恐不肖子孙串通戚友，冒领盘费，移柩抛露。”

③ 据《新安惟善堂征信全录》《黟县登善集》《武汉新安笃谊堂》《徽宁思恭堂征信录》《新安思安堂征信录》等资料整理而来。

由表5-4可知：棺柩护送回籍时，信足作为善堂与丧家之间的中间人，先将盘费与棺柩一并领齐，再向船户给价，于每年春水发动之时，亲自护送棺柩至各县各乡村口交卸，并领回善堂联票及丧家亲属开具的确认送到回书，缴堂销差。旅榇到达徽属各县登善集、暂厝所后，各厝所与善集拨用本堂堂夫扛抬入厝，由司事挨号登载号簿，在暂停期限内，司事受理丧家领棺，对号照发，登记无误。若遇有未领之棺，司事会根据各旅居地善堂已有记载，按址派人遣信告知丧家亲属，过期仍未领走的，则择期葬于义地。在登善集的日常工作中，值年之典也会配合善堂司事工作，并随时检修各集所有无漏患，确保暂厝之棺免于日晒雨淋。正是在两地善堂工作人员的密切配合与衔接下，大量徽籍旅榇才能有序抵乡并妥善安置。

2.旅榇回籍途中的纠纷类型及治理方案

如前所述，各善堂回籍棺柩，从旅居地出发，水陆兼程到达徽属各县登善集、暂厝所交卸，要经过漫长的运输过程。虽然各地善堂组织从制度层面对可能出现的各种违法行为进行了约束，比如规定运回原籍的棺木，首先得慎选诚实船户装载运输，“即如送回原籍一事，先须详细核对，分发择定诚实船户装载，宽严并用，方为妥善”[①]。其次传集各码头船户脚夫等人，要求他们写好照章领价甘结，包括埠头的甘结[②]、船户脚夫甘结[③]与立承揽人的甘结[④]。再则将善堂堂规与章程送与官府备案，以防止棺木装载回籍时“船户、坝夫、土工人等不遵定价有意勒索；地匪、无知阻挠滋事”[⑤]。但因为利益的驱使，我们在考察追踪回籍棺木运输路

---

①《新安惟善堂征信全录》(光绪七年刊本)，第414页。

②《九江新安笃谊堂征信录》(第984—985页)记载：因咸同年间定价碑禁日久玩生，已为具文，故善堂请求官府同意其要求各埠头黎运隆等人，按新立条规所定的抬工价格，写具遵章取价甘结，以杜额外勒索。

③(武汉)《新安笃谊堂》(第801页)记载：善堂司事为防船户脚夫勒索，要求官府同意继续执行之前规条八款所制定的抬工与船户价格标准，并传集各码头船户脚夫写立照章领价甘结存案。

④《九江新安笃谊堂征信录》(第985页)记载：有立承揽字徐仁发、赵章财立有承揽棺柩下河的甘结，规定了承揽费用与用人人数，并许诺议定之后，永守成规，决无争论勒索等情事。

⑤《新安惟善堂征信全录》(光绪七年刊本)，第407页。

线时，还是会发现各式各样的矛盾与冲突，总结其纠纷类型主要有以下三类：善堂内部信足渎职，地方埠头船户、脚夫抬工高价勒索，沿途地匪痞棍等非法阻挠。为约束制裁上述人员，防止纠纷发生，各地善堂也因时制宜采取了不同的纠纷治理方案。

（1）制定规章，约束信足不法行为

信足作为连接善堂与丧家亲属的中间人，在护送棺柩回籍过程中，发挥着重要作用。因为掌握着资送盘费与棺柩，为了监督其工作流程的正常运行，各善堂都对信足的工作职责进行了规定，以减少不法行为的发生。一是领价护送棺柩回籍之前，为避免渎职等纠纷，善堂一般都让信足写立承揽字据[①]后，才可领棺领钱[②]，并需保人作保，方可成行[③]。二是制定了规章制度对其行为进行约束，如规定信足协同船户护送棺柩回籍时，不许将护送棺木久搁溪边岸侧，“倘该信足承揽领费中途搁不送到，查确，向关说人理论，该足送官惩治”[④]，不许编造借口，企图多留暂厝所，“倘信客收受水脚到塘时，借以货多船重或水脚不敷，有意延搁者，不准透（逗）留，以杜巧饰”[⑤]。三是制定回书[⑥]，形成反馈机制，杜绝勒索。因信足送棺回徽之时，各善堂已“给足盘费，有赢无绌”，送到之日，丧家“但给回书缴堂销差，不必另给分文，清茶款待，无庸过费，倘有需索情事，于回书中逐细言明，本堂送官惩治，嗣后永不复

① 详见（武汉）《新安笃谊堂》第811页立承揽字式联票，第804—805页勒碑条款也明确要求“该足具立承揽字据，领棺领钱”。另《九江新安笃谊堂征信录》第991页有信足收领与承揽字式刊印模板样式，从中可见护柩回籍之前，信足立承揽字据，已是善堂的既定要求与程序了。

② （武汉）《新安笃谊堂》（第808页）光绪十三年规定：除盘费外，信足薪酬为每棺护送劳力钱二千文。

③《徽宁思恭堂征信录》（第1219页）记载：“带棺人中途舞弊，如有弊混，查出向保人是问，加倍议罚。”（清）胡正仁编《遗爱堂征信录》（清道光间刊本）记载：凡资助无力带棺，俱令该亲属央保，在司年处出具收领，信客出具承揽，交司年首事存照，再行给付水脚。如无保人，概不准滥给，如有领出后中途停止及冒领等情，一经察出，向所保之人追还领费。

④ （武汉）《新安笃谊堂》，第804页。

⑤《新安惟善堂征信全录》（光绪七年刊本），第412页。

⑥ 详见（武汉）《新安笃谊堂》第812页笃谊堂旅榇回籍关照联票。另《九江新安笃谊堂征信录》第990—991页载有笃谊堂旅榇回籍关照书样版，从中也可见回书制度已成为善堂监督信足的有效手段。

用”[①]。有的善堂还实行类似今天的押金制度，内扣留带洋若干，待取得原保人签押的丧家送到回书后，才可照付，以防其中途舞弊[②]。

（2）内外合力，整治船户，脚夫勒索

除了雇佣信足作为善堂中间人员，协助护送旅榇回籍外，各善堂在运柩回籍途中，仍需埠头脚夫、抬工等人帮忙搬运旅榇。因回籍路线主要是水路，故还需雇佣船户装载棺柩。在长途运输过程中，也会发生各种纠纷，其中最主要的就是船户、埠夫捐勒讹索、阻挠义举。为预防纠纷，各善堂建立之初，便会在章程与条规中明确规定船户、抬工价格与具体工作职责，并按路程远近给予人性化津贴补助，以杜勒索。如惟善堂在建立之初，就认为善举“欲垂久远之模，不得不慎之于始”，故将章程、堂规及紧要各条款呈送官府，禀明在案。在章程中，就重点规定了船户与抬工的价格。首先来看船户运输价格及职责。惟善堂运柩回籍时，规定若是徽港本身船户“应照议定水脚，毋得多索……全雇每只大钱二十余千至三十千为卒，载至登善集起岸交卸，若便船搭载，每柩定价一千六百文”[③]。若是雇佣外处船只，“每棺约钱一千文，开明住址，责成该船户计日运至各县口岸登善集……凡一舱之中以六棺为限，不准多装，并分别男女，毋使混杂”[④]。由此可见，在规章制度中，善堂根据雇佣船只类别，对船户规定了不同的价格，且为保护旅榇安全与及时送达，还对每舱当中运载的棺木数量与到达时间进行了限定，既保证了安全，又提高了运载效率。其次来看下抬工的人数及价格。惟善堂规定“寄柩进所，抬夫自行给发，其后领材时抬送水次登舟定例四人，给抬工钱二百四十文；若材重，另添二人，加钱八十文，不准多索”[⑤]。旅榇抵达徽州

① 详见(武汉)《新安笃谊堂》，第804页。另(清)胡正仁编《遗爱堂征信录》(清道光间刊本)也规定：“信客带棺回徽，本堂资给盘费俱已宽裕，不得再向亲属需索，如有借口盘费不敷，抛弃中途而不送到者，亲属报知本堂，即行呈究。”

②《徽宁思恭堂征信录》(第1218—1219页)规定：“宣统三年七月起，公议盘棺费暂改洋码，内扣留带费洋三元，俟持柩主的确回信并经原保人签押方可照付，以防带棺人中途舞弊。”

③《新安惟善堂征信全录》(光绪七年刊本)，第410页。

④《新安惟善堂征信全录》(光绪七年刊本)，第412页。

⑤《新安惟善堂征信全录》(光绪七年刊本)，第411页。

后，如前所述，会在各邑登善集暂时搁置，等待丧家亲属速领营葬。领材时计路之远近给付“抬工四名，如或材重，兼之山路崎岖者六名，另外再贴葬费钱二千文……绩溪、休、黟、婺、祁等邑路程遥远，领柩维艰……或津贴抬价稍宽”①。如以设于歙县水南王村的登善集为例，来登善集领材者，就遵循旧章规定“每具雇抬工四名，路远或加二名，抬费按途程之远近照例给发，不准多索”②，无人领取之棺，期满将于义地埋葬，每棺“土工四名，每给钱一百三十文”③。惟善堂设于黟县的登善集也规定：“抬棺进集厅，凭船行雇倩埠夫，每棺公议力钱一百文……由集抬棺至义地掩埋并做堆、安碑、挑灰等项，人工每棺共给大钱五百文。”④其实，对船户、抬工人数与运载里数价钱的详细规定，乃是为了更好地防范勒索与杜绝纠纷。武汉新安笃谊堂也不例外，它于道光二十七年初建时，为防“日后有不近人情之辈及各码头抬夫借端讹索，阻挠义举，在所不免”⑤的情况出现，便制定了抬柩章程，规定：“每棺抬至十里铺义所堂中总给各费钱二串八百文，或自行雇夫抬送，仍给本码头夫头钱八百文以免借口。其由各埠头驳船装运送至罗家埠头起坡，无论路之远近，每棺给大钱四百文，船价酒资一并在内，以昭划一。”⑥

但“凡埠头、土工人等俱系顽梗无知之辈，易起争端，往往恃强讹索，有妨善举，虽经议定价，仍恐日久不遵，不得不为之虑”⑦。太平天国运动后，由于战争创伤，旅外徽商客殁增多，棺木积压严重，再加上人夫日少，旧章尽失、社会动荡的客观情况，这些都为埠头船户、抬工等人高抬夫价、借端勒索、阻挠义举提供了土壤。如新安惟善堂，“前有北新关外脚夫蔡锦山等争论抬价”，太平天国运动以来，“夫头又复任情

①《新安惟善堂征信全录》(光绪七年刊本)，第410页。

②《新安惟善堂征信全录》(光绪七年刊本)，第419页。

③《新安惟善堂征信全录》(光绪七年刊本)，第419页。

④(黟县)《登善集》，第264—265页。

⑤(武汉)《新安笃谊堂》，第794页。

⑥(武汉)《新安笃谊堂》，第801页。

⑦《新安惟善堂征信全录》(光绪七年刊本)，第414—415页。

讹索，有妨义举”[①]。武汉笃谊堂在兵燹后重建，很快恢复了送棺回籍之举，但囿于回籍棺木众多而人夫稀少的客观现实，故从这时段的勒碑条款[②]中，我们发现，这时的抬工、船力等脚价，除分段按里程收费外，还有诸如神福钱、落地税钱、行用钱、酒钱等陋规的存在。除变换名目借端抬价外，在运送旅榇回籍途中，还发生了不法抬夫，松解窃卖捆棺麻绳、蒲席，希图变卖渔利[③]，及埠夫因向信足额外讹索不成，竟将其措阻留难，致使归途延期[④]的纠纷案件。

面对这些问题，各大善堂纷纷采取了相应措施，一是主动跟官府报备，要求官方力量介入，严惩滋扰之徒。如杭州新安惟善堂开堂之初，拟雇备船只分起送柩回籍，虽前已定价备案，尤恐船户、夫工借端滋扰，禀请给示前来，得到官府积极回应，示仰“地保并船户、埠头、土工、抬夫人等务各遵议定价，毋许多索，倘有把持阻挠等因，立即交保带县，以凭究治，决不容情宽贷”[⑤]，适当时候还需“派委贤员，借严弹压而杜争端”[⑥]。针对太平天国运动后夫头任情讹索的情况，又另立善堂章程，

①《新安惟善堂征信全录》(光绪七年刊本)，第435页。

②（武汉)《新安笃谊堂》，第804—805页。

③（武汉)《新安笃谊堂》(第801页)记载：新安会馆首士岁贡生胡式金、职员汪光桓等向祁门县禀诉，光绪乙亥年间，在汉绅商公议资送旅榇回徽，并由祁雇夫分头资送到籍。近查有不法抬夫，希图渔利，凡由汉皋资送回徽棺柩，该抬夫等抬至停棺所后，竟将捆棺麻绳、蒲席松解窃卖，致令重购绳索捆缚，一方面使得资送延期，另一方面恐年久棺柩朽坏，一被窃解绳索，柩散破损，遗失亡骸，故禀请官府示禁，恐后效尤。

④（武汉)《新安笃谊堂》(第812页)记载：某等承揽汉镇新安笃谊堂护送旅棺某某棺回籍，每年春季汇送一次，兹某等承揽本年春季旅榇某棺已拢某处，现被埠夫某等额外讹索，措阻留难，稽延时日。因棺柩一日不能交清，则某等一日不能回汉，故只得请求官府迅赏差傅某到案，押令遵章运送，不得托故迟延，并请求治以措勒讹索之咎，以儆效尤而杜刁风。

⑤《新安惟善堂征信全录》(光绪七年刊本)，第416页。

⑥《新安惟善堂征信全录》(光绪七年刊本)，第416页。

对船户、埠夫价格重新调整[①]，并将水沙外赏等陋规一并计入价内，以杜再次额外讹索，且上报官府，请求给示勒石，以禁刁风而全善举。这一请求得到官府审批通过，“自示之后，务各永远遵行，倘有不法夫头胆敢刁难勒勘，一经堂董具禀，定即提案，从严究办，决不宽贷”[②]。惟善堂设于绩溪临溪的义厝，旅榇回籍时需从歙县渔梁抬柩过坝。太平天国运动后，因旧碑无存，光绪元年（1875）为防埠夫、抬工勒索，绩溪士绅特与渔梁船行及附近埠夫重新议定公价：“徽柩自浦口至梁发小船运进，每柩给钱二百文，自渔梁过坝并运簰至临溪，每柩给钱三百四十八文”，并再次呈请歙县知县给示严禁[③]。武汉新安笃谊堂待太平天国运动造成的创伤平复，人夫日多后，即加强了对陋规的治理力度，运柩回籍时，杜绝埠夫、船户有意延搁，额外多索，规定“酌议定章、价归划一、柩到埠头，克日转运，不得延搁河岸，另索钱文”[④]，上报湖北汉阳府获批后，由其移文汉皋棺柩返籍途经的江西饶州府正堂与安徽徽州府正堂，得到了他们的一致通过，不仅给示勒碑，还谕饬合境船行及船户、埠夫人等知悉：“绅商捐资助费运柩，此等义举，凡有仁心之人皆宜赞成美意，如遇湖北汉阳府新安会馆运送笃谊堂棺柩回徽，务各遵照条款领价，随时转运，不得耽延，亦不准另索钱文。倘有违抗，任意措延，一经访闻，或被告发，定即由经过地方官提案，尽法惩责，详府提究，绝不姑宽。”[⑤]在过滩起驳时，笃谊堂还要求各船户要重点保护好棺柩，过滩后

① 如《新安惟善堂征信全录》(光绪七年刊本，第435页)记载：道光十六年间规定从浙西运来杭州惟善堂暂厝之棺，“毋论大小棺木，自新关至钱塘江口，连装船抬工等费一并在内，每具给钱六百文”。太平天国运动后，因夫头任情讹索，善堂又另立章程，对抬工等费重新规定：“凡有关外属徽州各处善堂运来灵柩，自北新关抬至江口三郎庙相近装上徽船……每棺连水沙外赏一应给钱一千二百文；如抬至惟善堂内外厝所，每棺给钱一千三百文；若自本堂抬上徽船装入舱内，其定价连水沙外赏每棺给钱三百二十文，永为定例。”

②《新安惟善堂征信全录》(光绪七年刊本)，第436页。

③《奉宪禁碑》，转引自张小坡：《旅外徽州人与近代徽州社会变迁研究》，中华书局2018年版，第328页。

④ (武汉)《新安笃谊堂》，第798页。

⑤ (武汉)《新安笃谊堂》，第800页。

需立即仍运上船，防日晒雨淋、遇涨湮没等一切意外之虞[①]。对于善堂禀报的送柩途中抬夫窃卖捆棺麻绳蒲席、埠夫额外讹索，掯阻信足两起纠纷案件，由于资料的限制，我们无法得知官府的最终处理结果，但从官府支持该善堂义行的一贯宗旨来推断，肯定会采取相关措施，对抬工、埠夫的上述违法行为作出处罚，以稳定人心与维护社会秩序。二是为永杜纠纷，可向官府申请自行雇佣他人或启用本堂堂夫扛抬，有的善堂还选择自造义船，以杜勒索。如新安惟善堂为避免埠夫船户、脚夫抬工勒索，公拟由善堂司事金高德等人，专司载送、编册、雇船事宜……若置地埋葬一事，无拘本地佣工及南北两山土工，总听堂中选择勤敏者随各处散唤，不准分坊把持，以收实效[②]。惟善堂在塘栖所设义所新安怀仁堂，自道光六年（1826）发生监生呈控扛夫分方霸占，借端讹诈的案件[③]后，官府便断准该善堂可置办义扛义索，自行扛抬棺木，以杜争端。但太平天国运动后示谕已失，善堂积压的百余口棺木，又尽归当地脚夫扛抬，被其分方霸占，讹诈多方，故善堂再次请求官府同意其仿照旧案，自行扛抬棺木，也得到了德清县正堂的大力支持，在肯定他们慈善义行之余，示仰该处地保、脚夫人等知悉："该处新安会馆如果抬葬客故停棺，准其会所自备义扛义索，自行扛抬，脚夫、扛工人等不得分方霸占，借端讹索，倘敢仍蹈前辙，恃强扛抬，许该首事等指名禀县，以凭提案究办，并提该地保一并严惩，决不宽贷。"[④]上海徽宁思恭堂也不例外，为防抬工讹索，定有堂规：徽宁旅榇，扛抬进出，悉用堂夫，并上报官府示谕在案。太平天国运动时，沪两遭战乱，堂宇半遭颓废，捐资重建后，光绪四年（1878）发生了八铺地方夫头等联合土作，纠众拦阻徽宁

---

① （武汉）《新安笃谊堂》（第799页）记载："凡遇过滩起驳，务将所载之柩暂择离河较远之地，妥为安放，毋许就近起停河岸，免致遇涨湮没，即停柩之地离河甚远，亦应于过滩后仍运上船，不准迟至两日以外，俾免雨淋日晒及一切意外之虞，倘敢故违，一经访闻，或被该信足告发，定提该船户从严惩办，合并饬知，毋违。特示。"

②《新安惟善堂征信全录》（光绪七年刊本），第415页。

③《新安怀仁堂征信录》（第302页）记载：道光六年，监生沈謦乎呈控扛夫费坤、沈阿五分方霸占、借端讹诈。后蒙前县主断准给示，给发义扛义索，准其义冢棺木自行扛抬。

④《新安怀仁堂征信录》，第301—302页。

思恭堂堂夫扛抬徽籍客殁棺柩进堂、索扰不休，并想以此次勒索之钱作为定例的案件[①]，该堂职董旋即上告至上海县正堂，得到官府再次支持与批复：“示仰该地保甲人等知悉，自示之后，徽宁客殁尸棺，概归堂夫扛抬，毋许各路口脚夫人等把持勒索滋扰，如敢故违，许该堂董指名禀县，以凭提究，决不姑宽，该地保甲容隐，察出并处，各宜凛遵毋违。特示。”[②]不仅如此，徽宁思恭堂旅榇回籍于休宁新安思安堂暂厝待领时，该堂也同样规定“旅榇到埠起卸、扛抬以及殓埋”[③]，皆用本堂设立之堂夫。武汉新安笃谊堂虽未直接规定善堂棺木可自扛自抬，但也明文规定若脚夫抬工等人违规讹索，善堂则可另雇他人。“至夫役人等扛抬棺木，应照规条内所定价值受雇，不准额外多索，如有刁难，听该堂另雇。”[④]此外，为防船户勒索，武汉新安笃谊堂还“另造大划义船两只，招人驾渡，每年酌给饭食钱文，无论棺柩远近，均归义船装载，各码头不得争论”[⑤]。可见，由于埠夫船户、脚夫抬工等人高抬夫价，借端讹索行为屡禁不止，各善堂为避免纠纷，一方面，未雨绸缪，方营建之初，即将船户、抬工价格予以限定，并上报官府备案，当纠纷发生时，有据可查、有法可依。另一方面，在官府许可与保护下，各善堂则纷纷采用雇佣其他社会人员和启用本堂堂夫扛抬，甚至自造义船运载的变通方式，试图绕开不法船户、脚夫群体的消极干预，以消弭纠纷，保障善堂义行顺利开展。

（3）上告官府，严禁地匪，痞棍阻挠

在徽籍旅榇回籍途中，善堂义行时常遭到沿途地匪、痞棍等社会闲散无业人员的勒索阻挠。如新安惟善堂在太平天国运动后，积压旅榇百余具，急需雇备船只，分批载至徽郡各县口岸登善集疏通暂厝，以便于故土招认抬葬，途必经塘栖的怀仁堂义所，因地滨大河，“船只往来，每有地匪把持扛抬勒索埠规，稍不遂意，抛掷砖石，损坏墙垣，借端滋扰，

①《徽宁思恭堂征信录》，第1212页。

②《徽宁思恭堂征信录》，第1212页。

③《新安思安堂征信录》，第1315页。

④（武汉）《新安笃谊堂》，第796页。

⑤（武汉）《新安笃谊堂》，第795页。

有妨善举”[①]。徽宁思恭堂的旅榇运至休宁新安思安堂安放时，也发生了“火夫霸分地段，妨害本堂夫之应尽义务……地痞挖害埠头路石及掘断路线，阻碍行人”[②]等因勒索抬价不成，恶意破坏路况的纠纷案件。当这些纠纷案件发生时，各善堂均第一时间上报官府，请求保护。官府在接到善堂上报后，一般都会出示谕令，严禁违法行为。如针对新安惟善堂运柩回籍途中地匪把持扛抬、勒索埠规、暴力对抗的案件，官府首先表明支持惟善堂义行的一贯立场，认为地匪这种行为于“善政有妨，抗藐已极”，除禀批示并饬县拿究外，合行出示严禁：“自示之后，如有不法棍徒胆敢把持扛抬勒索，不守埠规，以及乱抛砖石损坏墙垣，或在门前聚赌肆闹等情，许该司事、协保禀送地方官严行究治，毋得徇私，察出一同惩究。”[③]休宁思安堂为消弭纠纷，申请仿照徽宁思恭堂成案，请求地方官厅给示保护，得到了休宁县公署与屯溪警察专局同意，准予布告，以禁“火夫霸地妨害、痞棍挖断石路”等恶行，并重申如有上述情形，一经察觉或被指禀，定即提案讯明究惩，决不姑宽[④]。上述纠纷案件的合理解决，从一个侧面也折射出了官府支持善堂义行的坚定立场。

正是在旅外徽州善堂制度约束与沿途官府行政干预下，大量徽籍旅榇才历经艰险、有序抵达原籍。在解决客殁同乡后顾之忧之余，更扩大了徽州商帮社会影响。

三、旅外徽商善堂纠纷治理实效

旅外徽商出于“同乡”桑梓情谊及“生有所养、死有所葬”的儒家情怀，在旅居集中地大都建有殡所、义阡等善会善堂组织，在这个过程中，徽商不只是捐助者，也是组织者、经营者[⑤]。他们依托善会善堂组

① 《新安惟善堂征信全录》(光绪七年刊本)，第418页。

② 《新安思安堂征信录》，第1315页。

③ 《新安惟善堂征信全录》(光绪七年刊本)，第418页。

④ 《新安思安堂征信录》，第1315页。

⑤ 梁仁志、李琳琦：《徽商研究再出发——从徽商会馆公所类征信录谈起》，《安徽师范大学学报》(人文社会科学版)2017年第3期。

织，以寄棺送葬等慈善活动为主线，着力解决棺木无力安放、掩埋、回籍之客殁同乡家属的后顾之忧，恤及同乡，泽及枯骨，构建了一套独立于官方之外的民间社会救助体系。但无论是殡所的暂厝、义阡的管理，还是送柩回籍，在这些过程中，都会遭遇来自善堂内外形式多样的纠纷与阻挠。通过考察徽籍旅榇的暂厝、掩埋及运送回籍路线，我们看到了旅外徽商群体殚精竭虑、事死如事生的奉献精神。在他们的努力下，旅居地善堂与徽州本土登善集、暂厝所密切衔接，“大徽州”与“小徽州”紧密配合，织就了一张系统完整的运柩回籍网络。在这个网络中，不仅有两地善堂的通力合作，更会遭遇来自善堂内外势力的纠纷与阻挠。面对困境，徽州善堂一方面未雨绸缪，制定规章制度，以加强对内部人员如丧家亲属、义阡看庄人、善堂信足人员的防范与监督。另一方面则积极寻求官府支持与保护，打击地匪无赖、无知土著和船户脚夫等外部势力的不法行为。官府面对善堂管理与运柩回籍途中涌现的纠纷与冲突，总是立场坚定地站在徽商群体的背后，采取发布公文、出示谕令、给示勒碑、提案究办等多种形式，对不法行为予以制裁。究其原因，除了地方官职责所在外，还因徽商群体立足于自我救助的这类慈善活动，既安定了人心，又“无形中减轻了地方政府和地方仕商社会救济、社会治安的压力，所以总是得到地方政府的大力支持和切实保护”[①]，力赞其“虽身居异地，而谊切桑梓”的义行，并动用行政与司法力量，大力保障善堂慈善活动的持续开展。

在旅外徽商群体的不懈努力与官府行政力量的干预保护下，殡所、义阡等善堂组织才得以在徽商集中地陆续建立，在遭遇太平天国运动打击后还能兴资重建，大量徽籍旅榇也才能分批分次、安全有序的运归故土[②]。在解除贫苦无依客殁徽属同乡后顾之忧之余，又扩大了徽州商帮的社会影响，团结了乡谊，收到了很好的“敬梓归邦固帮”效果。

① 范金民:《清代徽州商帮的慈善设施——以江南为中心》,《中国史研究》1999年第4期。

② 如以杭州新安惟善堂为例，道光十八年惟善堂即雇备船只，将历年积压在杭的142具旅榇分数起运回徽州各县水口。又清理厝所，催葬或代葬本地居民棺柩60余具，以后每年运回棺柩60具。

余　论

一、挑战与应对：清末民初徽州社会治理模式的历史借鉴

清末民初之际，中国面临“数千年未有之大变局”，国外列强虎视眈眈，国内阶级矛盾日益激化。延绵数十省、首尾相连十四载（余部又坚持四年之久）的太平天国运动在重创晚清政局之时，也极大地冲击了当时的徽州社会，造成政局动荡、人口锐减、经济萧条、风俗败坏、纠纷迭起。聚族而居的徽州宗族组织遭受重创，谱牒散失、祠堂被毁、祖墓无存。除此之外，徽商经营之地也遭遇战火洗礼，经济实力一落千丈，大量中小商人迅速破产，殓无资、殡无所。不到半个世纪，清亡入民国，政权更迭、民主自由等新思潮大量涌入，冲击着原有的社会陋习及民间秩序。面对危局，徽州社会该何去何从？

要解答这些疑问，我们必须从两方面着手。其一，必须先厘清清末民初徽州社会面临的困境所在。为此笔者立足“大小徽州”地域范围之上，从横向上细致考察了相同时空范围内徽人面临的不同困境。在“小徽州”本土，山多田少的自然环境及徽人素重风水的风俗习惯，使得坟葬与山林纠纷居高不下。时局的动荡使得民人加大了对有限产业的争夺，故此时产业与租佃、经济纠纷数量明显增多，人身伤害与盗窃案层出不穷，整个社会处于一种失序状态。再加上烟赌横行使得社会风俗更加败坏。在徽商旅居地的“大徽州”，也经历着转型阵痛的打击，繁盛一时的徽商渐次走向衰落，大量中小商人面临生存发展困境，甚至殓无资、殡无所。在此背景下会馆善堂陆续建立，“从施衣、施棺、助敛、寄棺、埋

葬到扶柩回里，各地徽州会馆构建了一个完整的民间社会救助体系”[①]，为承接外地运来的棺木，旅外善堂还资助徽属六邑在本土各县再设暂柩之所，总名“登善集”，负责转运事宜，“大小徽州”之间至此已形成了一个完整而严密的运棺网络。在这个动态网络中，有两地善堂之间的互动协作，更会遭遇不法棍徒形式各样的纠纷阻挠。所有这些都对“大小徽州”社会带来了治理挑战。

其二，探寻徽州社会加强治理的具体路径。众所周知，自秦始皇统一中国实行郡县制后，郡县以下不设治。县是最低层次的基层政权，其主要职责是征收赋税和维持社会稳定，县以下则是广大的乡村。面对人数众多的乡民，王朝管理的辐射效果如何呢？国内外学者对此进行了考察，如美国学者施坚雅认为：唐末（9世纪后半期）至清中期（19世纪前半期），中国总人口由8000万左右增至4.25亿……然而，在中国内地设置的县级行政治所总数，仅由唐代的1235个增至清代的1360个。尽管人口增长5倍、领域扩大、商业化发展等，但基层行政单位数量增加甚少。因此，唐代中期至19世纪，基层行政功能一直在持续降低……官府插手地方事务的程度也在逐步降低，不仅在买卖和商业上如此，在社会管理（如调解纠纷）和行政本身也如此[②]。德国学者马克斯·韦伯在考察传统中国社会官僚体制后也认为，中国的治理史，乃是一部“皇权试图将其统辖势力不断扩展到城外地区的历史”，在他看来，这部历史的记录基本上是失败的，“除了城墙之外，统辖权威的有效性便大大地减弱，乃至消失”[③]。以上两位学者的观点或许有简单化和绝对化之嫌，但他们确实都触及了传统社会行政管理上的一个基本事实：即不在封建王朝直接统治下的县以下的广大乡村，具备自治发展的极大空间。清末民初的徽州地区自治效果如何呢？当我们带着这些疑问考察这一时段徽州社会时，竟会有很多意想不到的发现。战乱并未摧毁延续近千年的徽州宗族组织，

① 张爱萍、张小坡：《旅外徽州人与近代徽州社会变迁论析》，《合肥师范学院学报》2018年第4期。

② [美]施坚雅主编，叶光庭等译：《中华帝国晚期的城市》，中华书局2000年版，第25—26页。

③ [德]马克斯·韦伯著，洪天富译：《儒教与道教》，江苏人民出版社2003年版，第109页。

在新的历史条件下，徽州宗族以变应变，继续以血缘关系为纽带，通过建祠堂、修祖墓等措施振兴宗族、重塑族人凝聚力。在社会治理方面，各大宗族一方面与中人、亲友等群体形成了各种社会力量，联合国家设于地方的保甲、乡约等准行政组织，有效地替中央和地方分解了诉讼压力，大量纠纷诉讼在民间层面得以调解就是明证。另一方面则通过制定族规家法、订立村规民约、申请官府加禁等方式开展了严禁健讼、保护祖坟与山场林木和禁烟禁赌等方面的治理工作，在净化宗族内环境之余，更是协助官府加强了对民间社会的管控。除宗族外，旅外徽商也成为一种新兴的自治力量，他们不仅为旅居异地的本籍同乡提供教育、经商等各种便利，还着力解决不幸客死他乡徽州人的身后之忧，将“小徽州”区域以血缘为纽带的互助扩大至“大徽州”以同乡为基础的互助。如以殡所、义阡等善堂组织为例，为保证施衣、施棺、扶柩回里等慈善救助活动顺利开展，他们在加强善堂制度建设、注重内部管理之余，更注意寻求“大小徽州”两地官府行政与司法力量的帮助，以应对来自地匪、痞棍等不法势力的干扰阻挠、及时化解内外纠纷，清除慈善活动的障碍。从这一点来看，“大小徽州”在平息纠纷、协助政府稳定社会的大宗旨是一致的，只因他们所处的空间范围及应对人群不同，使其平息纠纷加强治理的着眼点、侧重面及处理问题的具体途径和方法稍有不同。总之，徽州宗族、旅外徽商的上述活动在稳定提高自身力量之余，也有效分解了地方政府的治理压力，使清末民初的徽州社会经受住了转型考验。

二、担当与责任：重视地方精英力量，共同建设美好乡村

中华民族在绵延五千载的历史进程中积累了丰富的治理思想，也留下了很多成功的经验。总结中国古代国家与社会治理的思想与经验，依然是今天史学工作者的一项重要任务。我们无法完全复原历史，但如何接近历史实际是非常重要的。历史研究是为鉴古知今，研究过去是为了现在，研究过去和现在是为了我们的未来。正如李约瑟在《中国与西方的科学和农业》中所说，“如果我们不能了解过去，我们也就没有多少希

望来把握未来”，“我们需要了解过去并去揭示其与未来的关系”。一个乡村，一座城市，一个地区，一个国家，从其历史发展过程中可以看到，在什么条件下它就发展，在什么条件下它就衰败。我们怎样创造令其发展的条件，使其繁荣和发展，避免其停滞和衰败[①]，这是历史研究的目的所在。

具体到当代，目前我国正处于政治经济结构调整转型期，也恰逢第二个百年奋斗目标实现的关键时刻，在这一历史进程中广大农村是我们不容忽视的主阵地。在基层农村，一方面伴随着改革开放持续进行，城乡差距、个体差距不断扩大，各种矛盾凸显，另一方面自1987年实行的村民自治，作为一项新型的农村群众自治制度和直接民主制度，历经三十余年的实践却并未从根本上解决中国的“三农”（农业、农村和农民）问题，这些都给党和政府加强社会治理提出了严峻考验。党的十八大以来，以习近平同志为核心的党中央高度重视“三农”工作，十八届三中全会中还首次提出了社会治理概念。在此基础上，党的十九大将“三农”问题定位为乡村振兴，提出了“产业兴旺、生态宜居、乡风文明、治理有效、生活富裕”的总要求，并强调要“健全自治、法治、德治相结合的乡村治理体系”。新形势之下，如何在保证农村社会治理有效的基础上实现“农业强、农村美、农民富”呢？如何科学借鉴徽州社会治理经验呢？笔者认为借鉴不是复制，而在于吸取精华。毕竟由于时代的局限性，其具体内涵当然不是全部适合今天的社会，但其中追求法治、廉平、教化、任贤、民本、向公、俭约及社会参与等基本治理精神，对今天的国家治理仍然具有借鉴意义[②]。徽州的宗族组织虽早已在20世纪伴随着土改而消亡了，绅商阶层也不复存在，但其曾经成功治理的经验却值得持续推广。新形势下，一方面我们需在社会主义核心价值观的引领下，注重挖掘大学生村官、支教挂职人员、离职或退休干部等地方精英力量，组成“新乡贤”，使其积极参与当代乡村社会治理，让其成为促进乡村纠纷调处的“转化器”与“安全阀”，让他们引导群众更多选择非诉讼渠道

① 周绍泉：《徽州文书与徽学》（代序），载王钰欣等编：《徽州文书类目》，黄山书社2000年版，第12页。
② 卜宪群：《中国古代“治理”探义》，《政治学研究》2018年第3期。

和方式解决纠纷，及时有效的把矛盾化解在基层，争取做到“小事不出村，大事不出镇，矛盾不上交”。另一方面还可以乡情为纽带，出台各种政策与保障措施，鼓励吸引本籍外地官员、知识分子和工商界成功人士“退职还乡”，为家乡献计献策，内外合力，共同助力乡村振兴战略。相信在习近平新时代中国特色社会主义思想的指导和引领下，通过借鉴传统徽州治理的历史经验，中国人民完全可以以自己的能力和智慧，完成美好乡村建设，助力实现中华民族伟大复兴的中国梦。

附　录

附表1　明及晚清以前徽州民间纠纷一览①（284件）

一　民间调解纠纷（135件）

序号	时间	起因	双方关系及纠纷类型	处理方式及结果	资料来源
1	隆庆五年（1571）	山木混砍纠纷。佃人汪乞付等，因买之山，与房东外截山界相连，导致混砍过界，房东要行告理	1.主仆 2.主仆纠纷	1.房东要行告理 2.身自知理亏，托中立还文约息讼	《徽州千年契约文书》（宋元明编）卷二，第470页

① 参见安徽省博物馆编：《明清徽州社会经济资料丛编》第一集，中国社会科学出版社1988年版；中国社会科学院历史研究所徽州文契整理组编：《明清徽州社会经济资料丛编》第二集，中国社会科学出版社1990年版；王钰欣、周绍泉主编：《徽州千年契约文书》（宋元明编）20卷、（清民国编）20卷，花山文艺出版社1991年版；刘伯山主编：《徽州文书》第一至六辑，广西师范大学出版社2005年、2006年、2009年、2011年、2015年、2017年版；周向华编：《安徽师范大学馆藏徽州文书》，安徽人民出版社2009年版；张传玺主编：《中国历代契约粹编》中册，北京大学出版社2014年版；李琳琦主编：《安徽师范大学馆藏千年徽州契约文书集萃》10册，安徽师范大学出版社2014年版；黄志繁、邵鸿、彭志军编：《清至民国婺源县村落契约文书辑录》18册，商务印书馆2014年版；俞江主编：《徽州合同文书汇编》11册，广西师范大学出版社2017年版；叶显恩：《明清徽州农村社会与佃仆制》，安徽人民出版社1983年版；杨晏平、张志清：《清乾隆年间契约文书辑录（一）》，《文献》1993年第4期；韩秀桃：《明清徽州的民间纠纷及其解决》，安徽大学出版社2004年版；卞利：《明清徽州社会研究》，安徽大学出版社2004年版；春杨：《清代民间纠纷调解的规则与秩序——以徽州私约为中心的解读》，《山东大学学报》（哲学社会科学版）2008年第2期；周绍泉：《徽州文书所见明末清初的粮长、里长和老人》，《中国史研究》1998年第1期；《清乾隆休宁县状词和批示汇抄》，原件藏安徽省档案馆。

续表

序号	时间	起因	双方关系及纠纷类型	处理方式及结果	资料来源
2	天启五年(1625)	误砍山木。庄人康具旺、李六保等,因先年拼山时,未知房东有分,误砍此山窖柴发卖,被房东发现	1.主仆 2.主仆纠纷	1.房东拟行告理 2.托中纳还价粮,用心承佃本山,不致抛荒寸土	《明清徽州社会经济资料丛编》第一集,第460页
3	隆庆二年(1568)	盗取松木。鲍佛佑自不合,借承揽房东坟山之机,盗取坟山松木,被查获赃	1.主仆 2.主仆纠纷	1.房东投里 2.鲍佛佑情知理亏,自愿照依原主禁约受罚受责,求免送官	《徽州千年契约文书》(宋元明编)卷二,第410页
4	万历十六年(1588)	盗砍杉木。洪三保、闰乞等,盗斫房东杉木	1.主仆 2.主仆纠纷	1.托中浼求房东 2.自情愿立还文约,以后再不敢入山盗斫侵害等情,倘有家外人盗砍,如前侵害,尽是三保、闰乞等承当,捕获报主呈官。如有不报,即同自盗故纵罪论,照根数罚赔若干给主	《徽州千年契约文书》(宋元明编)卷三,第209页
5	崇祯十三年(1640)	盗砍松杉。庄人李法寿等不合,盗砍房东松杉	1.主仆 2.主仆纠纷	1.自知理亏,情愿立长养文约 2.不敢到山侵害,如违犯一赔九,如有外人上山盗砍,看守人不报者,则系同砍	《徽州千年契约文书》(宋元明编)卷四,第456页
6	康熙十八年(1679)	盗砍竹木。佃仆余春生自不合,盗砍家主竹木出卖	1.主仆 2.主仆纠纷	1.央亲兄调解 2.立甘约,愿偿竹价银,并改悔前非,如再犯,听从家主送官处治	《徽州千年契约文书》(清民国编)卷一,第84页

续表

序号	时间	起因	双方关系及纠纷类型	处理方式及结果	资料来源
7	雍正三年（1725）	盗砍树木。佃仆金富等人自不合，借代家主看守山场祖茔之机，盗砍家主树木，致家主闻知	1. 主仆 2. 主仆纠纷	1. 再三浼求家主 2. 立还服约，嗣后小心看守，毋得盗砍	《徽州千年契约文书》（清民国编）卷一，第240页
8	雍正五年（1727）	盗砍树木。佃仆王小法自不合，容留旌德木匠，一同盗砍山木并扛送下河	1. 主仆 2. 主仆纠纷	1. 恳叩家主宽容 2. 赔偿木价，照禁罚戏，如再犯，听家主鸣官治罪	《徽州千年契约文书》（清民国编）卷一，第244页
9	乾隆三十五年（1770）	窃砍东主杉树。仆人李凤、王右臣，窃砍东主杉树数根，当日被东主拿获，欲呈官处治	1. 主仆 2. 主仆纠纷	1. 自知理亏，立还服约 2. 承诺日后再不得在东主前项等处山内，窃砍树木苗笋等情，身仍自愿看守，倘有外人入山窃取，身当报鸣家主，不得徇私隐漏。乃有等情，听自东主执此服约，鸣官理处	《徽州文书》第四辑卷二，第36页
10	康熙五十二年（1713）	看管山场不力，致林木被窃。吴子富、谢四因懈怠，致使李务本堂支下庭官人、福官人等窃取其看管之山竹木苗笋，被众主发现	1. 主仆 2. 主仆纠纷	1. 再四恳求，蒙主宽恕 2. 立还文约，愿备三牲封山，并赔偿竹木价银一两谢罪	《明清徽州农村社会与佃仆制》，第255—256页

续　表

序号	时间	起因	双方关系及纠纷类型	处理方式及结果	资料来源
11	嘉庆三年(1798)	看管坟山不力，致柴薪被盗。仆人王庶朋、庶德等，看管家主坟山不力，致使家主坟山失去柴薪	1. 主仆 2. 主仆纠纷	1. 身自知理亏，立还文约 2. 除受罚外，嗣后定当严加看守，倘有男妇人等，入林采取柴薪，身等自当指名实报，不敢隐匿。其坟茔左右前后，不得堆积杂物。如违，听候处治无辞	《徽州千年契约文书》(清民国编)卷二，第119页
12	顺治二年(1645)	私砍坟山荫木纠纷。地仆朱老寿、王三一等人，被人引诱，私砍家主坟山荫木数十根，被家主拿获	1. 主仆 2. 主仆纠纷	1. 凭家主、里长解决 2. 甘立罚约，不敢重蹈覆辙，如违送官重处	《徽州千年契约文书》(清民国编)卷一，第11—12页
13	乾隆二十四年(1759)	盗砍荫木。世仆朱富孙，统众盗砍家主荫木被获	1. 主仆 2. 主仆纠纷	1. 恳求家主 2. 求免到案枷责，愿自备偿树价封山，嗣后痛改前非，所有附近山场树木被窃，惟身查问。如有再犯，执此鸣官究治，甘罪无辞	《徽州千年契约文书》(清民国编)卷十，第191页
14	乾隆二十四年(1759)	协助匪徒盗砍荫木，造言生事。仆孙力，在他人盗砍族主荫木时，误帮匪徒造言生事，被族主呈究	1. 主仆 2. 主仆纠纷	1. 央求家主代为求情 2. 愿于祠中三节净扫，所有家主婚丧呼唤，照旧供役，岁朝叩首，及清明两岸挂□，随身兄福国一体服役，恪守名分，不敢放肆生事	《徽州千年契约文书》(清民国编)卷十，第191页

续 表

序号	时间	起因	双方关系及纠纷类型	处理方式及结果	资料来源
15	明中后期	背主盗葬坟山。方天同弟方元，自不合在房东张家山祖坟，私行安葬父母及弟媳三棺，被房东访知	1.主仆 2.主仆纠纷	1.房东准备票以告理，身凭中再三哀告求免 2.凭中立还主文约，毋得在前山侵葬盗葬。如违，听主甘罚，一并重究服罪；且所有通山荫木，身同兄弟看管，如有外人盗砍，自得报主	《徽州文书》第二辑卷二，第319页
16	嘉靖三十五年(1556)	背主盗葬。吴廷康因妻故无处安葬，将妻柩安葬房东赖家山上，未存禀知，致起纠纷	1.主仆 2.主仆纠纷	1.浼中和解 2.自后每年各纳宗祠工一日，以偿国税	《徽州千年契约文书》(宋元明编)卷二，第246页
17	天启六年(1626)	私厝盗葬。仆人陈社魁同侄陈周发，将祖母棺木一具，私厝洪主祖坟旁，二载不报，意图侵葬	1.主仆 2.主仆纠纷	1.被主发觉，托保甲长等息讼 2.立还服罪文约，求主等待其选择吉日，于其山安葬祖母	《明清徽州社会经济资料丛编》第一集，第460—461页
18	顺治七年(1650)	盗卖坟地。佃仆徐喜，私自盗卖房东坟地与他人做厝基一所，家主欲即行送官	1.主仆 2.主仆纠纷	1.蒙众主劝息 2.立服约，承诺待买主回家，随行让其搬移还租	《徽州千年契约文书》(清民国编)卷一，第29页

续 表

序号	时间	起因	双方关系及纠纷类型	处理方式及结果	资料来源
19	嘉靖三十六年(1557)	背主逃走。冯初保之子冯德见,自小过与房东为家仆,抚养成人,不料却背主逃出,房东社右状投本都头里甲长	1.主仆 2.主仆纠纷	1.状投里甲长,取讨原礼银物 2.德无措处,凭父初保,托叔贞保,自情愿浼求,敦本堂房东出备礼银,付还原房东社右。但冯德见妻子及日后子孙,要永远应付敦本堂子孙使唤	《徽州千年契约文书》(宋元明编)卷二,第260页
20	万历五年(1577)	背主逃走。火佃朱钿,因衣食难度,携妻小背主逃走,被房主抓获	1.主仆 2.主仆纠纷	1.房主拟行告县,朱钿央中劝息 2.限约规定:候正差之年,自行挈家小回宗当差,应付无违。如有违抗,听自呈官究治	《明清徽州的民间纠纷及其解决》,第55页
21	顺治二年(1645)	背主逃走,私盗卖身文书。江观大夫妇早年因年荒衣食无措,浼中投到洪主名下为仆,得财礼纹银十六两整,随即过门服役无异。乙酉年跟随逆恶集众结会,不合乘机拥众,向原主挟去原卖文书,未还财礼	1.主仆 2.主仆纠纷	1.蒙四管朝奉处明 2.重立婚书,送还原主,永远服役。日后再有背主逃走、偷盗等情,听凭尽法究治	《明清徽州社会经济资料丛编》第一集,第554页
22	顺治十二年(1655)	背主另住。佃仆胡伯春不合,背主另住,被家主发觉,欲送官整治	1.主仆 2.主仆纠纷	1.凭亲人恳求平息 2.立服约,愿将身下房屋田地,书在家主名下谢罪,并即刻领家小回宗,供役应主。如再不归,房屋田地悉凭家主管业,另招他人居住无辞	《徽州千年契约文书》(清民国编)卷一,第42页

续 表

序号	时间	起因	双方关系及纠纷类型	处理方式及结果	资料来源
23	康熙十九年(1680)	背主另住。佃仆陈五九自不合,误听其妻言语,私自搬出居住,致家主访获	1. 主仆 2. 主仆纠纷	1. 凭堂叔代为求饶 2. 愿立甘约,待秋收后,即刻回家居住,服役无辞。如违,听家主执此经公治罪	《徽州千年契约文书》(清民国编)卷一,第86页
24	康熙三十五年(1696)	背主另住。佃仆刘三女与弟三龙、三喜妄图叛主另迁,致干主怒,欲送官按律治罪	1. 主仆 2. 主仆纠纷	1. 自知理亏,叩求众主免送官惩治 2. 甘心自立服约,照旧看守坟墓,嗣后小心守法,看管山场田地。如再复犯,听凭家主治罪无辞	《明清徽州社会经济资料丛编》第一集,第461页
25	万历十年(1582)	抗不应役。庄仆朱福元,自小被六房主买讨长大,住主屋,葬主山,但却擅往外买卖,未能应主服役,六房主要行赍文理治	1. 主仆 2. 主仆纠纷	1. 身托族人,立还文书 2. 恳主免行告治,嗣后遵文,冠婚丧葬,一体服役	《徽州千年契约文书》(宋元明编)卷三,第89页
26	万历十三年(1585)	抗不应役。汪社等八人原系洪姓庄仆,洪主备银让其学习鼓乐,听候差遣。后汪社等屡不安分,洪主拟告县	1. 主仆 2. 主仆纠纷	1. 拟告县,央托里中劝息 2. 汪社等理亏,托里从中说合,重立文约,不得违文背主。如违,听房东告理无辞	《明清徽州的民间纠纷及其解决》,第57页
27	万历三十三年(1605)	佃仆应主不周。仆人胡胜保等四大房,先年祖上葬主山,承诺子孙永远应服,今因本主送学,应付不至,引发纠纷	1. 主仆 2. 主仆纠纷	1. 家主欲呈官理治,自知理亏,恳求宽宥 2. 承诺自今以后,主家婚姻、丧祭理应应付。如违,听主呈官理治,准背逆罪论	《中国历代契约粹编》中册,第929—930页

续 表

序号	时间	起因	双方关系及纠纷类型	处理方式及结果	资料来源
28	道光十三年(1833)	应役纠纷。马氏家主因江、汪两姓佃仆在为其看守祖墓之余,兼在黄、汪等姓应工,心生不满,致使口角讦控	1. 主仆 2. 主仆纠纷	1. 凭中议立查约,两相和好 2. 马氏承诺:嗣后如江姓之人在黄姓应工等事,仍听照旧帮理,身马姓在家、在外人等不得借口异言	《徽州文书》第四辑卷二,第197页
29	万历四十年(1612)	酒后冒犯家主。仆人汪新奎等人,祖上住主屋、葬主山,世代蒙主恩惠,却因酒后放肆无知,触犯家主	1. 主仆 2. 主仆纠纷	1. 自知理亏,立应役文书 2. 愿到主家待罪,承诺照旧应役	《中国历代契约粹编》中册,第931页
30	崇祯八年(1635)	酗酒触犯家主。佃仆胡四郎,自不合酗酒,触犯家主	1. 主仆 2. 主仆纠纷	1. 家主欲行鸣公理治,自知情亏,央托亲人恳求家主宽宥 2. 愿甘立戒约,以后自当安分悔过,不敢仍前放肆。倘有再犯,听从闻官法治无辞	《徽州千年契约文书》(宋元明编)卷四,第382页
31	崇祯十四年(1641)	欺藐冒犯家主。佃仆汪春阳,不合未通家主,私自将弟过继给伯父,家主责身欺藐之罪,不合出言冒犯抵触	1. 主仆 2. 主仆纠纷	1. 家主欲以闻官理论 2. 自知情亏,恳求亲友劝息,自立戒约,以后谨守家规,再不得忤逆。如违,听家主执此经官理治无辞	《徽州千年契约文书》(宋元明编)卷四,第469页
32	乾隆七年(1742)	强奸邻妇。地仆朱四生自不合,强奸妇女未遂	1. 主仆 2. 主仆纠纷	1. 凭亲房叩求家主 2. 立伏约,叩免送官,恳求薄惩。若再犯,听从家主呈官,依律治罪	《徽州千年契约文书》(清民国编)卷一,第294页

续 表

序号	时间	起因	双方关系及纠纷类型	处理方式及结果	资料来源
33	乾隆二十三年(1758)	聚众赌博。仆银仂、朱顺、大国、乌嘴,今自不合,于本月十九日夜伙众赌博,现蒙家主查获	1.主仆 2.主仆纠纷	1.再四哀求,愿从家法惩治 2.嗣后不敢赌博及黑夜偷窃树木柴薪,如违再犯,自甘呈官重处	《徽州千年契约文书》(清民国编)卷十,第188页
34	嘉靖三十八年(1559)	盗葬祖坟。苏昊不合,妄将父棺盗葬在苏宅始祖坟旁。苏宅族众标挂,见得坟庇被侵,要行告理	1.同族 2.坟茔纠纷	1.苏宅要行告理,昊知理亏,自愿求免 2.将父棺另行安葬,如违,听自苏宅族众经公理治,甘罚无辞	《徽州千年契约文书》(宋元明编)卷六,第228页
35	顺治十七年(1660)	盗葬祖坟。长房日昇兄弟涎吉,不顾保祖合同规定,魆将伊祖母并母,违众盗厝,有伤祖茔命脉	1.同族 2.坟茔纠纷	1.公行劝举无效后,再立保祖合同 2.严禁合同,毋许再行盗厝盗葬,支下子孙如有犯者,六大房人等俱要同心协力,有财者出财,有力者出力,必定鸣官,立行起举,仍以不孝究治,毋得退缩不前,怀私徇情。有此,定行公罚,天地不容,祖宗不祐	《徽州千年契约文书》(清民国编)卷一,第53页
36	清早中期	祖坟纠纷。赘婿顶立汪姓门户,遭族内汪新发等人排挤,引发祖坟纠纷	1.亲戚 2.坟茔纠纷	1.蒙族尊劝息 2.祖坟听凭赘婿照旧先后标挂,汪姓不得借坟占山,任意阻挠	《徽州文书》第一辑卷九,第123页
37	康熙四十七年(1708)	厝基造厝纠纷。汪文生康熙三十六年买得胡文烓厝基一业,旧冬准备造厝,遭胡文烓以有碍为由而起纷争	1.邻人 2.坟茔纠纷	1.经中劝平息 2.劝胡凑业得价,劝汪出价得业	《清至民国婺源县村落契约文书辑录》卷二,第171页

续 表

序号	时间	起因	双方关系及纠纷类型	处理方式及结果	资料来源
38	雍正三年(1725)	葬祖纠纷。倪天成与方信符,共有祖坟在塘坞,因葬祖问题致相讦讼	1.邻人 2.坟茔纠纷	1.蒙亲友劝谕 2.方姓所葬山头,倪不得侵害;倪姓所葬山头,方亦不得侵害,日后子孙照契各管各业	《徽州文书》第四辑卷五,第244页
39	雍正四年(1726)	起葬纠纷。吕应珪祖母死后无地安放,暂借本族叔山地安放,族叔后将此地赠与埋葬。不料后来族弟将此号山地又尽卖与何宅为业,引发棺木是否起葬纠纷	1.亲戚 2.坟茔纠纷	1.央中平息 2.吕应珪央中求何宅,何宅念及埋葬年久,不需吕姓起阡另葬	《清代民间纠纷调解的规则与秩序——以徽州私约为中心的解读》,第41页
40	乾隆四十年(1775)	侵犯祖坟。程四发侵犯祖坟,立包约	1.族人 2.坟茔纠纷	1.凭保老调和 2.立包约,不敢再犯	《徽州文书》第三辑卷三,第464页
41	嘉庆元年(1796)	扦葬纠纷。吴琜公、胡明富公等,各有祖坟在毛家住处地业,因两家互相扦造,引发祖坟纠纷	1.邻人 2.坟茔纠纷	1.凭亲友调息 2.各复搬移,仍遵先人议墨规定,嗣后不得魆行扦损,再伤和气	《徽州合同文书汇编》卷十,第468页
42	嘉庆三年(1798)	扦葬纠纷。郎姓坟茔来脉处,汪姓开茔一局,郎姓恐其日后扦葬会损伤来脉,致生滋事	1.邻人 2.坟茔纠纷	1.凭眷戚劝息 2.劝汪姓将来脉生茔与郎姓相共,劝郎姓津贴汪姓工费银二十两整。两造公立护脉保祖石碑,规定来脉生茔两造永禁扦葬	《清至民国婺源县村落契约文书辑录》卷二,第336页

续　表

序号	时间	起因	双方关系及纠纷类型	处理方式及结果	资料来源
43	嘉庆二十年(1815)	扦葬纠纷。吴连子本欲将父棺抬至母坟旁,在祖坟旁合葬,遭同族人反对	1.族人 2.坟茔纠纷	1.状投约族 2.令其将父棺迁回原处,规定祖坟旁只许做厝,不许侵葬	《清至民国婺源县村落契约文书辑录》卷三,第810页
44	道光十三年(1833)	扦葬纠纷。汪武忻、汪中涧在下米坑各开生茔一所,今汪武忻茔已葬,汪中涧亦开土欲葬,武忻恐其碍祖,请求约邻阻止	1.族人 2.坟茔纠纷	1.凭约邻、族众等劝息 2.因武忻先葬在前,为全族谊,故劝中涧兄弟不葬	《清至民国婺源县村落契约文书辑录》卷二,第346页
45	乾隆五十二年(1787)	坟冢纠纷。程元珮同凌辉,为压冢争讼	1.未提及 2.坟茔纠纷	1.亲友劝息 2.劝和纠纷两家,以免结讼	《徽州文书》第一辑卷七,第394页
46	嘉道年间(1796—1850)	盗卖祖坟契纸。可凡将祖坟契纸盗卖与金姓,押银五两	1.同族 2.坟茔纠纷	1.被族众发觉,可凡理亏,不得已赎回契纸 2.可凡拿出手镯两对,当在金家,赎回契纸	《徽州文书》第二辑卷九,第179页
47	嘉庆二十四年(1819)	祖坟界址纠纷。张、吴、曹三姓祖坟界址纠纷	1.未提及 2.坟茔纠纷	1.投约理论 2.划定祖坟界址,以息纷争	《清至民国婺源县村落契约文书辑录》卷三,第817页
48	道光三年(1823)	侵葬祖坟。文敷公支孙吴元铭等,背侵惊祖,被叔兄发觉	1.亲戚 2.坟茔纠纷	1.凭约族、知事劝息 2.身知情亏,自愿举移猪羊奠祖,立碑永禁。日后如有盗侵,任凭叔兄呈官究治	《清至民国婺源县村落契约文书辑录》卷十二,第5910页

续 表

序号	时间	起因	双方关系及纠纷类型	处理方式及结果	资料来源
49	顺治七年(1650)	保护风水。因人心不一,致使外人王姓侵犯本族墓山来龙,故胡宗朝等合门人须齐心约束,立保护风水文约	1. 同族 2. 保护风水	1. 立保护风水文约 2. 自立之后,俱要同心,毋得结外害内。如违,定以不孝罪论	《明清徽州社会经济资料丛编》第一集,第567页
50	康熙二年(1663)	保护祖坟。防止盗卖盗葬,立保护祖坟合同	1. 坟山共有人 2. 保护祖坟	1. 立合同保祖 2. 日后坟山或有余穴,两家同迁同葬。如有一家不便于同穴者,即凭众议价津贴不葬之家,不得私自盗卖盗葬。倘有不遵合同,公罚白银五两,一听理论	《徽州合同文书汇编》卷十,第364页
51	康熙三十三年(1694)	保护祖坟。族内棠公秩下,照丁敷出银钱,陆续赎回被人盗卖之祖坟,并立文约保护祖坟	1. 同族 2. 保护祖坟	1. 立合同保祖 2. 毋得私自变卖,如有违文,听赍文告官,以不孝治罪	《徽州合同文书汇编》卷十,第374页
52	康熙五十八年(1719)	保护祖坟。因塘子坞坟山一业,丰、朱两家俱有祖墓毗连,为防日后纠纷,公立合约,保护祖坟	1. 邻人 2. 保护祖坟	1. 凭亲友议明 2. 丰坟右坝蓄有树木,今凭亲友议明,伐去以后不致再蓄树木,有碍朱坟。其朱坟左边,原有界石埋土,照旧无异。其朱坟外手界内山地,自行堆积蓄养树木,以为二家下庇	《徽州合同文书汇编》卷十,第386页

续 表

序号	时间	起因	双方关系及纠纷类型	处理方式及结果	资料来源
53	乾隆三十八年(1773)	立合同保祖。胡育、胡盛等诉,因被共买山场之汪姓,诬陷盗毁坟冢,架题控案。身等投保、托中均不力,因中、保均是汪姓亲戚,故本族立保祖合同,公同保业	1.族人 2.保护祖坟	1.投保、托中均不力 2.无奈之下只有本族订立合同,希望大家同心协力,公同保业	《徽州合同文书汇编》卷十,第431页
54	嘉靖元年(1522)	侵犯坟山。祁门谢思志自不合,到早已卖绝之祖坟山地挂纸,被买主谢能静发现,状投里老	1.卖主与买主 2.坟山纠纷	1.状投里老 2.审实理亏,情愿立还文书,其山内本家即无新旧坟茔,今后再不敢入山冒认挂纸,暗地侵害。如违听自理治	《徽州千年契约文书》(宋元明编)卷二,第5页
55	嘉靖二十八年(1549)	坟山地界纠纷。康静斋公祠与宗祠祖墓山相连,康静斋公祠因将承祖买受全业坟山出拼抚客后,导致山业界限争论	1.同族 2.坟山纠纷	1.凭中平息 2.凭中劝谕,划分山界,平息纷争	《徽州文书》第二辑卷一,第349页
56	万历三十二年(1604)	坟山侵葬。方道末自称不知方家墓林早已被其故祖卖与叶达贤之祖葬坟,故将其兄葬在叶廷璜坟前,至廷璜孙叶达贤等访知,要行告理	1.原卖主子孙与买主子孙 2.坟山纠纷	1.托凭亲邻劝息 2.方道末甘立谢醮息忿,自立文约后,卖主子孙再毋得入山复以侵葬。如违,听自赍文告理	《徽州文书》第二辑卷二,第284页

续 表

序号	时间	起因	双方关系及纠纷类型	处理方式及结果	资料来源
57	万历三十八年(1610)	坟山侵葬。方友忠同弟方友信,自称不知祖坟已被祖上尽卖与叶廷璜,故未通知买主,擅自将祖穴由后截改葬至左边,致使廷璜孙投里公说	1.原卖主子孙与买主子孙 2.坟山纠纷	1.托里劝谕平息 2.方友忠等承诺:右边废穴并空地内,本家再不得入地魆葬。如违听自鸣官告理,准盗葬论	《徽州文书》第二辑卷二,第287页
58	崇祯八年(1635)	坟山侵葬。黄宗宪自称不知祖业坟山已被故伯叔祖父绝卖与叶廷璜,故在叶廷璜坟茔拜堂前开凿虚堆一所,被廷璜之孙投鸣约里对契验勘,要行告理	1.原卖主子孙与买主子孙 2.坟山纠纷	1.托凭约里,写立文约平息纷争 2.承诺将所凿虚堆,自行平没还叶姓;写立文约后,本家子孙只标扫古冢,再不得侵犯叶地。如违,听自告理,甘罪无辞	《徽州文书》第二辑卷二,第313页
59	乾隆二年(1737)	坟山重复买卖纠纷。原买主康肇熊买过山场后,转卖给白云庵僧自德,自德又将山场转卖给新买主周遇西。周遇西不知康肇熊有祖坟在上,因而引发口角	1.原买主与倒卖后的新买主 2.坟山纠纷	1.凭中劝谕平息 2.康肇熊之祖坟,凭中面议与周遇西名下保祖,周姓不得侵葬	《徽州文书》第二辑卷一,第360页
60	乾隆十五年(1750)	坟山盗卖纠纷。头户王大用户内不法之辈,将祖坟各处山业,秘卖黄孟三迁葬管业,被合众得知,引发纠纷	1.卖主同族与买主 2.坟山纠纷	1.王大用户合众欲闻官治罪,后蒙中劝谕平息 2.孟三自知理亏,承诺日后倘有厝葬材棺等事,务要通知头户,不得魆买盗葬等情。如违,听自执文理论	《徽州文书》第二辑卷一,第40页

续 表

序号	时间	起因	双方关系及纠纷类型	处理方式及结果	资料来源
61	乾隆二十年（1755）	共业坟山纠纷。周、李二姓契买之坛坞口山业，汪姓原葬有祖坟一穴在上，致起纠纷	1.邻人 2.坟山纠纷	1.蒙中劝谕 2.将碑上土名，重立左右，挨坟面前让地五尺，埋石为界，汪姓执管坟茔，来往标挂；其余地，尽系周、李二姓管业	《徽州文书》第四辑卷五，第249页
62	乾隆二十四年（1759）	共业坟山纠纷。王廷爵等控黄姓等，私自在其占有六股之一山业处，开造生坟一所，以致互相口角	1.坟业共有人 2.坟山纠纷	1.蒙中劝谕劝息 2.黄姓增价四两，凑买余山保祖；王姓听凭黄姓安葬祖坟，蓄养庇荫，王姓家外人等毋得入山砍斫侵害	《徽州文书》第四辑卷一，第245页
63	乾隆三十六年（1771）	共业坟山盗卖纠纷。族人朱廷超不遵先祖合同，将坟山股份魆卖陈光美打石烧灰，有碍祖坟	1.同族 2.坟山纠纷	1.公立合同保祖 2.集议合禁，齐心鸣官，究处朱廷超魆卖，以杜后害	《徽州千年契约文书》（清民国编）卷一，第372页
64	乾隆四十九年（1784）	共业坟山私卖纠纷。汪汉英私自将与汪和德之公同未分之山，出卖与戴邵氏葬坟，引发纠纷	1.坟山共有人 2.坟山纠纷	1.凭中调息 2.因私卖坟山之卖主汪汉英家贫，只得劝买主戴邵氏出资，补贴给汪和德钱款，平息纷争	《徽州合同文书汇编》卷十，第444页
65	乾隆四十年（1775）	坟山归属纠纷。康宏远公祠与康衢公祠，因坟山公子冲字号相近，致相口角	1.同族 2.坟山纠纷	1.央中平息 2.劝谕二家，永相和好。其衢公墓山四至之内，听衢公祠秩下子孙永远管业，自立合同之后，不以佥业为凭，悉遵合同为准	《徽州文书》第二辑卷一，第367页

续 表

序号	时间	起因	双方关系及纠纷类型	处理方式及结果	资料来源
66	嘉庆五年(1800)	坟山归属纠纷。汪上士与其侄汪仲宝,因坟地同号同处,故而引发扦造纠纷	1.叔侄 2.坟山纠纷	1.凭中保调息 2.将此业同穴合造,汪上士家做两大明棺安葬,汪仲宝家做一大明棺安葬,公议尊卑所用银钱工夫,照棺均出	《徽州合同文书汇编》卷十,第477页
67	嘉靖十三年(1534)	盗砍荫木。李帅保盗砍外祖母郑英才之祖坟山荫木,被状投到里老处	1.亲戚 2.坟荫纠纷	1.状投里老 2.李帅保不愿紊繁,央凭中人,立甘罚文约	《明清徽州的民间纠纷及其解决》,第53页
68	隆庆五年(1571)	私占坟荫树木纠纷。庇荫树木数根,被风折断后,被族人天柱、继周等陡起贪心私占不还,锯扛肥己	1.同族 2.坟荫纠纷	1.理说无效,族众立文约公同对抗 2.歃血为盟,拟闻官惩治,恐人心不齐,故立文约保祖	《中国历代契约粹编》中册,第953页
69	雍正六年(1728)	盗砍坟荫案。祖坟巨荫十余株,被邻人叶姓砍伐	1.邻人 2.坟荫纠纷	1.凭中处理 2.罚银二十两以偿树命	《清至民国婺源县村落契约文书辑录》卷十,第4835—4836、4840页
70	嘉庆十一年(1806)	坟山树木纠纷。程辉远与李光能,因坟山所砍树木,发生口角纠纷	1.未提及 2.坟荫纠纷	1.李光能等拟赴邑控告,蒙中吴奇玉等调处平息 2.蒙中平息纷争	《徽州文书》第一辑卷八,第113页
71	嘉庆十一年(1806)	盗砍坟荫杉木纠纷。程骥等控李光宁等,盗砍坟荫杉木	1.未提及 2.坟荫纠纷	1.程骥等拟赴邑具控李光宁,蒙双方戚友邹太等从公调处 2.蒙中平息纷争	《徽州文书》第一辑卷八,第114页

续 表

序号	时间	起因	双方关系及纠纷类型	处理方式及结果	资料来源
72	洪武二十五年(1392)	山地重复买卖纠纷。祁门谢翊先祖上,早已从卖主谢允恭名下买到山业,后又被谢允恭重复卖给休宁县李彦善	1. 先后买主,系亲眷 2. 山场纠纷	1. 自行和解 2. 李彦善情愿将所买之山木文契退还谢翊先名下管业,得钞二十八贯整,日后再无阻挡	《中国历代契约粹编》中册,第651页
73	建文三年(1401)	山地错卖纠纷。谢阿汪同孙寄诚、亲眷叶仕宏,妄将空头山地卖给同都汪祖受,后被发觉	1. 邻人 2. 山场纠纷	1. 状投里长 2. 里长前来查勘后,确认所卖之地不明。原卖主谢阿汪等不得不再行立契,写明四至,将山地重新卖给汪祖受	《中国历代契约粹编》中册,第655页
74	永乐十七年(1419)	山地重复买卖纠纷。周克敏与谢能静所买山业重复,致起纷争	1. 两个买主 2. 山场纠纷	1. 自行调解 2. 周克敏不欲争论,将山地立契,尽行凑卖与谢能静名下管业,当面议价钞一百五十贯,其地骨一听买人永远管业,日后本家不再阻挡争论	《明清徽州社会经济资料丛编》第一集,第312页
75	宣德二年(1427)	山地重复买卖纠纷。谢应祥、永祥等,曾于永乐二十年及二十二年,将承祖山地卖与本都谢则成名下。不料后来其兄谢荣祥,复将前项山地内取一半,卖与本都谢希升名下,被原买主谢则成之子谢振安发现后,上告至本都老人处	1. 买主与卖主 2. 山场纠纷	1. 上告本都老人 2. 老人判决:着令谢云祥等,出备原价与后买人谢希升名下,以取赎前项山地,谢希升将原买契杜毁并写还退契一纸,以杜再次纷争	《徽州千年契约文书》(宋元明编)卷一,第111页

续 表

序号	时间	起因	双方关系及纠纷类型	处理方式及结果	资料来源
76	宣德七年(1432)	山场纠纷。谢得亨、吴彦端、李仲接等人,共有山一片,因砍木下山,各人争论分数	1. 山业共有人 2. 山场纠纷	1. 参看文契、凭众议,定夺山场分数 2. 通山以八分为率,谢得亨六分,吴彦端合得一分,李仲接合得一分	《中国历代契约粹编》中册,第964页
77	正统八年(1443)	山地重复买卖纠纷。原主谢孟辉,将山先后重复卖与谢能静和方添进,添进不知情,将山地拔去一弯,被谢能静告发至老人处	1. 先后买主 2. 山场纠纷	1. 状投老人 2. 老人查清乃重复买卖,方姓愿凭亲眷,将山地还与谢能静,并收讫原价	《徽州千年契约文书》(宋元明编)卷一,第139页
78	成化二年(1466)	山界纠纷。祁门五都洪渊,新买山二号,与一都谢友政所开垦之山南北相连,未划分界限,以致互争	1. 邻人 2. 山场纠纷	1. 凭亲眷和息 2. 二家凭亲眷,三面到山眼同定界,以杜纠纷	《中国历代契约粹编》中册,第967页
79	成化四年(1468)	山界纠纷。祁门五都毕仕文,承祖管业之坟山,与本都洪渊祖上经理名目相同	1. 邻人 2. 山场纠纷	1. 凭中劝息 2. 立山界合同息讼	《中国历代契约粹编》中册,第967—968页
80	成化十六年(1480)	山界纠纷。汪濂与汪浒,二家山业南北互界不明,引发纠纷	1. 邻人 2. 山场纠纷	1. 凭亲眷劝息 2. 凭亲眷眼同定界,汪濂管受里截,汪浒管受外截	《中国历代契约粹编》中册,第970页

续　表

序号	时间	起因	双方关系及纠纷类型	处理方式及结果	资料来源
81	隆庆二年（1568）	盗砍山木。李应辰、廷凤等，有共业山苗一所，因廷凤私自砍斫，做造店房，引发纠纷	1. 山业共有人 2. 山场纠纷	1. 本欲闻官，后凭亲族劝谕，立合同戒约平息 2. 今后不拘有分无分之家，不许私自砍斫，务要齐心协力，长养成才	《中国历代契约粹编》中册，第952页
82	嘉靖九年（1530）	山地重复买卖纠纷。郑进承祖买受之山，与族叔郑昂新重复	1. 亲戚 2. 山场纠纷	1. 凭中辨验和息 2. 两山地系干重复，不愿争论，将重契随缴，听族叔等前去照契管业无辞	《徽州千年契约文书》（宋元明编）卷二，第58页
83	万历二年（1574）	山业重复误买纠纷。谢承恩兄弟祖上，误买谢富润、谢述等全业名目山，当谢富润子孙谢敦至山管业时，谢承恩等试图阻拦，谢敦要行告理	1. 邻人 2. 山场纠纷	1. 凭中息讼 2. 谢承恩等凭中退还山业，听谢敦永远管业无辞	《徽州千年契约文书》（宋元明编）卷三，第9页
84	万历十五年（1587）	山场重复买卖纠纷。李景昌买受山地后，除将前山存留坟穴外，又将其余空地卖与谢钦，将分籍卖与谢桐。当谢钦在所买之山拚木时，谢桐执契告争	1. 先后买主 2. 山场纠纷	1. 执契告争，凭中参看平息 2. 断定谢桐所买分籍乃是重复，其山悉听谢钦照旧管业	《徽州千年契约文书》（宋元明编）卷三，第182页

续 表

序号	时间	起因	双方关系及纠纷类型	处理方式及结果	资料来源
85	康熙六年(1667)	山场重复买卖纠纷。因山场重复买卖,导致新旧买主即余仲仁之子与志先之子,产生拼木纠纷	1.新旧买主 2.山场纠纷	1.凭中和息 2.余仲仁之子所拼西阄,便与仲仁子得价管业;仍有东阄未拼苗木山地,便与志先支下管业,以全和好	《清至民国婺源县村落契约文书辑录》卷十二,第5789页
86	康熙二十二年(1683)	山场重复买卖纠纷。程培芳不知情由,重复出卖先前已被其父卖过之山场,导致原买主程明衡执契理论	1.原卖主与买主 2.山场纠纷	1.托中平息 2.程培芳自知理亏,托中愿将本利与新买主冯姓取赎,因冯姓倚势不与,自愿承诺若有口角,自身独立承担	《徽州文书》第一辑卷六,第411页
87	正统二年(1437)	山地归属纠纷。谢振安之山地,与谢能静之山连界,因南北二至不明,两下互争	1.邻人 2.山场纠纷	1.凭众议和解 2.将二家山重新立界	《徽州千年契约文书》(宋元明编)卷一,第122页
88	乾隆四十二年(1777)	山场归属纠纷。邱姓与郑姓,因山场四至不明,多次混争	1.邻人 2.山场纠纷	1.蒙中平息 2.照依各家契文买受股份并作议分,日后照依合文股份为据分山,不得倚强欺弱,侵占混争,如违此情,执此合文鸣官理论	《徽州文书》第一辑卷六,第45页
89	嘉庆二十五年(1820)	山业归属纠纷。叔叔执契,与侄辈争山业	1.叔侄 2.山场纠纷	1.凭中劝息 2.侄子念与叔一脉且叔年迈,同意山股对半均分	《徽州文书》第一辑卷八,第244页
90	万历十五年(1587)	山地界限纠纷。王诠卿与黄清仙山界相连,因黄家拔山过界,引发纠纷	1.邻人 2.山场纠纷	1.托中踏勘 2.订立清界合同,照合同管业	《徽州千年契约文书》(宋元明编)卷三,第190页

续 表

序号	时间	起因	双方关系及纠纷类型	处理方式及结果	资料来源
91	万历十六年(1588)	打石凿坑,破坏来龙。许积善等看守山场不力,致使繁昌人借买山地之机,带石匠粗工打石凿坑,伤害来龙,被山主发觉	1. 主雇 2. 山场纠纷	1. 山主得知,要行告官 2. 身浼托中人劝谕,自愿立限填坑,不致伤损来龙。如违,听从执契经公理治	《徽州千年契约文书》(宋元明编)卷六,第425页
92	道光八年(1828)	山界纠纷。吴大志与汪烈宝,因山界争论	1. 邻人 2. 山场纠纷	1. 凭保与册书劝息 2. 字号分明,各管各业,日后永无争论	《徽州文书》第四辑卷八,第211页
93	乾隆二十九年(1764)	共有山场私卖纠纷。王文斌将其分籍山场私卖与黄姓名下为业。汪姓得知,托中理论,立文保祖	1. 卖主同族与买主 2. 山场纠纷	1. 托族老王文贵理论 2. 日后新买主黄姓,只管余山分籍,以为供火之山,不得入山侵葬,亦无私自受买。如有等情,听凭执文理论	《徽州文书》第二辑卷一,第58页
94	乾隆十一年(1746)	山业侵占纠纷。程正以彼爱字号山,与本家育字号山毗连,希图侵占	1. 同族 2. 山场纠纷	1. 蒙亲族劝息 2. 将彼爱字号山税,卖二分四厘与本家护坟,以全族谊	《徽州千年契约文书》(宋元明编)卷十,第388—389页
95	乾隆四十八年(1783)	山业纠纷。凌姓将土名瓦窑山,出拼与青邑客人烧炭,汪姓执契争论	1. 共业山主 2. 山场纠纷	1. 蒙中兑契平息 2. 因二家对此山均有契据,只是股份多寡不一,故将瓦窑山分为里外两截,外边属凌姓已业,里边划作五股相分,汪得三股,凌得二股	《徽州千年契约文书》(清民国编)卷十一,第234页

续 表

序号	时间	起因	双方关系及纠纷类型	处理方式及结果	资料来源
96	乾隆四十一年(1776)	山被出租,立文约保护山业。因本邑在城外姓人等,将山出佃潜邑人氏,起棚锄种杂粮。祁门黄、凌、胡等姓,恐山被出租锄种后,破坏土壤,闭塞河道,日后难纳虚供国课,故立齐心文约抵抗	1. 主客 2. 山场纠纷	1. 合众啲议,立齐心合一合同 2. 潜邑人氏起棚之日,必要齐心阻挡,各姓人等无得躲缩。倘有大小口角,费用照依均出,不得推挨	《徽州千年契约文书》(清民国编)卷十一,第376—377页
97	正统五年(1440)	盗砍山木。吕员受等盗砍木植被发现	1. 邻人 2. 林木纠纷	1. 状投里老 2. 自情愿将祖产山地赔还	《徽州千年契约文书》(宋元明编)卷一,第129页
98	成化二十三年(1487)	盗挖祖坟树木。汪春清等盗挖郑仕索祖坟树木,致被仕索家寻获	1. 邻人 2. 林木纠纷	1. 托中愿自立还文约 2. 自今以后再不得盗窃杉木	《徽州千年契约文书》(宋元明编)卷一,第234页
99	正德八年(1513)	盗伐杉木。李文志等自不合,于正德七年十二月,将粉壁弯山内杉木并松苗,一概砍伐烧炭,被山主状告	1. 未提及 2. 林木纠纷	1. 自情愿立还文书 2. 前去补种松苗长养,今后不许人到山侵害。如违,听自报官治理	《徽州千年契约文书》(宋元明编)卷一,第343页
100	隆庆六年(1572)	窃砍杉木纠纷。饶有寿擅入洪姓山场,窃砍杉木四根,被洪获遇,要行呈治	1. 主雇 2. 林木纠纷	1. 有寿理亏,托中凭约正劝谕免词 2. 饶有寿自情愿将在洪姓山场力坌十五根山木,尽数拨与洪名下,准偿木命。日后不敢再犯,如违听自呈治毋词	《中国历代契约粹编》中册,第954页

续　表

序号	时间	起因	双方关系及纠纷类型	处理方式及结果	资料来源
101	天启七年(1627)	盗砍苗木。舒得先将自己山骨并苗木卖与他人后，两次入山盗砍	1. 原卖主与买主 2. 林木纠纷	1. 凭中里保、山邻劝息 2. 立看守文约赎罪，并承诺日后毋得入山盗砍。如违，听山主执此告理，甘罪无词	《徽州文书》第一辑卷六，第259页
102	弘光元年(1645)	私砍山木纠纷。汪礼兴因搭桥所需，私砍对方山木做桥脚	1. 邻人 2. 林木纠纷	1. 状投约保 2. 立甘约，毋得盗砍，如违听凭呈治	《徽州千年契约文书》(清民国编)卷一，第9页
103	康熙二十三年(1684)	盗砍山木纠纷。因林、方两姓山界毗连，方姓在林光富祖坟山界内砍木三根，引发纠纷	1. 邻人 2. 林木纠纷	1. 今凭说明，重立山界息争 2. 其山两家凭新立埋石为界，毋得混争	《徽州合同文书汇编》卷十，第368页
104	乾隆三十五年(1770)	盗砍杉木纠纷。邱孔怀等，擅砍新贵、岩禄二公股份秩下杉木纠纷	1. 同族 2. 林木纠纷	1. 蒙中平息 2. 立甘约，承诺盗砍之杉木，抵身等股份，日后新贵公树木出拼，不得阻挠。如违，鸣官治罪	《徽州文书》第一辑卷六，第43页
105	万历三十八年(1610)	共有山业斫木纠纷。十三都康学政兄弟等，与十五都汪必晟弟侄，共有山场四号，今因斫木，各执契书互争	1. 山业共有人 2. 林木纠纷	1. 托中平息 2. 将各家契书验明，写立清白合同，不以各家买契为拘，悉凭清白文约为准	《徽州千年契约文书》(宋元明编)卷三，第410页

续 表

序号	时间	起因	双方关系及纠纷类型	处理方式及结果	资料来源
106	康熙二十七年(1688)	砍伐共有杉木纠纷。郑谅祠、丘长寿祠,原共有山一号,外截曩有山松木十二株,今丘长寿祠自斫六株,共业人郑谅祠托约理论,引发纠纷	1. 山业共有人 2. 林木纠纷	1. 托约理论平息 2. 现砍过松杂木六株与丘不计,仍存在山六株与郑谅祠为荫木,二家永远不得强砍盗斫。如违,甘罚白银三两公用	《安徽师范大学馆藏千年徽州契约文书集萃》卷一,第294—295页
107	万历九年(1581)	私斫苗木。汪天护等承到山场长养,蒋应入山私斫苗木,是主得知,要行告理	1. 主雇 2. 林木纠纷	1. 山主拟行告理,蒋应托凭甲长息讼 2. 罚纹银三钱,蒋应出办银一半,长养人出办银一半	《徽州千年契约文书》(宋元明编)卷三,第72页
108	万历四十二年(1614)	盗砍杉木。十六都程末、程琴等,今自不合,在头山砍斫杉木,山主验椿,要往告理	1. 主雇 2. 林木纠纷	1. 托甲长劝息,立还承管文约一纸 2. 日后本家兄弟子侄入山盗砍,再有外姓盗砍,究情卖放。如违,听自房东论□人等告理,准监守自盗论	《徽州文书》第二辑卷二,第291页
109	天启六年(1626)	盗砍树木。陈达保盗砍山主树木数根	1. 主雇 2. 林木纠纷	1. 山主获赃,要行告理 2. 身等不愿闻官,托凭中人写立还文约,自后再不敢入山盗砍	《徽州千年契约文书》(宋元明编)卷四,第196页

续表

序号	时间	起因	双方关系及纠纷类型	处理方式及结果	资料来源
110	雍正四年(1726)	盗砍树木。叶新盛替人看守树木,却不合监守自盗,被黄宅捉获	1. 主雇 2. 林木纠纷	1. 雇主投鸣地方,欲行呈官究治,身知情亏,央托地方山邻再四求情,愿立甘约和解 2. 日后看守树木期间,如有失数暨树木被伤等情,总是身干咎;如有外人戕害暨牛畜践踏一切等情,随即报明山主。如有知情隐报卖放,甘随一并处治	《徽州千年契约文书》(清民国编)卷十,第108页
111	乾隆二十四年(1759)	盗挖祖宅树木。黄花盗挖黄宅祖宅树木,当被获实	1. 主雇 2. 林木纠纷	1. 拟报明呈官究处,身自知亏,急求宽恕 2. 愿自偿罚,封山醮坟服罪,自今以后,永远承守。如有再犯,听从执此鸣官,甘罪无辞	《徽州千年契约文书》(清民国编)卷十,第190页
112	康熙五十三年(1714)	祀地纠纷。汪福美诉汪震霸占祀地,恃豪强造,身出言阻止,反被恐吓杀命事	1. 同族 2. 地业纠纷	1. 投干证尊前施行 2. 未载结果	《清至民国婺源县村落契约文书辑录》卷二,第180页
113	嘉庆四年(1799)	重造墙角,引发纠纷。因房兄重造墙角,使得孙武怀、武忻与房兄武信口角,产生纠纷	1. 族人 2. 地业纠纷	1. 蒙族亲、眷戚劝谕 2. 孙武怀等愿将地业出与房兄武信名下为业,得价银四两整,任凭界内造作无阻	《清至民国婺源县村落契约文书辑录》卷二,第337页

续 表

序号	时间	起因	双方关系及纠纷类型	处理方式及结果	资料来源
114	嘉庆九年（1804）	混争地业。祯祥公秩下子孙控以灏等，屡持无用老契，混争地业	1.未提及 2.地业纠纷	1.蒙中劝息后，以灏又犯 2.未免后患，趁中人健在之时，将地出拼与他人做造片柴	《徽州文书》第一辑卷十，第181页
115	嘉庆十六年（1811）	地界纠纷。吴长正、吴松年地界纠纷	1.同族 2.地业纠纷	1.凭族中劝息 2.重新订界，以凭管业	《徽州合同文书汇编》卷十一，第3页
116	乾隆元年（1736）	房屋闭塞纠纷。康肇苏弟侄同肇佐伯侄等，两家一向大门东边各有大路。康肇苏弟侄不知来历，误造厨屋，在路闭塞，是以两家口角	1.同族 2.屋业纠纷	1.凭族中劝谕 2.眼同订界写立合同，改造厨屋取路	《徽州文书》第二辑卷一，第359页
117	乾隆二十七年（1762）	起盖房屋纠纷。黄有著在土名墓林左边，重兴旧址起盖房屋。而李朝豪祖坟与此毗连，故上前理阻，引发纠纷	1.亲眷 2.屋业纠纷	1.凭公踏勘后认为黄姓在旧址起盖房屋，与毗连李姓之祖坟并无妨碍 2.为息纷争，照依旧坟禁内四围各二丈，付李遮荫风水。余外系黄旧址起盖，不得借屋侵占。并劝黄相送花红酒礼银八两整，付李收讫。日后两姓兴旺，坟屋相安	《徽州合同文书汇编》卷十，第430页
118	乾隆四十八年（1783）	起造房屋纠纷。汪文耀公支下子孙德元，在老屋旁边地基处起造房屋，引发纠纷	1.同族 2.屋业纠纷	1.蒙亲族劝息 2.划分支下子孙老屋地基之各自掌管范围，平息纷争	《徽州合同文书汇编》卷十，第443页

续　表

序号	时间	起因	双方关系及纠纷类型	处理方式及结果	资料来源
119	嘉庆十九年(1814)	退屋纠纷。观佑侄与胜龙侄,因退租佃屋,引发口角纠纷	1. 同族 2. 屋业纠纷	1. 凭同族劝息 2. 均已允服和好如初	《徽州合同文书汇编》卷十一,第13页
120	道光十三年(1833)	猪栏屋归属纠纷。吴松福与尚隆,因猪栏屋归属份额发生纠纷	1. 同族 2. 屋业纠纷	1. 凭族内中见劝息 2. 尚隆补偿吴松福屋价银二两,以息纷争。其屋听从尚隆居住取用无辞	《徽州文书》第三辑卷一,第125页
121	乾隆四十三年(1778)	水碓纠纷。黄仲和原来水碓磨坊被洪水损坏,另工兴建的水碓与王廷爵水碓相近,恐碍上碓出水,两相口角	1. 邻人 2. 产业纠纷	1. 蒙中劝息 2. 黄仲和愿将水碓出租与王廷爵名下前去保碓锄种管业,王姓递年交租与黄姓即可	《徽州文书》第四辑卷一,第432页
122	嘉庆二十三年(1818)	水田归属纠纷。因水田一丘,存坐未分,故祀下人等口角争种	1. 同族 2. 产业纠纷	1. 凭中保理处劝息 2. 规定大家轮流种,毋得争论,作种之人每年清明出白米租五升,以为标祀之需	《徽州合同文书汇编》卷十一,第22页
123	道光二年(1822)	分产不均,引发纠纷。吴中江兄弟之间因分家产不均,致生不睦。今弟虽已故,为免日后纠纷,愿同侄订立合约息争	1. 叔侄 2. 产业纠纷	1. 浼求亲族劝息 2. 从公扒补,肥硗均匀,另立契据为凭,日后各管各业,毋得另生枝节	《徽州合同文书汇编》卷十一,第36页
124	乾隆五十八年(1793)	欠租纠纷。查王氏不能交租,原主卢姓鸣保理论	1. 主佃 2. 租佃纠纷	1. 鸣保理论平息 2. 查王氏自情愿退佃,听卢姓另招耕种,永无异说	《徽州文书》第二辑卷九,第174页

续 表

序号	时间	起因	双方关系及纠纷类型	处理方式及结果	资料来源
125	康熙四十三年(1704)	挪用钱款纠纷。陈有章挪用谢隆盛号本纹银七十七两七钱,结账之日,无得抵还	1. 主雇 2. 经济纠纷	1. 自知理亏,浼托亲友劝息 2. 立欠约,承诺其银,约至来年本利送还,不致失约	《徽州文书》第三辑卷一,第15页
126	嘉庆十九年(1814)	税业不符纠纷。黄日符状投黄恒璧,税寡业多,情理不符,向丈莫睬	1. 卖主与买主 2. 经济纠纷	1. 状投贵图保尊 2. 乞求照税除销国课,免贻累后	《徽州文书》第三辑卷三,第297页
127	嘉庆二十五年(1820)	讹诈银两纠纷。买主程嘉培妄图篡改买地之契,向卖主程嘉栋讹诈银两,被发觉后立甘约	1. 服兄弟 2. 经济纠纷	1. 卖主投地保、族长、叔公、叔房长、塾师、亲房等 2. 蒙族保亲友再三劝阻,和解平息	《徽州文书》第一辑卷三,第14、27页
128	嘉庆五年(1800)	衣物被窃。胡得庆窃去身家衣服首饰等物,贼吐赃确,经约验明,胡得庆抗拒不从。胡贤宋开设烟铺,惯作窝家,也匿贼不交,叩公呈究,以靖贼风	1. 失主与窃者 2. 盗窃纠纷	1. 状投执事 2. 未载处理结果	《清至民国婺源县村落契约文书辑录》卷十四,第6722页
129	乾隆三十年(1765)	荡费家产。胡德仙游手好闲、荡费家产,致伯鸣族理论	1. 伯侄 2. 家庭纠纷	1. 凭族劝息 2. 立甘约,承诺改过自新,不蹈覆辙。如敢再犯,听伯执此鸣公究处	《徽州文书》第二辑卷四,第418页
130	道光八年(1828)	遗产分配纠纷。孙连芳与弟媳对氏,同居不睦,凭中重新分配父辈留下的楼屋两间的使用权	1. 妯娌 2. 家庭纠纷	1. 中人调解 2. 重新分配房屋居住权	《清代民间纠纷调解的规则与秩序——以徽州私约为中心的解读》,第41—42页

续 表

序号	时间	起因	双方关系及纠纷类型	处理方式及结果	资料来源
131	天启四年(1624)	因田水问题引发纠纷。吴留控诉叔孙吴寿,乘其子外出佣工之际,逆截田水,吴留与其理论,被打成重伤,之后吴寿又拥家捉杀,将吴留儿媳打伤	1.叔祖孙 2.人身伤害	1.状投约里排年 2.请求投乞转呈官府,敦伦正法	《徽州千年契约文书》(宋元明编)卷四,第137页
132	雍正九年(1731)	殴打老母。康杰忤逆不孝殴打老母。母亲往邑出首,托凭族老劝谕,康杰自愿负荆请罪	1.母子 2.人身伤害	1.托凭族老劝谕平息 2.立还供状,自后再不敢冒犯。如再仍前忤逆,愿甘坐罪处死,并承诺母亲家中各物不敢窃取,如再窃取,听母处究	《徽州文书》第二辑卷一,第357页
133	崇祯十六年(1643)	侵犯妇女。胡廷柯状投其侄胡元佑,趁其子外出之际,煽惑其儿媳李氏怀孕,无法无伦	1.叔侄 2.妇女纠纷	1.状投族众施行 2.请求叩准究治,以正风化	《徽州千年契约文书》(宋元明编)卷四,第491页
134	乾隆五十年(1785)	转卖奸犯,间离骨血。戴治平状告吴次周,转卖奸犯,间离骨血	1.未提及 2.妇女纠纷	1.状投保尊大人施行 2.未载结果	《安徽师范大学馆藏徽州文书》,第183页
135	嘉庆二十二年(1817)	诬良为仆。胡邦贵讹诈诬良,控本家凌尧余为其世役,并趁其娶孙媳之机,邀同数百人,打抢花轿等物	1.未提及 2.诬告	1.凌敦义祠秩下人等,立同心文约对抗 2.议定所有官中使用,照丁均出,毋得推挨躲缩。如有此情,遂出祠外,不得入祠	《徽州千年契约文书》(清民国编)卷十一,第292—293页

二　上告官府诉讼案件（149件）

序号	时间	起因	双方关系及纠纷类型	处理方式及结果	资料来源
1	顺治十六年(1659)	盗砍荫木。逆仆汪阔嘴等，借代人看守山木之机，盗砍毗连之家主汪汝亨荫木，不自咎反而攘臂奋呼	1. 主仆 2. 主仆纠纷	1. 投里，逆仆不服，转而控县 2. 罚谷两石备赈，以循秋冬积谷之例	《徽州千年契约文书》(清民国编)卷一，第52页
2	乾隆三十年(1765)	盗砍杉木。王姓庄仆四人，盗砍杉木五株	1. 主仆 2. 主仆纠纷	1. 往县呈报 2. 王姓庄仆央托辉远侄代为求情，自愿立还文书、送银十两、宴席酬劳主家族众谢罪	《明清徽州农村社会与佃仆制》，第254—255页
3	康熙三十五年(1696)	背主逃走。祁门县缉拿外逃逆仆王黑梨批文	1. 主仆 2. 主仆纠纷	1. 状告祁门县 2. 发放缉拿逆仆批文，沿途关津隘口，毋得阻挠，地棍毋得窝藏不出	《徽州千年契约文书》(清民国编)卷一，第139页
4	雍正十二年(1734)	逆仆潜逃。汪氏从汪松如处买得仆人进禄，服用未及一载，目下潜逃	1. 主仆 2. 主仆纠纷	1. 上告县主 2. 担心逆仆漂荡在外，恐入匪类，连累身家，故请求县主电准赏案，永杜祸害	《中国历代契约粹编》中册，第1087页
5	乾隆九年(1744)	背主逃走。祁门县缉拿外逃逆仆刘添盛等批文	1. 主仆 2. 主仆纠纷	1. 状告祁门县 2. 发放缉拿逆仆批文，差役持批前去，毋分疆界，跟踪严缉。倘不法之徒及营伍之家窝藏阻挠，陈禀后，立即讯究	《徽州千年契约文书》(清民国编)卷一，第300页
6	弘治十一年(1498)	仆不应役。吴福祖等作为黄姓宗族佃仆，在祭祀之日，自行逃躲，避不应役，被房东黄姓族人告县	1. 主仆 2. 主仆纠纷	1. 告县 2. 吴福祖等自知理亏，托凭里长、老人从中说合，立下服役文书	《明清徽州的民间纠纷及其解决》，第51页

续　表

序号	时间	起因	双方关系及纠纷类型	处理方式及结果	资料来源
7	万历十二年(1584)	抗不应役。许毛、许三保等原系谢姓庄仆,后被卖给洪姓为仆后,却抗不应役,被洪主具告到县	1.主仆 2.主仆纠纷	1.告县 2.托凭本管里长说合,许毛等二十四名许氏族人立下文约,保证子孙永远应役。如违,听主呈官理治无辞	《明清徽州的民间纠纷及其解决》,第56页
8	康熙四十九年(1710)	倚富叛主,抗不服役。李振泰等人状告本祠汪姓逆仆汪普生等,在吴姓匪徒唆使下,倚富叛主,抗不服役	1.主仆 2.主仆纠纷	1.呈官究治 2.未载结果	《安徽师范大学馆藏徽州文书》,第158页
9	乾隆三十九至四十年(1774—1775)	违役不应。生员王璐控庄仆查云寿等,住主屋、种主田、葬主山,突于乾隆三十七年秋,违役不应	1.主仆 2.主仆纠纷	1.先后状告祁门县、徽州府,再由徽州府批回祁门县处理 2.案延三载,历两任祁门县主审理,后在徽州府干涉下结案。断查云寿照旧服役,并取具照旧服役遵结,以凭察销结案	《徽州千年契约文书》(清民国编)卷一,第380—381、383—412、418—419页
10	乾隆二十六年(1761)	违役不应。查进生等祖葬主人之山,却拒不应役,上诉至县主后仍抗役如故	1.主仆 2.主仆纠纷	1.上控县主 2.县主判决照旧服役,但经今数年,抗役如故。只得合族嘀议复控,费用每股议出,族人如违,祠内惩治,不许入祠	《徽州文书》第一辑卷十,第165页
11	万历十年(1582)	叛主不法。佃仆意欲脱壳,诬主告在都察院	1.主仆 2.主仆纠纷	1.上告都察院后批徽州府审理 2.家主张椿、张楠等,为公同对付逆仆徐长保、徐记等人,立合同卖田筹集讼费	《中国历代契约粹编》中册,第773页

续 表

序号	时间	起因	双方关系及纠纷类型	处理方式及结果	资料来源
12	万历十一年(1583)	叛主不法。佃仆朱法、朱得旺等不合,不服主公约束,纠众倡乱	1.主仆 2.主仆纠纷	1.家主告官处治 2.蒙县主开恩,不深重究,押令当堂写立连名戒约,并求甲户仍复收留,嗣后永遵约束,小心供役。如有,凭家主执此重究	《徽州千年契约文书》(宋元明编)卷三,第121页
13	万历十一年(1583)	家仆聚众倡乱。汪尚嗣等,因家仆朱法等纠众倡乱,践踏家主,虽蒙县审取具家仆联名戒约存案,但仍担心万一爷台高迁,各仆再次倡乱,故向县主请求将佃仆写具的联名戒约钤印存照	1.主仆 2.主仆纠纷	1.上告休宁县 2.准照	《徽州千年契约文书》(宋元明编)卷三,第128页
14	万历十四年(1586)	盗木殴主纠纷。庄仆丘安、丘记保等,盗木殴主,恃强不遵,庄主郑功告官后,庄仆丘安等,又以占冢杀命事反咬一口。经县令审明后,判决将庄仆枷责拟杖,以惩将来,其伐去柴木,量追银三钱给主。为防万一,原告郑功请求抄招给帖存案	1.主仆 2.主仆纠纷	1.上告县主 2.抄招给帖郑功收执	《安徽师范大学馆藏千年徽州契约文书集萃》卷一,第251—255页

续表

序号	时间	起因	双方关系及纠纷类型	处理方式及结果	资料来源
15	康熙十二年（1673）	背主私买山地葬亲。李梦鲤为李开、吴自祥两姓之仆，乃不告于吴，央家主李开居中，私自买李应明、朱宗泰之山葬祖。一则使家主吴自祥疑其有背主之心，二则朱宗泰之甲户吴仪沚因久涎穴吉，并记恨卖山未邀其作中，故指使里长吴殿一投词赫诈，使得梦鲤故有退业之意，但原卖山主年老不能赎地，故而纷争	1. 主仆 2. 主仆纠纷	1. 状告祁门县 2. 县主断令，因梦鲤葬亲已半载，着梦鲤仍照契管业，但需赴家主吴自祥门户负荆请罪，则两得其平。后梦鲤为免日后纠葛，请求抄招帖文存案，以防日后朱宗泰、吴殿一再次听唆兴讼，祁门县准给帖	《徽州千年契约文书》（清民国编）卷一，第71—77页
16	乾隆三十一年（1766）	叛主不法，希图跳脱本族。汪亨等人状告安山地仆胡寄生、胡庆等，叛主不法，希图跳脱本族	1. 主仆 2. 主仆纠纷	1. 呈官究治 2. 未载结果	《安徽师范大学馆藏徽州文书》，第177页
17	康熙五十年（1711）	抗役欠租。世仆汪普生，自不合误听人言语，抗役欠租	1. 主仆 2. 主仆纠纷	1. 状告徽州府 2. 汪普生央托众位相公朝奉，代身求恕，甘立文约，照旧服役交租	《徽州千年契约文书》（清民国编）卷一，第160页
18	嘉庆八年（1803）	主仆名分归属纠纷。都察院认定余泽山种余姓之田，葬余姓之山，应判为余姓世仆；安徽署臬司宗以主家并未有余泽山卖身文契，判定余姓不得视同仆役	1. 主仆 2. 主仆纠纷	1. 状告安徽署臬司宗及都察院 2. 因两处官府判决有分歧，故都察院上书，请求圣上裁夺	《徽州千年契约文书》（清民国编）卷二，第152页

续 表

序号	时间	起因	双方关系及纠纷类型	处理方式及结果	资料来源
19	天顺三年(1459)	侵犯祖墓。郑德宽侵越与其兄郑思广之共有坟地	1. 亲戚 2. 坟茔纠纷	1. 其兄告县 2. 蒙里老等勘，凭亲眷劝议，郑德宽愿共立保祖合同文约，以息争端	《明清徽州的民间纠纷及其解决》，第50页
20	万历十八年(1590)	侵犯祖冢。李吉状告方岩寿，纠凶将其祖坟荫木概砍，并扦葬伤冢。上告县衙后，豪浼中息讼，但李吉仍害怕日后豪弊复起，祖骨难存，故告乞批照，使祖坟安妥	1. 邻人 2. 坟茔纠纷	1. 上告祁门县 2. 准照	《徽州千年契约文书》(宋元明编)卷三，第240页
21	万历二十一年(1593)	侵占祖冢。项元与吴伯互控侵占祖冢案	1. 邻人 2. 坟茔纠纷	1. 上告徽州府 2. 仰祁门县查报	《徽州千年契约文书》(宋元明编)卷三，第266页
22	万历二十八年(1600)	侵占祖冢。汪以敬状告胡尚义，碑压侵占祖冢，连告县、府、院、道等，送台蒙勘，谕让给价。担心日后豺狼无厌，故请求抄招作证	1. 邻人 2. 坟茔纠纷	1. 上报祁门县 2. 据此除抄招外，合行帖给本告，前去收执照证。以后如有混争，许赍此帖陈理，定行从重究治不贷，须至帖者	《徽州千年契约文书》(宋元明编)卷三，第300页
23	万历三十六年(1608)	侵占坟冢。吴良恺状告朱广大等斩占身冢，告蒙县主法断，追冢订界后，其又统领家丁百人登山，将界势毁，并殴打前来理论的吴良恺叔侄	1. 邻人 2. 坟茔纠纷	1. 上告歙县 2. 票传被告赴审核对，若原告贿邻诬陷，则反坐从重	《徽州千年契约文书》(宋元明编)卷三，第387页

序号	时间	起因	双方关系及纠纷类型	处理方式及结果	资料来源
24	天启七年(1627)	侵犯祖冢。方起龙状告族鸁方启□、逆侄方宜庆等,挖身分祖脑。蒙宪大亲邻踏勘,身祖得保。为防日后恶谋不悛,展奸肆害,请求县主抄判给帖,以保祖骸,以杜世患	1.同族 2.坟茔纠纷	1.上报祁门县 2.为此合行抄给本告收执照证。如方启□户内人等仍再不悛,无影横争,生奸复害等情,许本告即便赍出,陈禀以恳重惩施行,须至帖者	《徽州千年契约文书》(宋元明编)卷四,第212页
25	顺治十六年(1659)	侵犯祖冢。黄昆控告黄珍等人,恃富贪高,倚弟青衿,贿赂与之共冢的黄哲户丁黄忠元,盗认两家共冢。官府判定:黄珍等人罚租十秤,助建学宫,祭祀只许黄昆与黄忠元二户,照旧标挂。黄昆为防县爷高迁,日后不测,恳请抄帖杜谋保祖	1.同族 2.坟茔纠纷	1.上告祁门县 2.蒙批准照	《徽州千年契约文书》(清民国编)卷一,第47—50页
26	康熙五十四年(1715)	祖坟侵占纠纷。生员程元控程公信叔侄,倚充册书,无恶不作,垂涎祖冢,突将身家祖坟脑斩脉开穴,待约族公正查勘时,又平穴移碑,生兄被害暴死,恶却反捏毁碑,诬兄首犯,请求恩准拘质,究诬究害	1.同族 2.坟茔纠纷	1.先投约族公正理论,恶亏潜匿,后上告官府 2.无明确审判结果	《徽州千年契约文书》(清民国编)卷一,第168页

续 表

序号	时间	起因	双方关系及纠纷类型	处理方式及结果	资料来源
27	雍正七年(1729)	祖坟侵葬。康熙五十九年,程晋玉坟山遭豪朱殿先砸毁界碑,蒙亲劝释,谕豪另立界石,写立文约存案。今闰七月,祖坟复遭朱殿先侵犯,因身在苏州生意,家属投本地约保、图正验实,今虽回里,但因楚地店业轮身管理,分身乏术,只好将先前所定议墨抄录上报存案,待来春归里,再行控叩法究	1. 邻人 2. 坟茔纠纷	1. 上报歙县存案 2. 已存房备案	《徽州千年契约文书》(清民国编)卷一,第249页
28	乾隆七年(1742)	祖坟侵葬。侵葬案件结案后,原告汪美玉鉴于自身出外日多、在家日少的现实,请求官府发布示禁告示,以保祖茔	1. 邻人 2. 坟茔纠纷	1. 上告休宁县 2. 结案后,准原告所请,发布示禁弭患告示,禁盗砍盗葬,侵害坟茔	《徽州千年契约文书》(清民国编)卷一,第295页
29	道光十五至十六年(1835—1836)	侵犯祖墓。吴国瑞状告吴树勋,借共买之山业相邻之机,侵犯其祖墓	1. 邻人 2. 坟茔纠纷	1. 先投图保,吴树勋恃强不采,不得已转投县主 2. 仰役协保,将原、被告带县以凭讯夺,未载最后结果	《徽州文书》第四辑卷六,第404—408页

续 表

序号	时间	起因	双方关系及纠纷类型	处理方式及结果	资料来源
30	万历二十二年(1594)	盗卖祖坟。吴旦、吴化等,盗卖吴有祈、吴有则祖坟旁山业与张桃埋葬	1.未提及 2.坟茔纠纷	1.状告徽州府 2.讦告断明是吴有祈等己业,断张桃出银九两与吴有祈等,以偿地价;并凭亲族作证,再另取山地,卖与张桃前葬坟茔为业;吴旦等不得再盗卖以致侵害	《中国历代契约粹编》中册,第787—788页
31	顺治二年(1645)	盗葬祖坟。汪廉行盗葬叶都春祖坟傍地	1.未提及 2.坟茔纠纷	1.状告县主 2.命原差役督同干证、原、被人犯,并乡约、保甲,将汪廉行所盗葬叶都春祖坟傍地,立刻眼同起举平没,具结回报	《徽州千年契约文书》(清民国编)卷一,第13页
32	康熙五十九年至雍正三年(1720—1725)	祖坟盗葬。郑仙标、郑日恺等人,控倪有寿等,欺身远隔,于身祖坟山张弯坳内盗挖两穴,连环盗葬,故控县主。县主不作为后,又上控徽州府。倪有寿诉为,郑姓祖坟在土名张浦港,身买受坟山在土名张弯,相隔二里,土名字号两不相同,各安各祖、各葬各业,不存在盗葬之嫌	1.邻人 2.坟茔纠纷	1.分别上告祁门县、徽州府 2.在徽州府的监督下,此案在祁门县和息销缴。倪姓托中,愿以不毛荒山,托中理处,换其盗葬郑姓的二穴	《徽州千年契约文书》(清民国编)卷一,第183—207、212—218、234—236页

附录

续 表

序号	时间	起因	双方关系及纠纷类型	处理方式及结果	资料来源
33	雍正十一年(1733)	祖坟盗葬。生员倪光阳诉迁葬祖冢时,被地棍倪昭禄盗葬,地邻为证	1. 同族 2. 坟茔纠纷	1. 先投约正族长,恶凶横不理,故上告祁门县 2. 仰族约确查即复	《徽州千年契约文书》(清民国编)卷一,第262页
34	乾隆八年(1743)	盗篡祖冢。叶夏玉控王章等,盗篡祖冢	1. 邻人 2. 坟茔纠纷	1. 上告祁门县 2. 票仰邻保速速查明事实	《徽州千年契约文书》(清民国编)卷一,第299页
35	乾隆中前期	盗葬祖坟。江宗涞等控告族恶江天赐等,盗砍坟荫,盗葬祖坟,持械凶阻,扬言斧劈身命等	1. 同族 2. 坟茔纠纷	1. 上控县主 2. 请求恩赐做主,保祖保命	《徽州文书》第三辑卷三,第524页
36	乾隆四十三年(1778)	盗换罩占祖坟。张锦翼等祖坟山,遭治地监生孙桂盗换罩占	1. 邻人 2. 坟茔纠纷	1. 上控祁门县 2. 孙桂情亏,浼托亲邻调处,登山照绘全图,将石立界,将张、孙两姓坟及孙仆坟,逐一绘清,所有议存孙坟禁步,悉照乡例,前后左右以八尺为率,准恩销案,并给示严禁	《徽州千年契约文书》(清民国编)卷二,第9页
37	嘉庆十八年(1813)	盗厝祖坟。程加佶棺厝于祖坟旁,致族等控	1. 同族 2. 坟茔纠纷	1. 上投县主后立甘结平息 2. 遵县主致令,将棺浮厝,不得实葬,亦不得再添新棺上厝	《徽州文书》第一辑卷八,第173页
38	道光十六年(1836)	盗冢纠纷。桂内寿状告汪寿伶,盗冢篡葬,保祖保命事	1. 未提及 2. 坟茔纠纷	1. 上控县主 2. 未载明确审判结果	《徽州文书》第一辑卷九,第445页

续 表

序号	时间	起因	双方关系及纠纷类型	处理方式及结果	资料来源
39	天启二年(1622)	坟业纠纷。黄垂继等,新添坟一业,迁葬于就田路上,朱廷桂住屋在左边路下,有碍黄坟,引发纠纷	1.未提及 2.坟茔纠纷	1.呈院批县勘断 2.蒙亲人劝谕,着令朱廷桂移屋,黄愿贴搬银二十二两整	《中国历代契约粹编》中册,第960页
40	康熙四十二年(1703)	坟厝纠纷。胡荣在山脚地内厝坟,并于坟顶石旁立碑护坟。胡寿在右旁开穴,使得胡荣以"毁碑跨厝事",胡寿针锋相对,以"恃祖霸灭事",两相俱控县主	1.邻人 2.坟茔纠纷	1.两相俱控县主 2.县主批回族内约族处理,众议递年交胡荣边地租二分,凭族定界,各相情愿,并呈立县主,永远遵守	《徽州合同文书汇编》卷十,第380页
41	雍正十二年(1734)	坟山阻葬。倪国希诉为与服侄孙倪光阳共穴,因去年倪光阳与倪昭禄坟葬纠纷涉讼,索身讼费未遂,故而不容身等同穴,恃衿阻葬	1.同族 2.坟茔纠纷	1.上告祁门县 2.批复:候讯	《徽州千年契约文书》(清民国编)卷一,第264页
42	乾隆元年(1736)	祖坟纠纷。王明九与王昆玉共有祖坟山一号,昆玉在祖坟左臂开挖穴矿,引发互控纠纷。王明九以盗拼势砍控王昆玉,王昆玉以叠控延移控王明九	1.同族 2.坟茔纠纷	1.上告至祁门县 2.蒙批仰亲房查处和息,但亲房无力和息,最后还是由官判决销案:着照前议同,王明九、昆玉各自移棺填穴,以免妨害祖冢,发还销案	《徽州文书》第二辑卷一,第29页

续 表

序号	时间	起因	双方关系及纠纷类型	处理方式及结果	资料来源
43	乾隆元年(1736)	有碍祖坟纠纷。康姓买受土名枧坑口田业,挖取磁土,其田与枧坑口之山毗连,康姓在此山也有分籍,谢姓祖冢坟脚也在此山上,因康姓取土,以致两家构讼无休	1. 未提及 2. 坟茔纠纷	1. 告官 2. 凭中调处,康姓所买之山,尽数立契出卖与谢姓,永远保祖。康姓在田内取土,不得有侵山界	《清乾隆年间契约文书辑录(一)》,第233页
44	乾隆五十三年(1788)	破坏祖祠、祖坟纠纷。祠内忤逆不孝支孙,拆祠毁主,平坟盗葬,上控官府十余年后,凭中调息	1. 同族 2. 坟茔纠纷	1. 上控县主、府主 2. 数十年不休,凭中至婺源城隍庙中,令其起主安奠,造祠安主,才予调息	《徽州合同文书汇编》卷十,第452页
45	嘉庆十九年(1814)	冒坟越占。许岐山控汪瑞喜冒坟越占	1. 未提及 2. 坟茔纠纷	1. 上控至府宪 2. 府宪转奉臬宪,祁门县遵令仰原差协保,将两造执业印契及完粮印串呈案,并将相关人等三日内传齐带县	《徽州文书》第一辑卷八,第180页
46	乾隆四十年(1775)	保护祖茔。贡生汪大瑗鉴于土名庄基林等处祖茔,屡被牛畜践踏、越界刨挖之情,请求官府发布告示,严禁不法之徒重蹈前辙,以保祖坟	1. 邻人 2. 保护祖坟	1. 上报休宁县 2. 准予所请,发布告示严禁	《徽州千年契约文书》(清民国编)卷一,第414页

续 表

序号	时间	起因	双方关系及纠纷类型	处理方式及结果	资料来源
47	乾隆五十一年(1786)	保护祖坟。贡生汪大瑗鉴于土名郁源西充塘等处祖坟,屡被近山居民砍伐,纵牛畜践踏,曾经禀叩前宪未准,致近山居民仍蹈前辙,并欺生远贸,家仅女流,肆行罔忌,故不得不再次禀宪,请求严禁	1.邻人 2.保护祖坟	1.上报休宁县 2.准予所请,发布告示严禁	《徽州千年契约文书》(清民国编)卷二,第48页
48	隆庆三年(1569)	侵犯坟山。歙县吴伯起,告称承祖佥业坟山,被休宁县豪恶金帅,欺家窎远,盗葬平坟毁碑。该县批老勘明,催提人卷,解案审判,其原坟山照以原册界管业,拟罪发落。原告担心被告势大,刁诈百端,缠无了期,故恳赐抄招存案	1.邻县人 2.坟山纠纷	1.先后呈休、歙二县,后状告徽州府 2.将抄招给本告收执	《徽州千年契约文书》(宋元明编)卷二,第438页
49	万历三十二年(1604)	坟界纠纷。吴宗贵、吴时相等,因争坟界,互控于官	1.亲戚 2.坟山纠纷	1.上告歙县 2.亲邻汪士望、鲍通等人查清缘由,划定界限息讼,歙县准息,但各罚谷三石备赈	《徽州千年契约文书》(宋元明编)卷三,第331页
50	万历年后	侵占坟山。程文胤、程文征兄弟,混开与叔父程道立之共有坟山多穴滥卖,导致互相斗殴	1.亲戚 2.坟山纠纷	1.其叔赴县控告 2.前山断程道立照契管业,厥后不许程文胤更图混滥;程文胤等所犯,合依不应得为而为之事理,重者律杖八十者,大诰减等,杖七十	《安徽师范大学馆藏徽州文书》,第112页

续　表

序号	时间	起因	双方关系及纠纷类型	处理方式及结果	资料来源
51	崇祯十四年(1641)	坟山归属纠纷。汪礼祖上将山卖给汪姓,仅留古坟四所,汪姓又将山地转卖周姓。因汪礼未核祖契,将母棺停山,致汪、周互告县主老爷台下	1. 原卖主与买主 2. 坟山纠纷	1. 上告县主 2. 蒙亲族眼同验契,凭中劝谕求息,汪礼所停母棺自愿即移。其古坟四所,听汪礼立碑标挂;余山树木,尽听新买主周姓执契管业	《徽州千年契约文书》(宋元明编)卷四,第464页
52	康熙二十七年(1688)	坟山互控案。休民张淳声诉为:其居近祁界,在祖遗之山地葬母半载,因张、方两家坟山相连、土名相同,地恶方润如因借端赫诈不遂,挑唆祁恶方孔勗等,将身坟山之墓碑磨毁,砌石盗折,并捏伪契假图,架诬盗居杀命,计将四载,请宪天验图核税亲勘,严审究惩。方孔勗诉为:承祖坟山,葬祖百年,突遭豪恶张淳声等,欺身穹远,魆地盗葬,与其理论,反遭伏杀,遍体鳞伤,请求告准审理	1. 邻县之人 2. 坟山纠纷	1. 上告徽州府督军总捕厅 2. 饬差与地方约保验勘,但无明确审判结果	《徽州千年契约文书》(清民国编)卷一,第99—103页
53	康熙三十四年(1695)	盗葬坟地。吴济美状告原卖主后裔方祖儿、方明甫,在已卖之山复行盗葬	1. 买主与卖主 2. 坟山纠纷	1. 投鸣保长、乡约、公正人等无效,状告县主 2. 未载明确结果	《安徽师范大学馆藏千年徽州契约文书集萃》卷二,第395—411页

续 表

序号	时间	起因	双方关系及纠纷类型	处理方式及结果	资料来源
54	康熙五十八年(1719)	侵占坟地。汪大囡,乡愚藐法,因地与吴家驹山地相连,大囡遂起谋占之意,猝将石碑暗立吴地,以为侵占之基,致吴家驹上控	1.邻人 2.坟山纠纷	1.上控祁门县 2.当经查勘,汪大囡恃强逞蛮,一杖示儆,并取供立案,以杜后起之争端	《徽州千年契约文书》(清民国编)卷一,第180—181页
55	乾隆二十六年(1761)	保护坟山。因坟山屡遭不法之徒入山盗砍,康姓遂上报官府请求给予告示,严禁不法行为	1.邻人 2.坟山纠纷	1.上报祁门县 2.准予颁发示禁告示	《徽州千年契约文书》(清民国编)卷一,第336页
56	嘉靖三十六年(1557)	看管不力,致坟山苗木被侵。程岩正等替城居苏忠义看管坟山树木,因管理不周,致松苗屡被人侵害,苏忠义愤而告县	1.主雇 2.坟荫纠纷	1.告县 2.程岩正等再三恳求,自愿栽补松苗,协同长养	《徽州千年契约文书》(宋元明编)卷六,第225页
57	万历四年(1576)	祖坟边浮木误砍纠纷。汪必祯、胡荣、康尚教三人山界毗连,康尚教将祖坟边浮木卖与程道护,未审来历,误砍胡、汪二家浮木,讦告本县姚老爷台下	1.邻人 2.坟荫纠纷	1.状告县主 2.批达南厅,转与里老踏勘,写立合同,各照承祖佥业名目管业	《徽州千年契约文书》(宋元明编)卷三,第25页
58	万历十四年(1586)	坟荫归属纠纷。程五十、程纺祖坟毗连,因山界之松木告争在案	1.亲戚 2.坟荫纠纷	1.上告在案 2.亲族劝谕息讼,中人到山勘明,订界息争	《徽州千年契约文书》(宋元明编)卷七,第205页

续 表

序号	时间	起因	双方关系及纠纷类型	处理方式及结果	资料来源
59	万历十七年(1589)	误砍坟荫。倪正沿,其男年幼,误砍邻人郑公坟山荫木	1. 邻人 2. 坟荫纠纷	1. 郑姓不甘,往县告理 2. 倪正沿托中息讼,谢坟赔价,立还文约,长养树木,日后再无侵害	《徽州千年契约文书》(宋元明编)卷三,第225页
60	万历二十七年(1599)	越界盗砍祖坟荫木。谢春状告徐应龙,借谋买逆恶谢上元与身毗连之山地,越界砍伐荫木。祁门县勘判身备价取赎谢上元之全业保祖,以杜纠纷。诚恐日后恶党生奸暗害,恳请祁门县准予抄招给照	1. 邻人 2. 坟荫纠纷	1. 上告祁门县主 2. 给予给照。合行抄招帖给本告收执,查照招帖内事理,一体遵守,敢有侵害,许□帖赴证施行,须至帖者	《徽州文书》第二辑卷一,第191页
61	雍正八年(1730)	盗砍坟荫。歙县正堂催办公事信票,催促地保前去,将江天偀所控盗砍坟荫情由立即查明,限二日内赴县回复,若办事不力,再行改派差役持票拘提	1. 邻人 2. 坟荫纠纷	1. 上报歙县 2. 立案,差票里保查明实情	《徽州千年契约文书》(清民国编)卷一,第252页
62	雍正十三年(1735)	坟荫大枫树归属纠纷。郑、胡两家坟山相连,同属一备,仅号数不同,因风吹倒坟上大枫树一株,引起两家对大枫树产权的归属纠纷	1. 邻人 2. 坟荫纠纷	1. 先投地邻、甲长,未蒙收阅,再告祁门县 2. 典吏断树系胡姓所有,可由胡姓自由出拼,并上报县主裁夺	《徽州千年契约文书》(清民国编)卷一,第268—275页

续 表

序号	时间	起因	双方关系及纠纷类型	处理方式及结果	资料来源
63	乾隆四年(1739)	盗砍荫木。王正仁控逆侄孙王起章,恃强屡盗并斫身祖坟山等处树木千余,得价百余金,并贿赂房差,党敝宪聪	1.亲戚 2.坟荫纠纷	1.上控县主 2.请求县主凭保簿记载,入山踏勘究竟。未记载最后审判结果	《徽州文书》第二辑卷一,第32页
64	乾隆三十八年(1773)	盗砍坟荫巨木纠纷。张锦翼等控胡文学等,盗砍其祖坟上巨木一株	1.亲戚 2.坟荫纠纷	1.上报祁门县 2.经询问乡约,县令亲自履勘,验得坟山系张姓属实,胡姓所呈买受张姓契纸无亩数无官印,过割税粮契约也毫无实据,不足为凭,断将买契销毁,以清讼端。因两方亲族,从宽免究,树木着张姓领回,取具胡姓甘结,遵依结案	《徽州千年契约文书》(清民国编)卷一,第378页
65	道光三年(1823)	盗荫纠纷。程加焕控诉地棍王友等人,不仅盗荫,事发后还截阻擒殴准备通风报信的守墓人	1.未提及 2.坟荫纠纷	1.上控县主 2.未载明确审判结果	《徽州文书》第一辑卷八,第281页
66	道光十八年(1838)	盗砍荫木。原告先后托胡姓族长和地保往验,确见盗砍大松树二节,保验向理,反遭被告骇制,只得上诉官府,迅赏提案严究	1.邻人 2.坟荫纠纷	1.先投胡姓族长及地保,后状投官府 2.批:准差拘讯究	《清至民国婺源县村落契约文书辑录》卷十四,第6725页

续 表

序号	时间	起因	双方关系及纠纷类型	处理方式及结果	资料来源
67	成化六年（1470）	山地纠纷。洪景富等，将承祖山地卖于本都饶荣保后，侄洪渊状告到府	1.叔侄 2.山场纠纷	1.状告到府 2.凭亲眷劝谕和息	《中国历代契约粹编》中册，第968页
68	成化十六年（1480）	包养山场纠纷。谢元坚祖上将山股承包给谢彦良等前去栽苗，因彦良等不用心栽培，致谢元坚具情告县	1.主佃 2.山场纠纷	1.告县 2.蒙批里老踏勘、调解后，包养人彦良等自立文约悔改，承诺今后用心栽种杉苗	《明清徽州社会经济资料丛编》第一集，第452—453页
69	弘治元年（1488）	山界纠纷。黄富、胡胜宗等三家互争山界	1.同都人 2.山场纠纷	1.状告祁门县，蒙批里老等到山踏勘订界 2.重立合同疆界，按合同管业	《徽州千年契约文书》（宋元明编）卷一，第240页
70	弘治九年（1496）	山界纠纷。李齐与李溥，互争山界，霸占风水	1.叔侄 2.山场纠纷	1.状告徽州府 2.仰老人踏勘覆审，凭亲朋劝谕后，照依画图定界和解	《徽州千年契约文书》（宋元明编）卷一，第274、276页
71	正德四年（1509）	山界纠纷。郑狮与郑琼等因山界不明，致起纠纷	1.族兄弟 2.山场纠纷	1.讦告到官 2.帖下排年里老踏勘后，凭亲族劝谕，将本家买受之山，划为三分，郑狮家得一分，郑琼家得两分	《徽州千年契约文书》（宋元明编）卷一，第322页
72	嘉靖元年（1522）	山地重复买卖纠纷。叶思宪之子叶文广，重复出卖原已被其父卖尽的山场，引发原买人状告	1.原买卖双方 2.山场纠纷	1.告县 2.叶文广理亏，托本管里长，立还文约，凭中取赎。如违，听自赍文告理无辞	《明清徽州社会经济资料丛编》第一集，第563—564页

续 表

序号	时间	起因	双方关系及纠纷类型	处理方式及结果	资料来源
73	嘉靖三十六年(1557)	山业纠纷。苏氏兄弟互争山地,混砍柴木	1. 亲戚 2. 山场纠纷	1. 先告府县,复告县主 2. 县主批坊长查处,两造和息结案	《徽州千年契约文书》(宋元明编)卷六,第132页
74	嘉靖三十七年(1558)	山地纠纷。祁门十六都二图民倪一与倪伦等山地纠纷,经县主体勘判明后,倪一请求抄招给帖,以杜后患	1. 邻人 2. 山场纠纷	1. 上告祁门县 2. 准照	《徽州千年契约文书》(宋元明编)卷二,第265页
75	万历九年(1581)	山场纠纷。汪仁因向汪于佑租佃山场不成,向官府诬告汪于佑违约租佃山场与外人。经徽州府判明乃是汪仁恃强霸佃,诬告属实。汪于佑害怕汪仁之后再次恃强霸佃,故向祁门县恳请给帖,被批准	1. 同族 2. 山场纠纷	1. 状告祁门县 2. 准照	《徽州千年契约文书》(宋元明编)卷三,第74—75页

续　表

序号	时间	起因	双方关系及纠纷类型	处理方式及结果	资料来源
76	万历十七年（1589）	山地纠纷。李天树久外生理，其母倪氏缺少食养，命其次子李天标将承祖山业徐家坑，除业内生坟一所不卖外，其余空山尽数立契出卖与郑功为业，得银五两八钱。不料天树回家后，因找郑功增价不成，就将与弟共业之荒田荒地，复立契卖与郑功，以图厚价。被郑功状告于县老爷台下。县主审明李天树骗局行径，姑念原未尽字，断令郑功给银一两，仍领认约。李天树不甘赴府陈告，府认定天树捏词越告，断定李天树所犯依不应得为而为之事理，重者律杖八十，有大诰减等，杖七十，系民审有力，折纳工价赎罪。原告郑功为防后患，请求赐招存案	1. 买主与卖主 2. 山场纠纷	1. 上告县主后又告府 2. 准照	《安徽师范大学馆藏千年徽州契约文书集萃》卷一，第256—265页

续 表

序号	时间	起因	双方关系及纠纷类型	处理方式及结果	资料来源
77	万历二十五年(1597)	山场纠纷。谢学立状告冯贵生等,听唆告争山业。蒙恩审明乃身家业,害怕爷台日后高迁,故请求抄招给帖,以杜后患	1. 邻人 2. 山场纠纷	1. 状告祁门县 2. 准照	《徽州千年契约文书》(宋元明编)卷三,第284页
78	崇祯元年(1628)	山场纠纷。吴可祖等承祖山场,向被豪李兴占蓄养,两相告争在府	1. 邻人 2. 山场纠纷	1. 告府后批县究问 2. 吴姓不服县主判决,拟往上告理,故立维护族产合同,申明讼费照丁科派	《中国历代契约粹编》中册,第956—957页
79	康熙二十八年(1689)	侵占税山。康百老将承祖税山,出租与凌姓做造浮碓,后因伊家分晰,浮碓拆回,地本因归原主,但凌必达等人希图混争,富占贫业。幸蒙县恩亲饬电勘,蒙身按原税管业。身恐其贪心复萌,故请求赏金批给执照,杜奸害而保弱业	1. 主佃 2. 山场纠纷	1. 上告祁门县 2. 官府批:准照	《徽州文书》第二辑卷一,第353页
80	乾隆九年(1744)	山界纠纷。俞、王、戴三姓山场地界归属纠纷	1. 邻人 2. 山场纠纷	1. 上告官府 2. 凭亲友劝息	《清至民国婺源县村落契约文书辑录》卷四,第1742页
81	成化七年(1471)	山业霸占纠纷。军籍程昂状告本家佣工,借开垦民山之机,意欲起科	1. 主佃 2. 山场纠纷	1. 上告祁门县 2. 一立案,一帖下告人程昂	《徽州千年契约文书》(宋元明编)卷七,第198—199页

续 表

序号	时间	起因	双方关系及纠纷类型	处理方式及结果	资料来源
82	嘉庆十六年(1811)	山业霸占纠纷。叶克明禀称,祖遗土名师家坞山一备,与冯惊直等共业,伊得九股,冯得一股。今被概行霸占,叩押饬买完纳钱粮等情到县	1. 未提及 2. 山场纠纷	1. 上控祁门县 2. 仰原役迅将原、被告及人证人等限三日内唤齐,赴县以凭察讯	《徽州千年契约文书》(清民国编)卷二,第194页
83	康熙四十四年(1705)	侵占山场。盛青控告王文焕等,欺身乡愚,重复造伪,多次势占身家山场,并擒身吊打	1. 邻人 2. 山场纠纷	1. 上控县主 2. 请求饬差提讯,杜奸保业。未载最后结果	《徽州文书》第四辑卷一,第148页
84	乾隆四十九年(1784)	侵犯山场。胡日贞、叶孔章等控告地棍汪兴等,在其山场内故意纵火焚烧,砍柴挖椿	1. 邻人 2. 山场纠纷	1. 上控祁门县 2. 沐恩票饬该地地保查核后调息纷争,并答应原告请求,发文加禁封山	《徽州千年契约文书》(清民国编)卷二,第39页
85	弘治十三年(1500)	山地归属纠纷。李思俊与胡希旺,因山地相连,界至、亩步不明,故起纠纷	1. 同都人 2. 山场纠纷	1. 状告徽州府 2. 牌发祁门县,要求祁门县委托里长、老人亲临告争场所进行验勘,并将结果申送到府	《徽州千年契约文书》(宋元明编)卷一,第288页
86	嘉靖三十八年(1559)	山业归属纠纷。苏天爵卖与程禄美父之承祖山场,未与其兄弟天贤、天珉分扒,两各混砍柴木,引发纠纷,讦告府县	1. 兄弟 2. 山场纠纷	1. 讦告县主,批坊长查处,后在两家亲邻劝谕下平息 2. 天爵已卖给程禄美之田租,归程管理;余下山场,俱作三分,由苏姓兄弟三人均分,管业无异	《徽州千年徽州契约文书》(宋元明编)卷六,第133—134页

续　表

序号	时间	起因	双方关系及纠纷类型	处理方式及结果	资料来源
87	嘉靖四十二年(1563)	山业归属纠纷。谢祖昌与族人谢顺,因互争山业而讦告到徽州府	1.同族 2.山场纠纷	1.状告至徽州府后,凭亲族解息 2.日后二家各照今立山契,永远管业,毋许兴端争论。所有在官一应等项使用,及倘有罪罚,并系二家对半均出,亦不许推捱偏执	《徽州千年契约文书》(宋元明编)卷二,第341页
88	万历七年(1579)	山场归属纠纷。郑月将承祖买受山场,全数卖给郑英才公秩下子孙,由于山场老契与别产相连,当时未有缴付。待郑月之侄郑伯芹从外地归来时,却到已卖绝山场强行堆坟,引发诉讼	1.卖主与买主 2.山场纠纷	1.讦告到官 2.凭亲劝谕息讼。除将卖契誊抄一份付英才公秩下收执外,所有郑伯芹之虚堆,情愿平去	《徽州千年契约文书》(宋元明编)卷三,第56页
89	崇祯四年(1631)	山场归属纠纷。黄记秋祖,误买谢濠等山八号,契业不明,使得黄记秋误种本山三号,致谢孟义告县	1.邻人 2.山场纠纷	1.上控县主 2.凭中劝谕,以上八号山场,四至悉照经理,俱各勘明,两毋相涉	《徽州千年契约文书》(宋元明编)卷四,第306页
90	康熙二十七年(1688)	山业归属纠纷。康百老与僧恒泰,因黄泥潭、牛角湾两处山分不清,以致口角控告	1.未提及 2.山场纠纷	1.上告至官府,两家自愿凭中处息 2.康百老将买受黄泥潭山分,本身存留生基,禁步不卖,仍山分籍,立契出卖,凑白云庵全业;牛角湾山一号,原二家买受,现对半管业	《徽州文书》第二辑卷一,第352页

续 表

序号	时间	起因	双方关系及纠纷类型	处理方式及结果	资料来源
91	道光十六至十七年(1836—1837)	山场归属纠纷。王姓状告因祖坟山业落黄电如肘腋,故遭其盗占霸种。真实结果却是鲍家坞、鲍家塔之山,王姓祖上早已卖给盛、谢二姓,盛、谢二姓转卖给黄姓祖上,实属诬告	1. 邻人 2. 山场纠纷	1. 托中不理后,上控县主 2. 县主判鲍家坞、鲍家塔之山归黄姓照契管业无异,听其拼砍,双方具结结案	《徽州文书》第四辑卷二,第363—378页
92	嘉庆十一年(1806)	山业分配纠纷。程讱、珖、让三房,因山业分配发生纠纷	1. 同族 2. 山场纠纷	1. 上控县主 2. 蒙亲族出为调息,该山山业,通山共八大股,讱祀得七股,仍一股讱、珖、让三股均分	《徽州文书》第一辑卷八,第115页
93	成化五年(1469)	杉木盗砍。谢玉清状告程付云,强砍其与谢思义等共业杉木	1. 同都人 2. 林木纠纷	1. 状投里老,程付云倚势不遵,无奈状告祁门县 2. 帖下该都里老,协助官府调查讯问	《徽州千年契约文书》(宋元明编)卷一,第186页
94	成化二十年(1484)	山木盗砍。谢忠赴县状告汪曜等,将本山树木砍斫	1. 邻人 2. 林木纠纷	1. 状告县后,批里老中人踏勘 2. 凭里老中人劝谕,划分山界,立定合同永远管业	《徽州千年契约文书》(宋元明编)卷一,第224页
95	成化二十一年(1485)	互争杉木。汪仁政、汪文椠告争杉木案	1. 邻人 2. 林木纠纷	1. 由里老呈送后,状告祁门县 2. 汪仁政承祖并父契买之山,归其照契管业;汪文椠承祖之山,令汪仁政备价买凑便业;二家祖上契买重复之山业,令汪文椠备价买赎	《徽州千年契约文书》(宋元明编)卷一,第229页

续　表

序号	时间	起因	双方关系及纠纷类型	处理方式及结果	资料来源
96	嘉靖年间	山木纠纷。康邦材与侄康茂和,互争杉木	1. 亲戚 2. 林木纠纷	1. 告县 2. 县主帖下排年里老查勘,和息结案	《徽州千年契约文书》(宋元明编)卷五,第267页
97	成化十五年(1479)	地业互争。谢云同与其弟显仁,将开垦之地卖给谢彦昌后,与同都谢永和发生地业互争	1. 同都人 2. 地业纠纷	1. 具情告县 2. 蒙批里老调处,后在亲族劝议下息争	《徽州千年契约文书》(宋元明编)卷一,第208页
98	嘉靖五年(1526)	基地纠纷。李楪糊口外地,其房弟李祥趁机将其共业基地盗卖,并受贿将佃仆应役文书私自缴给黄姓仆人。蒙县主审明,因地业已经卖过十数载,不便取赎,故令李祥追价银十六两,并薄责祥二十大板以惩盗卖。为防将来产业不保,叩乞县爷给印准照	1. 亲戚 2. 地业纠纷	1. 上告祁门县 2. 准照	《徽州千年契约文书》(宋元明编)卷二,第32页
99	万历十年(1582)	基地纠纷。谢大义状告谢世济等人,串通讼师,诬告其押骗基地火佃。蒙准行拘问理,并随委老人验契明白,除恶罪诬。谢大义担心县爷高升之后,奸豪翻害,故请官府帖给其前去管业基地火佃	1. 邻人 2. 地业纠纷	1. 状告祁门县 2. 准照	《徽州千年契约文书》(宋元明编)卷三,第118页

续 表

序号	时间	起因	双方关系及纠纷类型	处理方式及结果	资料来源
100	万历十年(1582)	地业纠纷。毕九礼、金晋讦告数载,向未归结	1.邻人 2.地业纠纷	1.讦告未结,凭亲人劝谕和息 2.重新划分地业归属	《徽州千年契约文书》(宋元明编)卷三,第87页
101	万历十七年(1589)	店基纠纷。李新明、吴彦五二家为店基讦告	1.亲戚 2.地业纠纷	1.上告县主 2.蒙县主委中以情劝谕,李新明将店量拨数间给吴,吴彦五量出价银给李	《中国历代契约粹编》中册,第959页
102	康熙十五年(1676)	地业纠纷。生员李枨曾,因叔祖后人李振五擅将本族官祠公业盗卖,故请族众作证立合约,将生父原送与官祠余地退还自守,遭振五反对。故将新立合文并契呈电,恳恩赐印,永保先业	1.同族 2.地业纠纷	1.陈情祁门县 2.祁门县准照赐印	《徽州千年契约文书》(清民国编)卷一,第80页
103	康熙五十五年(1716)	地业霸占。胡可佳控胡瑞寿,将身父价买伯母金氏地业霸占,栽种园圃。怒身向其理论而殴之,裂衣毁冠,反捏身买契伪造	1.同族 2.地业纠纷	1.上告黟县县主 2.本应重惩胡瑞寿,姑念同族,传罚城砖,以儆狂暴,断令地归胡可佳照契管业	《徽州千年契约文书》(清民国编)卷一,第173—175页
104	雍正十年(1732)	地业霸占。谢万祚控谢公明,越占与身相连之地,向论不理,历控前任县主及署主,俱批约中调处,案延三载,无效。故再次上告	1.邻人 2.地业纠纷	1.再次上告祁门新县主 2.批:俟覆到夺	《徽州千年契约文书》(清民国编)卷一,第255页

续 表

序号	时间	起因	双方关系及纠纷类型	处理方式及结果	资料来源
105	乾隆四十一年(1776)	地业重复买卖纠纷。黄仲和控诉王殿升,将土名牛栏丘地业重复卖给王廷爵父子后,廷爵父子便将身在此地基上做造的水碓磨坊插牌势占	1. 邻人 2. 地业纠纷	1. 上告官府后,凭亲邻和息 2. 劝王殿升等退回土名牛栏丘地业契价,任黄仲和照前买牛栏丘契执业,嗣后再无争端	《徽州文书》第四辑卷一,第361—373页
106	乾隆三十三年(1768)	盗卖田产。吴汪氏呈控吴柱沧等盗卖田产,将田三丘立契当去银八两,议定每年二分行息,三年来,却本利不吐	1. 卖主与买主 2. 地业纠纷	1. 上控休宁县 2. 为此仰该族保,即将盗卖情由,立即查明,催令吴柱沧等即备当价取赎,仍将催赎缘由,□县以凭核销,该族保毋得袒延干咎	《徽州千年契约文书》(清民国编)卷一,第361页
107	嘉庆年间	田地纠纷。孙正望控奸佃汪甲,借助佃皮之名,拥棺盗厝	1. 主佃 2. 地业纠纷	1. 状投抚宪 2. 判:汪甲以佃皮浮约,占田主正业厝棺滋事,殊属不合,听候究断	《徽州文书》第一辑卷二,第227—228页
108	成化十年(1474)	房屋基地纠纷。王志温与李荣德祖上共有基地三亩,现因房屋基地发生纠纷,二家各告府县,凭中息讼	1. 基地共有人 2. 屋业纠纷	1. 各告府县,凭中息讼 2. 埋石为界,永杜纠纷	《徽州文书》第二辑卷二,第224页
109	万历三十九年(1611)	重复卖屋纠纷。凌懋爵同弟懋功,将祖遗土库厅屋一所,先年立契卖与王,后典与叶,引发二姓告院	1. 买卖主双方 2. 屋业纠纷	1. 告院后,批发刑厅判断 2. 浼中尽行出卖与族兄名下,以完两家之事,得银六十三两整,其契付买主收执,其银以还王、叶二姓,其屋随即管业无阻	《明清徽州社会经济资料丛编》第一集,第477—478页

续 表

序号	时间	起因	双方关系及纠纷类型	处理方式及结果	资料来源
110	天启二年(1622)	房屋典卖纠纷。姚世杰兄弟等,先年曾将父遗房屋一间出典与汪国清名下居住,姚世杰乏用,自愿加价复卖。汪国清因不知此屋已经新扒与姚世杰,故不肯受业,致告县主	1. 买卖主双方 2. 屋业纠纷	1. 上告县主 2. 蒙县主断明,连前典银共价八两,姚世杰遵断照数收足	《中国历代契约粹编》中册,第831页
111	崇祯六年(1633)	房屋加价纠纷。休宁人夏源,在江西铅山为商,先年凭中卖给夏有恒店屋一所,又凭中加价后,因小忿讦告县主	1. 买卖主双方 2. 屋业纠纷	1. 上告县主 2. 县主凭亲族劝处夏有恒,又加银利,调解纠纷。夏有恒恐日后夏源等缠害,执文书至县请印,以杜日后再次纠纷	《中国历代契约粹编》中册,第846页
112	康熙十二年(1673)	庄屋霸占纠纷。李开投为豪劣吴仪祉,联合其兄公正吴仪湘,将佃仆李梦鲤原住之庄屋,转批寺僧侍奉香火,并违墨造伪,称是僧献卖于他。为此李开恳请县廉验墨究追	1. 邻人 2. 屋业纠纷	1. 状告分巡徽宁道,下批祁门县查报 2. 无明确结果	《徽州千年契约文书》(清民国编)卷一,第78页
113	康熙三十八年(1699)	占屋纠纷。程正寅状告程自西、程瑞光等涎屋霸占,打降凶阻,使得新买主程元秩变卦悔交纠纷	1. 未提及 2. 屋业纠纷	1. 状告歙县正堂 2. 票仰原中协保,将程自西、程瑞光有无凶阻打降缘由查明,赴县回报,以凭核夺	《徽州文书》第三辑卷二,第491页

序号	时间	起因	双方关系及纠纷类型	处理方式及结果	资料来源
114	万历三十五年（1607）	盗卖祖产。不肖子孙希图盗卖祖产之坟山、祠屋、第宅、祭田、牌坊、基址等。族长洪廷谘告府后，申请照帖存案	1.同族 2.产业纠纷	1.告府 2.已经判明，留有照帖，恐众心无凭，族长带领族众，再立合同文约存照	《明清徽州社会经济资料丛编》第一集，第566页
115	道光七年（1827）	水碓归属纠纷。先祖出于族谊，将水碓无偿给予族人使用。道光年间水碓损坏，拟收费用维持，遭到族人反对，控身独霸水碓，反称此水碓为大众共业	1.同族 2.产业纠纷	1.上控官府后，又凭中劝息 2.因身碓业契据、租约、关书俱全，闻官后族众害怕，故托中立劝议合约，讲明碓业凭身世守无异	《清至民国婺源县村落契约文书辑录》卷十二，第5911页
116	万历十年（1582）	保护产业。汪允忠因本家祠基、各号坟山、佃地等，蒙准立定户籍，税业总归一户，造册已定。害怕日久弊生，盗卖谋买及吞产废祀等事发生，故请求休宁县赐批执照，使祠基、坟地、佃地等永保无虞	1.业主与产业 2.保护产业	1.上告休宁县 2.准照	《徽州千年契约文书》（宋元明编）卷三，第115页
117	万历十年（1582）	保护产业。谢大义本已买受本都谢寿春等基地火佃无异，不料谢世济串拴讼师谢荣生，诬告其压骗等情。蒙老人验契明白后，担心日后再次生非，故请求县主抄招给帖	1.业主与产业 2.保护产业	1.上告祁门县 2.准照	《徽州文书所见明末清初的粮长、里长和老人》，第143页

续 表

序号	时间	起因	双方关系及纠纷类型	处理方式及结果	资料来源
118	万历二十一年(1593)	保护产业。告照人汪鲁等,担心日后子孙盗卖谋买祖上家产,致废祀典,故向县主请求执照,保护祖上坟山、祠屋等产业	1. 业主与产业 2. 保护产业	1. 上告休宁县 2. 准照	《徽州千年契约文书》(宋元明编)卷三,第263页
119	万历二十九年(1601)	保护产业。王有祖等,担心日后子孙贤愚不一,祖产莫保,故向官府请求赐照保产,使得忤逆不得变卖,富豪不得贪谋	1. 业主与产业 2. 保护产业	1. 上告县主 2. 准照	《徽州千年契约文书》(宋元明编)卷三,第307页
120	崇祯三年(1630)	保护古碣。生员王来聘等,为防家外船户嗜利贪心,破坏已修建好的古碣。故请求县主赐照保护	1. 业主与产业 2. 保护产业	1. 上告县主 2. 准照	《徽州千年契约文书》(宋元明编)卷四,第298页
121	乾隆二十年(1755)	保护产业。黄旭昇屋宇被火焚烧后,协同保邻报案,将损失物品及契墨开列呈案,请求给照,以保弱业	1. 业主与产业 2. 保护产业	1. 上报祁门县 2. 准给照	《徽州千年契约文书》(清民国编)卷一,第323页
122	成化二年(1466)	互争财产。叶材、叶荣互争财产	1. 亲戚 2. 财产纠纷	1. 状告祁门县 2. 依双方阄分文约永远管业,官府用印钤记,以绝后争	《徽州千年契约文书》(宋元明编)卷一,第183页

序号	时间	起因	双方关系及纠纷类型	处理方式及结果	资料来源
123	康熙四十一年(1702)	侵蚀甲内财产。甲长盛青控告王茂安,侵蚀甲内米麦等	1.同甲之人 2.财产纠纷	1.上控县主 2.请求传谕差兵严查究革。未载最后结果	《徽州文书》第四辑卷一,第137页
124	乾隆年间	过继后财产纠纷。族侄认为婶婶过继之子异姓紊宗,因而控案	1.亲戚 2.财产纠纷	1.上控官府 2.婶婶为免纠纷,让继子回宗,将承祖产业尽归族侄名下	《徽州文书》第一辑卷七,第435页
125	乾隆二十三年(1758)	过继家产纠纷。汪九因对叔叔过继他人为子不满,以串异紊继,上控县主	1.亲戚 2.财产纠纷	1.上控县主,蒙断案后,亲眷又根据实情,将县主的断案方案,重新进行变通理处 2.汪九因私卖继产被发现,被迫同意将已过继给叔叔的己子武仙领回,放弃遗产一半的继承权。汪族家长、约保也给予汪九补偿,给租六十秤以资生活,以息纷争	《清至民国婺源县村落契约文书辑录》卷二,第250、252页
126	嘉庆十八年(1813)	族业纠纷。族众王惟祥等控族恶王柏盛,身为长房,为一己私利,勾结外匪,纂改族册,害族分肥	1.同族 2.财产纠纷	1.托乡邻理论,非法莫制,故上控官府 2.请求赏差严讯,究改惩横保祖。官府批:候唤讯察究	《徽州文书》第四辑卷二,第135—137页
127	康熙中后期	租佃纠纷。盛□控诉田已被转租三次,但田主仍向自己收租	1.主佃 2.租佃纠纷	1.上告官府司爷 2.请求唤拘新佃户来案质讯,即可泾渭自分,未载最后结果	《徽州文书》第四辑卷一,第157页

续 表

序号	时间	起因	双方关系及纠纷类型	处理方式及结果	资料来源
128	乾隆十七至十八年(1752—1753)	推卸嫁祸官租。盛友先控诉因身户懦弱,撑船日多,李旺户子孙借两姓同租马田之机,将已种之田官租,屡次推卸身户交纳,致身赔累多载,不得已控诉县主,但却遭遇官差抗完搁案	1. 田业共租人 2. 租佃纠纷	1. 上控县主 2. 请求官府另赏差捉拿李旺户子孙,并恩准存案,免身拖累。官府批:准另差拘案,原差并候责究,未载最后审判结果	《徽州文书》第四辑卷一,第209—214页
129	道光十一年(1831)	吞租不交。胡锦达控凌得起吞租不交等情到县	1. 主佃 2. 租佃纠纷	1. 上控黟县正堂 2. 仰役协保,立饬凌得起将所欠胡锦达旧租二十二砠,新租三十二砠,如数交给胡锦达收领,取具遵领,限三日赴县禀覆,以凭核夺	《徽州千年契约文书》(清民国编)卷二,第364页
130	崇祯六年(1633)	携货潜逃。徽商王竹控告所雇帮工谢尚念,因其监守自盗,将王竹店内典当铺货物衣食计银三百两席卷而逃	1. 主雇 2. 经济纠纷	1. 上控江宁县衙 2. 江宁县衙出具拘捕罪犯的通缉令,责成沿途官府协拿逃犯	《明清徽州社会研究》,第158页
131	康熙三十二年(1693)	侵缺店银纠纷。佣工王文寿在常熟县管栈,因不合屡年侵缺店内本银数百两,被店主告县,央众哀求,设法抵还	1. 主雇 2. 经济纠纷	1. 上告歙县 2. 央众调解,写立限议还款甘约,分期还清	《徽州千年契约文书》(清民国编)卷一,第128—129页

续　表

序号	时间	起因	双方关系及纠纷类型	处理方式及结果	资料来源
132	雍正三年(1725)	银钱纠纷。李大生诉因洪水涨发,导致倪姓送来之柴全部冲走,柴价身前已付过大半,仅欠四两,哀求倪姓体谅退价一半,棍等不但毫厘不退,且用计逼其弟媳持刀带药,至身家讨要前欠四两之银,请县主秉公做主	1. 合伙人 2. 经济纠纷	1. 上告祁门县 2. 未记载审判结果	《徽州千年契约文书》(清民国编)卷一,第239页
133	嘉庆二十二年(1817)	哄骗店产。郑起昇状告陈升道,哄引诈骗,搬出店内货物银两一控(空),严缉保命事	1. 合伙人 2. 经济纠纷	1. 投县主 2. 未载明确结果	《徽州文书》第一辑卷九,第400页
134	道光二年(1822)	口角纷争。族人吴中江与吴汪氏,谊属嫡亲。但大伯、弟媳之间却因微嫌,汪氏叩案	1. 亲戚 2. 家庭纠纷	1. 上告官府后,批回由司事调息 2. 皆依劝平,仍归一本。日后如再滋端,则以藐族欺中归罪	《徽州合同文书汇编》卷十一,第38页
135	乾隆二十七年(1762)	人身失踪案。弟弟跟随其师学徒,不服管教,魆地逃走,不知所踪后兄长控官	1. 师徒 2. 人身失踪案	1. 上控官府 2. 蒙官让其师父出银若干与徒弟母亲生息,若徒弟日后回家,则将银两照数退回	《徽州文书》第一辑卷七,第100页
136	万历三十七年(1609)	保护人身安全。金世祯状告堂弟金世阳,憎恨金世阳直言揭发其将母柩盗葬于祖冢坟山,故欺身老子幼,殴骂屡行。为保自身安全,请求县主给照	1. 亲戚 2. 保护人身安全	1. 上告休宁县 2. 准照	《徽州千年契约文书》(宋元明编)卷三,第394页

续　表

序号	时间	起因	双方关系及纠纷类型	处理方式及结果	资料来源
137	天启三年(1623)	保护人身安全。朱世荣控告朱世相,魆将已卖之山场重复盗卖,被告发后声称截杀身家,为保护家人安全,请求县主赏印照保护	1. 原买主与卖主 2. 保护人身安全	1. 上告休宁县 2. 准照	《徽州千年契约文书》(宋元明编)卷四,第89页
138	顺治四年(1647)	防敲诈,保护自身利益安全。旅外徽商家中使女意外坠亡,上报官府,蒙批着总甲同两邻验明死因并掩埋后,为防日后被人无端敲诈,再次请求官府发给印照备存	1. 未提及 2. 保护人身安全	1. 先鸣方甲,再报江南府正堂 2. 蒙批总甲及两邻验明死因,遣差及邻右即刻掩埋,并准给执照	《徽州千年契约文书》(清民国编)卷一,第19页
139	雍正四年(1726)	保护人身安全。歙人胡可佳在苏州做工,家乡弟媳悍泼,为保家中妻子安全,急禀赏案,以杜后患	1. 亲戚 2. 保护人身安全	1. 上告歙县 2. 黟县恩准存案	《徽州千年契约文书》(清民国编)卷一,第243页
140	明末清初	索诈坟山。金亿兆索诈金大夏之坟山案	1. 未提及 2. 敲诈案	1. 投县主 2. 判定金亿兆索诈未遂,薄拟笞警,金鼎龙量罚备贴	《徽州文书》第一辑卷十,第53页
141	嘉庆年间	挖契图诈案。程联梯等控服弟程嘉培,因借骗未遂,居然伪造之前买程联梯之卖地老契,希图讹诈	1. 亲戚 2. 敲诈案	1. 经族保亲友验契看出破绽,身欲投案,族保劝身停止。但身思改契讹索,实属不恶,故坚决上控县主,请求究诈究伪,恩赏存案,以杜后患 2. 未载明确结果	《徽州文书》第一辑卷三,第29—32页

续　表

序号	时间	起因	双方关系及纠纷类型	处理方式及结果	资料来源
142	道光十三年(1833)	讹诈未遂,强抢大门案。程嘉栋控程嘉好,诬陷程嘉栋有卖契在其家,平空讹诈未遂,故将伊家大门抢去	1. 同族 2. 敲诈案	1. 先投族邻及地保,程嘉好不理,故投县主 2. 县官判案,将程嘉好之子责惩,但他们仍拒不遵行,迫原告再控	《徽州文书》第一辑卷三,第38—41页
143	康熙三十二年(1693)	诬良为仆。胡的状告李浩、李炳、李同等人,因索诈田租不成,借其兄胡得寿与朱三德妻余氏口角之机,诬告其兄强奸余氏,并统凶多人,将身父胡一重伤,为脱罪责,诬身为其世仆,并反告身家男妇多人涌其门中撒泼,劫抢衣物	1. 主佃 2. 诬告案	1. 上告休宁县 2. 断定胡的乃汪姓之仆,因李浩等人苛诈不遂,故捏诬胡得寿强奸朱三德媳妇余氏,并势擒胡一父子拷杀,且冒认胡的为其世仆,希图脱责。官府断李姓给汤药银五两与胡一调理,汪姓地主向官府请求抄招给帖,以防日后李姓继续逞凶,得到官府批准,给帖抄招汪姓收执	《徽州千年契约文书》(清民国编)卷一,第111—127页
144	雍正十年(1732)	诬良为仆。姚子聘之僮与邻人监生程昭五之子口角后,昭五率侄持棍将子聘之妻殴伤泄愤。子聘告县,昭五为逃罪责,谎称子聘为其家之仆,抗役装伤。审明案情,薄责其侄,昭五竟咆哮公堂,目无官长	1. 邻人 2. 诬告案	1. 状告休宁县 2. 审明监生程昭五压良为贱、咆哮公堂的事实,对其不法行为进行警告。倘再怙恶不悛,劣迹他发,定行详革	《徽州千年契约文书》(清民国编)卷一,第256页

续 表

序号	时间	起因	双方关系及纠纷类型	处理方式及结果	资料来源
145	道光十七年(1837)	挟借不成,诬告盗树案件。王夏控族横王君亮、天喜等挟借不遂,乘身砍树造桥,诬告身盗树纠纷	1.同族 2.诬告案	1.对方上告祁门县后,王夏对判决不服,故越县赴府上告,哭叩大宪大人恩准亲提严究,以杜弊害 2.未记载最终结果	《徽州文书》第二辑卷一,第135页
146	嘉庆二年(1797)	强讨强要。黄登瀛等控无赖吴宜等,纠集一伙喇棍,趁身外出务农,家惟妇女幼童之机,坐赖身家强讨米粮四斗两升之多	1.邻人 2.强讨强要纠纷	1.上控县主 2.被告吴宜等人写立还服约,承诺日后不再吃讨滋事结案	《徽州文书》第四辑卷二,第97—98页
147	康熙三十三年(1694)	谋占放排主权。敦伦堂众等,承祖替木商服务,掌握放排主权。突被邻村黄兆等地棍垂涎,蓄意谋占	1.邻村之人 2.放排纠纷	1.上控县主鸣冤 2.未载最后结果。但通村丁员在族长、执事等的带领下,已立合同,公同对抗黄姓地棍	《徽州合同文书汇编》卷十,第375页
148	乾隆二十一年(1756)	霸占公用水塘,蓄鱼利己。程氏宗族诉称,因故侄程渭公,私将公塘当与族棍程用和,遭其霸管养鱼,使得族众无水放灌	1.同族 2.水利纠纷	1.上诉至休宁县 2.由知县调解而息讼	《清乾隆休宁县状词和批示汇抄》,原件藏安徽省档案馆
149	嘉靖四十一年(1562)	过继纠纷。李兴告李四宝朦胧承继	1.同族 2.过继纠纷	1.告县 2.知县批里老查处,和息结案	《徽州千年契约文书》(宋元明编)卷二,第320页

附表2　明及晚清以前徽州讼费筹集一览[①]（47件）

序号	时间	起因及讼费来源	资料来源
1	嘉靖十八年(1539)	1.起因:因南京讼事,缺少盘费 2.讼费来源:卖墓地坟山,议作纹银五两六钱整	《徽州文书》第四辑卷二,第300页
2	崇祯七年(1634)	1.起因:黄应梧误卖祖坟山税给他人开穴立碑,致使旺臮子孙具告府道二词,讼费无办 2.讼费来源:自愿将自身所有之基地与坟山,立契出卖与同户人,凭中三面议作时值价银四两整	《徽州千年契约文书》(宋元明编)卷四,第375页
3	弘光元年(1645)	1.起因:江承丽等六人缺少官司使用 2.讼费来源:将承祖山一业,凭中出卖,议作当价纹银二十两整	《安徽师范大学馆藏徽州文书》,第138页
4	万历十年(1582)	1.起因:逆仆意图脱壳,诬主告在都察院 2.讼费来源:家主卖田凑费,三面议作时值价纹银十八两整	《中国历代契约粹编》中册,第773页
5	天启六年(1626)	1.起因:汪阿程同伯汪文秀,因故夫汪文言缺少钦(退)赃银,无处措办 2.讼费来源:凭中将续置田一丘,尽行出卖与洪名下为业,三面议作时值价纹银七两整	《明清徽州社会经济资料丛编》第二集,第111页
6	崇祯八年(1635)	1.起因:立卖契妇汪氏同男余元,今因官司牵连在身,无处取办 2.讼费来源:自愿将田三丘,凭中出卖	《徽州千年契约文书》(宋元明编)卷四,第388页

① 参见安徽省博物馆编:《明清徽州社会经济资料丛编》第一集,中国社会科学出版社,1988年版;中国社会科学院历史研究所徽州文契整理组编:《明清徽州社会经济资料丛编》第二集,中国社会科学出版社1990年版;王钰欣、周绍泉主编:《徽州千年契约文书》(宋元明编)20卷、(清民国编)20卷,花山文艺出版社1991年版;刘伯山主编:《徽州文书》一至六辑,广西师范大学出版社2005年、2006年、2009年、2011年、2015年、2017年版;周向华编:《安徽师范大学馆藏徽州文书》,安徽人民出版社2009年版;张传玺主编:《中国历代契约粹编》中册,北京大学出版社2014年版;李琳琦主编:《安徽师范大学馆藏千年徽州契约文书集萃》10册,安徽师范大学出版社2014年版;俞江主编:《徽州合同文书汇编》11册,广西师范大学出版社2017年版;阿风:《明清时代妇女的地位与权力——以明清契约文书、诉讼档案为中心》,社会科学文献出版社2009年版。

续 表

序号	时间	起因及讼费来源	资料来源
7	康熙五十三年(1714)	1.起因:汪楚玉因讼费无措 2.讼费来源:自愿将续买之田,凭中立契出卖与邻都许荫祠名下为业,三面议定时值价纹银三十三两八钱整	《明清徽州社会经济资料丛编》第一集,第100—101页
8	康熙五十三年(1714)	1.起因:汪景魏因祖葬讼费无措 2.讼费来源:自愿将田,凭中立契出卖与邻都许荫祠名下为业,三面议定得受时值价纹银二十二两二钱整	《明清徽州社会经济资料丛编》第一集,第101—102页
9	康熙五十五年(1716)	1.起因:汪景魏、汪楚玉因祖坟讼费无措 2.讼费来源:自愿将承祖分受田、塘,凭中立契出卖与邻都许荫祠名下为业,三面议定得受时值价纹银三十七两三钱整	《明清徽州社会经济资料丛编》第一集,第104—105页
10	康熙元年(1662)	1.起因:李邦辅今因讼事缺用 2.讼费来源:自情愿将水井地,凭中出卖与弟李邦(徕、衍)名下为业,三面议作时值价纹银三两八钱整	《徽州千年契约文书》(清民国编)卷五,第105页
11	乾隆三十一年(1766)	1.起因:方肇鹤因弟屡至衙门使用无出 2.讼费来源:愿将父置买之地共五号,凭中立契出卖与本家房叔名下为业,三面议定得受时值价纹银三两整	《明清徽州社会经济资料丛编》第一集,第288页
12	崇祯七年(1634)	1.起因:黄万谟因保祖墓讼费及修葺禁碑费用无措 2.讼费来源:将承祖祀田一号,除先年卖过外,仍存田租四砠零十斤,取田租一砠十二斤,立契出卖与同都户人,凭中三面议作时值价银三两整	《明清徽州社会经济资料丛编》第二集,第124—125页
13	康熙二十七年(1688)	1.起因:因庄仆侵葬,控官后无银用度 2.讼费来源:自情愿托中将十三都七保土名墓林前原田老租八秤,今议减交,无论荒熟,六秤十三斤,凭中出卖与伯祖谅公祠名下为业	《安徽师范大学馆藏千年徽州契约文书集萃》卷一,第353—354页
14	万历四十二年(1614)	1.起因:康阿汪因男在京讼事,缺银支用 2.讼费来源:自愿将承祖屋宇,自身所得二十四分之一,凭中变卖,当面议时值价纹银二两整	《徽州千年契约文书》(宋元明编)卷三,第442页
15	康熙四十一年(1702)	1.起因:张为锦等人因扦葬事,与黟县李彩争讼近十年 2.讼费来源:典卖房屋,作银二百二十六两余	《徽州千年契约文书》(清民国编)卷一,第150页

续 表

序号	时间	起因及讼费来源	资料来源
16	顺治十年(1653)	1. 起因:项阿吴同媳项阿方,因男不合在休宁犯事,情急无措 2. 讼费来源:自情愿将续置土库房,凭中立契出卖与本里项名下为业,三面议定时值价银六两整	《明清时代妇女的地位与权利——以明清契约文书、诉讼档案为中心》,第105页
17	康熙四十八年(1709)	1. 起因:黄通宇今因讼费无办 2. 讼费来源:无奈卖房筹费,得受当价九五色银三两整	《徽州千年契约文书》(清民国编)卷七,第200页
18	嘉靖二十六年(1547)	1. 起因:张弘福等祖坟山场,被同族恶逆强砍坟山木植,故依祖先合同,陈告与官 2. 讼费来源:各人照依已下丁粮出办	《徽州千年契约文书》(宋元明编)卷二,第155页
19	崇祯元年(1628)	1. 起因:吴姓祖产山业被李姓豪强霸占,控府批县后,吴姓认为判决不公,拟往上继续告理 2. 讼费来源:一应费用,照丁科派一单,完后派一单,务要齐心催办	《中国历代契约粹编》中册,第956—957页
20	乾隆二十七年(1762)	1. 起因:吴肇臣同侄启福等祖坟,被吴天禄抬棺占业,投保托中理论不睬,只有议定经公理论 2. 讼费来源:照丁科派	《徽州合同文书汇编》卷十,第422页
21	乾隆三十八年(1773)	1. 起因:曹沐支众文奇、振宗等,因祖坟被篁里仆人福生等,胆行毁碑冒认,倚势欺凌乱法。非呈官究,祖必不保 2. 讼费来源:各照丁头敷敛费用,用以妥祖墓	《徽州合同文书汇编》卷十,第432页
22	嘉庆十三年(1808)	1. 起因:祖坟古木被恶佃砍伐,坟地被削平盗种,公议合墨,同心对付 2. 讼费来源:按本族四大分,照男妇丁派认	《徽州文书》第四辑卷八,第87页
23	嘉庆十六年(1811)	1. 起因:吴克公支下裔孙,恐张姓以势欺压,斗扭词讼 2. 讼费来源:倘用银钱,入无支息,支下合议,各锅灶人丁,助出银钞公用。如用不敷,量力批捐,不得执拗	《徽州文书》第四辑卷八,第203页
24	嘉庆二十二年(1817)	1. 起因:凌寄公祀秩丁下祖买山场,被地棍汪容川盗拼吞占,投地保中人无效,是以合族啲议,鸣官告理 2. 讼费来源:所有官中费用,照丁均出,无得执拗短少	《徽州千年契约文书》(清民国编)卷十一,第368—369页

续 表

序号	时间	起因及讼费来源	资料来源
25	嘉庆二十二年(1817)	1.起因:胡邦贵讹诈诬良,控本家凌尧余为其世役,并趁其娶孙媳之机,邀同数百人,打抢花轿等物。是以凌敦义祠秩下人等,立同心文约对抗 2.讼费来源:所有官中使用,照丁均出	《徽州千年契约文书》(清民国编)卷十一,第292—293页
26	嘉庆二十三年(1818)	1.起因:何三公支下人等,因祖坟荫木柴薪,屡被吴昌钱盗窃居挖,县主虽有案,但也不能阻止恶行,故立合同保祖 2.讼费来源:照男妇丁科派	《徽州合同文书汇编》卷十一,第21页
27	道光六年(1826)	1.起因:凌寄公祀秩丁上祖买各号山场,被地棍汪容川盗拼吞占,投地保中人无效,拟鸣官告理 2.讼费来源:所有官中费用,照丁均出,无得执拗短少,所有费用不得累及出身之人,如有秩丁不遵者,派众逐出	《徽州千年契约文书》(清民国编)卷十一,第368—369页
28	嘉靖二十四年(1545)	1.起因:吴嘉祥兄弟等,有共业山一备,因人众管业不便,将山议作七分,立定合同保护山业 2.讼费来源:如有外人侵害,本家要行告理,一切使用盘费,并照七分出册辞	《徽州千年契约文书》(宋元明编)卷二,第142页
29	康熙十六年(1677)	1.起因:因土豪叶荣之父子害民吸髓,叶良之、国之、月之兄弟商议齐心往上告理 2.讼费来源:议定官中等事盘费,照股出备,无得独累出身之人	《徽州合同文书汇编》卷十,第367页
30	康熙五十三年(1714)	1.起因:汪志贵、元秀、志忠、元福等,汪族祖坟一穴,被吴文茂借势架空挟骗 2.讼费来源:事急经官,所需花费的钱谷费用,按股分摊,汪志贵认四股之一,汪元秀认一半,志忠、元福合认四股之一	《徽州合同文书汇编》卷十,第384页
31	乾隆二十八年(1763)	1.起因:祖坟被侵,鸣公理论,但恐人心不一,故议定规则,具体规定讼费分摊标准及各环节出力之人职责 2.讼费来源:按事先规定比例,各支分摊	《安徽师范大学馆藏徽州文书》,第176页

续 表

序号	时间	起因及讼费来源	资料来源
32	乾隆三十三年(1768)	1.起因:卢廷祥、尚礼、必乾、礼乾四人合买山业,恐有人盗砍柴薪,托凭约保、族人共议合同保护山业 2.讼费来源:若有人盗砍柴薪,四人登山捉获呈官,费用四股均出,不得推诿	《徽州文书》第二辑卷九,第172页
33	嘉庆二十四年(1819)	1.起因:因山场屡遭邻村入山侵害,不得已为保护山场,只有将其分为二十七阄,各管各业 2.讼费来源:倘有侵害,用费照二十七阄均分	《徽州合同文书汇编》卷十一,第25—28页
34	嘉庆十二年(1807)	1.起因:因坟山被倪前员等盗拼与青邑客人,故倪起食等立合约入山阻挡,强调遇事不得躲闪,不得肥己,如违,革出祠外,以不孝罪论 2.讼费来源:如若涉讼,按各股大小,照丁出费	《徽州文书》第四辑卷五,第290页
35	康熙四十二年(1703)	1.起因:之秀、之荣山脚厝地,立碑四只护祖,却被胡细囡等统领子侄十数人,毁碑居占 2.讼费来源:议定工费两半均出无辞	《徽州合同文书汇编》卷十,第379页
36	康熙五十二年(1713)	1.起因:康、凌二姓立有庇荫禁约,不想仍有不肖支丁凌稳、康肇佐等窃取强砍巨木,故二家复立合文加禁 2.讼费来源:倘闻官告理,或费用不敷,二姓均出	《徽州文书》第二辑卷一,第355页
37	乾隆五十六年(1791)	1.起因:吴有祥同侄吴以恺,今因程际五控身二人名目在案,不得不有差房使费、吃用伙食等项消耗 2.讼费来源:二各对半均认	《徽州合同文书汇编》卷十,第459页
38	嘉庆二十一年(1816)	1.起因:四大房山业被在城马文炳、文模混争具控 2.讼费来源:若有讼费,俱系伊四人承管	《徽州文书》第四辑卷四,第196页
39	道光七年(1827)	1.起因:方明烈等弟侄五人,因住屋门前大路被洪水冲坏,不能行走。故不得不修砌。不料遭到邻人汪、张二族多人反对,扣押石匠铁器,不得已本族立合约对抗 2.讼费来源:需要花费银钱,公议五人均派	《徽州合同文书汇编》卷十一,第56页

续 表

序号	时间	起因及讼费来源	资料来源
40	乾隆五十八年(1793)	1.起因:继善祭祀秩下两房支丁承祖佥业山一备,被孙姓挨材扦葬侵害,故两房公立合同保祖 2.讼费来源:继善祭祀秩下两房各出银三两,共六两;及(青、芳)经手心祀,拼山价银五两暂用,日后众该归祀善祀,归还此银;又本祀□租砖银三两。倘后不敷,各家量力捐资,以成终局	《徽州千年契约文书》(清民国编)卷二,第95页
41	康熙四十三年(1704)	1.起因:王姓族众侵凌盛姓,吞树涂冢,故盛姓四房人等众议,与王姓词讼 2.讼费来源:照房均贴	《徽州文书》第四辑卷一,第148页
42	嘉庆十六年(1811)	1.起因:千四公支下人等,因祖坟屡次被胡士满子孙所侵,不得已立合同,合族保祖 2.讼费来源:照灶均出	《徽州合同文书汇编》卷十一,第2页
43	康熙四十九年(1710)	1.起因:逆仆汪普生等在吴姓唆使下,企图倚富叛主,抗不服役,故李祠诸人准备呈官理治 2.讼费来源:所有讼费,暂议本祠设处,余者各房愿输己资应用	《安徽师范大学馆藏徽州文书》,第158页
44	乾隆十六年(1751)	1.起因:因先祖墓凋零残败,众议重扦。但长房族恶串通二房,不欲本家伴祖安葬,并私自于祖坟开葬六棺,强砍荫木六株,捏词控县 2.讼费来源:本家二十一房公议,讼费谅力垫用	《徽州文书》第三辑卷三,第516页
45	乾隆二十年(1755)	1.起因:汪、胡、孙等各产山场,于上现有桐木各项花利,今被西坡茶姓人等盗砍不堪 2.讼费来源:三村十柱人等公议,推举汪礼泰、胡灶寿、孙福有等人呈公理论,其使费银两工夫,务必十柱公出,依时应用,不得推诿	《徽州合同文书汇编》卷十,第415页
46	乾隆三十一年(1766)	1.起因:汪亨等人状告其地仆胡寄生、胡庆等人叛主不法,希图跳梁,逃脱本族,故送官惩治 2.讼费来源:祠匣支出,倘不敷数,公议设处,祠内秋收兑还,无得异说	《安徽师范大学馆藏徽州文书》,第177页
47	嘉庆三年(1798)	1.起因:不肖支丁□□,乘乱机作土匪,殴尊长惯行窃,屡为不法,故将其革出祠外 2.讼费来源:倘或结讼公庭,费用公祀出备	《徽州文书》第一辑卷十,第176页

附表3 清末民初徽州民间纠纷一览①（177件）

一 民间调解纠纷（111件）

序号	时间	起因	双方关系及纠纷类型	处理方式及结果	资料来源
1	同治七年（1868）	侵葬祖坟纠纷。吴、宋两姓共有祖坟山业，嘉庆八年立有保祖合同，言定不能再行扦葬售卖。讵料吴汪氏同子吴金福，胆敢违据，偷葬于祖坟之内，引发纠纷	1. 坟山共有人 2. 坟茔纠纷	1. 鸣保理论，拟执合同呈官，后在中保亲友劝和下平息 2. 吴汪氏理应将偷葬之坟起阡，姑念孤儿寡妇，另其安山接龙，但规定要在祖坟内严立禁碑，吴、宋两姓也重立合同一纸，俾两姓子孙知晓吴金福恶行，并重申祖坟不能扦葬售卖	《徽州合同文书汇编》卷十一，第165页
2	光绪六年（1880）	侵葬祖坟。吴振茂在祖坟左边侵葬被发现，托中理论，立遵中调处约	1. 同族 2. 坟茔纠纷	1. 经族众托地保、邻人等理论 2. 立甘约，罚租二秤整，以服众心，其租以存标祀。如再有私砍侵葬等情，凭族鸣官，以惩不孝、侵葬之罪	《徽州千年契约文书》（清民国编）卷三，第112页

① 参见王钰欣、周绍泉主编：《徽州千年契约文书》（清民国编）20卷，花山文艺出版社1991年版；刘伯山主编：《徽州文书》一至六辑，广西师范大学出版社2005年、2006年、2009年、2011年、2015年、2017年版；李琳琦主编：《安徽师范大学馆藏千年徽州契约文书集萃》10册，安徽师范大学出版社2014年版；黄志繁、邵鸿、彭志军编：《清至民国婺源县村落契约文书辑录》18册，商务印书馆2014年版；俞江主编：《徽州合同文书汇编》11册，广西师范大学出版社2017年版；黄山学院编：《中国徽州文书》（民国编）第一辑，清华大学出版社2010年版；黄山学院编：《中国徽州文书》（民国编）第二辑，合肥工业大学出版社2016年版；张海鹏、王廷元主编：《明清徽商资料选编》，黄山书社1985年版；田涛：《徽州民间私约研究及徽州民间习惯调查》上册，法律出版社2014年版；郭睿君：《明清中人研究——以徽州为中心》（未刊稿），安徽师范大学博士学位论文，2018年。

续 表

序号	时间	起因	双方关系及纠纷类型	处理方式及结果	资料来源
3	光绪八年(1882)	侵犯母棺纠纷。程和尚诉为:身母葬身家祖遗茶坦,税业未能明晰,本欲移葬。但程卓卿等,不待身母棺移葬,就率百人,擅伐母冢	1. 邻人 2. 坟茔纠纷	1. 贵约先生尊前施行 2. 未载处理结果	《清至民国婺源县村落契约文书辑录》卷二,第386页
4	光绪十五年(1889)	侵犯祖坟、霸产灭祀之互控案。汪桂文告汪春焕,涎吉图利,侵犯祖坟,在旁私自改造厝基,被身状投后,不但藐中抗拒,且率多人殴身。汪春焕告逆侄汪桂文兄弟,霸产灭祀,背祖欺尊	1. 亲戚 2. 坟茔纠纷	1. 状投乡约 2. 未载处理结果	《清至民国婺源县村落契约文书辑录》卷九,第4381—4383页
5	光绪十六年(1890)	侵犯祖坟纠纷。祖坟茔碑被有成叔公平起,故也将对方茔碑拔去	1. 亲戚 2. 坟茔纠纷	1. 凭中理处 2. 劝息,将棺木掘起,隔八九尺安葬	《清至民国婺源县村落契约文书辑录》卷六,第2380—2381页
6	民国二年(1913)	侵犯祖坟棺木。詹崇礼、堂汉臣等,诉祖棺被人凿开,棺盖起离寸许	1. 未提及 2. 坟茔纠纷	1. 状投族尊 2. 未载处理结果	《清至民国婺源县村落契约文书辑录》卷三,第750页
7	民国四年(1915)	祖坟相邻,引发纠纷。曹启申与詹成宝,因祖坟相邻,祖坟顶脑生茔,引发纠纷	1. 亲戚 2. 坟茔纠纷	1. 凭中劝息 2. 两造祖坟顶脑,永不许复开生茔,已开之穴,凭中填平	《中国徽州文书》(民国编)第二辑卷八,第212页

续 表

序号	时间	起因	双方关系及纠纷类型	处理方式及结果	资料来源
8	同治十三年(1874)	地业相邻,引发坟业纠纷。族长将土名路下业一处,卖与余怀清。而宋启泰在路上基葬有祖茔两棺,且路上基与路下之业相连,引发宋启泰争论	1. 坟业共有人 2. 坟茔纠纷	1. 蒙亲友劝息 2. 劝余怀清出银三两与宋启泰收执,永为和睦,并细致划分了两家坟业的范围,以息纷争	《徽州合同文书汇编》卷十一,第189页
9	光绪二十二年(1896)	公山内私自扦葬纠纷。初林旧岁在公山内,私自扦葬其先伯父母	1. 同族 2. 坟茔纠纷	1. 托中保理论平息 2. 初林愿出价洋四十元付祠众收讫,自凭中劝后,永无扦葬,林亦不得以坟占山,自经调息,永无异言	《徽州文书》第一辑卷九,第480页
10	民国五年(1916)	田业产权引发的坟业纠纷。汪林富与方姓,对田业分别拥有田底与田面权,汪林富准备在田内安葬先考灵柩,遭方姓反对	1. 田产共有人 2. 坟茔纠纷	1. 浼托亲朋与方姓相商 2. 汪林富允诺拨大买田税三分,每年加方姓生谷一斗八升,得方姓同意可以扦葬一棺于田内	《徽州文书》第三辑卷一,第474页
11	咸丰元年(1851)	盗卖祖坟山纠纷。程端均盗卖祖坟山业与族逆程茂钧名下,茂钧持花押税单赴局推扒,被众发觉盗卖事宜	1. 同族 2. 坟山纠纷	1. 凭族长、房长、乡保平息 2. 程端均知情亏,自愿求责,向程茂钧赎回卖契和笔税单,当面销毁,嗣后身等永不敢变易。如违,听凭执字呈首,仍加逐出祀外	《徽州文书》第一辑卷九,第2页

续 表

序号	时间	起因	双方关系及纠纷类型	处理方式及结果	资料来源
12	咸丰五年（1855）	坟山界限纠纷	1. 两族 2. 坟山纠纷	1. 凭中照据登山勘验后平息 2. 按据绘图，将葬山界限分析清鉴。凭中议断之后，两族均无异言	《徽州文书》第一辑卷十，第289页
13	民国十三年（1924）	坟山界限纠纷。客作陈新发，买陈姓之地葬父母，因卖主陈姓之地与戴姓相连，界限不分，引起戴姓不满而起纠纷	1. 主客 2. 坟山纠纷	1. 凭绅董劝息 2. 因陈姓父母为浮葬，暂在客地，原情不论。向戴姓劝息，各管各业，毋许纠纷	《中国徽州文书》（民国编）第二辑卷八，第213页
14	同治八年（1869）	坟山归属纠纷。谢姓之祖坟山，向系汪姓承管。乾隆年间有汪时秀，将其本身股份出卖与倪姓扦葬，引发坟山归属纠纷	1. 新买主与原主 2. 坟山纠纷	1. 蒙中劝息 2. 谢姓忍不深较，嗣后准许新买主倪姓，照契管业	《徽州文书》第四辑卷五，第357页
15	同治九年（1870）	共业坟地出拼纠纷。土名古老坎坟地，叶、郑两姓各有祖坟在上。后来倪姓顶郑姓之业，叶姓想出拼，二相口角	1. 坟业共有人 2. 坟山纠纷	1. 凭中劝息 2. 倪姓不得借坟争山，亦无另加棺穴。叶姓不得借山涂抹郑坟，各标各祖，二无侵害；嗣后山地，听凭叶姓管业，倪姓不致广争	《徽州文书》第四辑卷五，第367页
16	民国四年（1915）	坟山纠纷。荫木被盗，祖坟四周被戕挖，不得已状告	1. 邻人 2. 坟山纠纷	1. 上报对方耆老先生解决 2. 未记载结果	《中国徽州文书》（民国编）第二辑卷六，第364页

续 表

序号	时间	起因	双方关系及纠纷类型	处理方式及结果	资料来源
17	民国六年(1917)	盗砍荫木、火烧山林纠纷。吴富兴、吴富仲公支裔,状告张灶林父子盗砍荫木,放火烧山	1. 邻人 2. 坟山纠纷	1. 先投区董、约保置若罔闻,后再投族长 2. 未载处理结果	《清至民国婺源县村落契约文书辑录》卷三,第889页
18	道光二十二年(1842)	误砍坟荫。黄正墅误砍拼坟荫树二株,自知理错,立还改悔约	1. 同族 2. 坟荫纠纷	1. 立还改悔约 2. 自愿改悔,嗣后来龙庇荫坟山树木,一切不得私行盗拼盗斫。如违等情,听众执约,鸣官惩治	《徽州文书》第四辑卷二,第418页
19	咸丰五年(1855)	坟荫盗卖纠纷	1. 同族 2. 坟荫纠纷	1. 蒙中劝处平息 2. 责令不肖秩丁将盗卖浮木续回。嗣后如有仍蹈前辙,送官惩治,且遵祖规,逐出祀外,永不准入祀	《徽州文书》第一辑卷九,第27页
20	咸丰九年(1859)	盗砍坟荫。古岩寺领管僧玉辉,借看守仇宅祖墓之机,盗砍坟荫并移动石界,仇宅闻知,投保验实,拟欲呈官究处	1. 主雇 2. 坟荫纠纷	1. 浼托保邻、保举人等劝息 2. 玉辉自愿将石界移归原处,保举人僧复能立包约,嗣后如有寺僧残害荫木,任凭呈官究治。并将玉辉承管田产等权利收回,逐出仇家墓祠,由复能替代看管,照例办事	《徽州文书》第三辑卷二,第559页

续 表

序号	时间	起因	双方关系及纠纷类型	处理方式及结果	资料来源
21	同治五年(1866)	盗砍坟荫。仇率正等状告古岩寺僧主持时迁,借守墓之机,盗砍其祖坟荫木二十余株,戕害祖茔	1. 主雇 2. 坟荫纠纷	1. 状投保台 2. 古岩寺僧瑞林等写立服据,自知获罪。踵门恳求从宽究办,自愿谨备猪、羊、香烛、火炮,安山醮坟,嗣后小僧遵奉规则,小心看守。倘再不法,听凭官处治,甘受无辞	《徽州文书》第三辑卷二,第560—561页
22	民国六年(1917)	侵占祖坟荫木。族人汪观灶,以分粮之税为借口,私订木牌,觊觎祖坟荫木	1. 同族 2. 坟荫纠纷	1. 汪叙伦堂各派人等开会决议 2. 拟将各户分纳之税,统扒入叙伦堂完纳,以免误会混争。若汪观灶仍执迷不悟,祠规论处	《中国徽州文书》(民国编)第二辑卷六,第253页
23	咸丰六年(1856)	山业纠纷。吴广换同侄锡熤等山业纠纷	1. 亲戚 2. 山场纠纷	1. 凭中理处劝息 2. 划分各自山业范围,各管各业	《徽州文书》第四辑卷八,第18页
24	咸丰七年(1857)	山场锄种纠纷	1. 未提及 2. 山场纠纷	1. 立甘约 2. 承诺不再于山场锄种,如违,听凭执字鸣官	《徽州文书》第一辑卷九,第41页
25	光绪七年(1881)	山界纠纷。夏有举、有贵、有记等,有共业苗山,因界互争纠纷	1. 同族 2. 山场纠纷	1. 凭中劝息 2. 将山照税同禁,长养成林,上供国课,下便民需。同禁之后,内外人等不得入山侵害,有侵害者,闻公理论重罚	《徽州合同文书汇编》卷十一,第214页

序号	时间	起因	双方关系及纠纷类型	处理方式及结果	资料来源
26	民国十三年(1924)	山界纠纷。鲍泽荣、双隆,荒山边界不清,托中重新界定	1.邻人 2.山场纠纷	1.凭中调理 2.荒山当岭直上,上业归于双隆,下业归于泽荣	《中国徽州文书》(民国编)第一辑卷十,第97页
27	光绪二十六年(1900)	山股纠纷。乐义、积善堂两祠秩下支丁人等,因各房契据,难以查核,屡屡争竞山股不休	1.同族 2.山场纠纷	1.凭族中劝谕调和 2.以作三股分派,各安石为界,乐义得一股,积善得两股,日后各管各业。不得争多争少,亦不得以少争多	《徽州文书》第一辑卷六,第171页
28	道光二十八年(1848)	盗砍合股山木。黄正墅因贫,只身一人魆地伐砍合股山木,合众不服,托中向其理论	1.山场共有人 2.林木纠纷	1.蒙中相劝平息 2.姑念其衣食不敷,贴其钱两千文,黄正墅承诺日后再不得一人擅自入山砍斫采摘	《徽州文书》第四辑卷二,第511页
29	光绪八年(1882)	盗窃山林纠纷。王□美祠等,状告王君荣兄弟,盗窃身等山林,人赃俱获	1.邻人 2.林木纠纷	1.状投乡约 2.未载处理结果	《清至民国婺源县村落契约文书辑录》卷二,第389页
30	光绪十四年(1888)	误砍山木纠纷。包养树木人周加林,包到江名下祖茔山场一业看守,因一时愚昧,误砍山上树数株,被山主查明追究	1.主雇 2.林木纠纷	1.自揣情亏,央中证再四求情 2.照乡规议,罚出做祭封山、请酒赔礼等项,并凭中重立包养字据,不得仍蹈前辙。如违,凭山主送官究治	《徽州千年契约文书》(清民国编)卷三,第171页

续 表

序号	时间	起因	双方关系及纠纷类型	处理方式及结果	资料来源
31	宣统元年（1909）	水口树木之争。土名湾角坞水口一业，原系先年吴姓买自李姓，又卖与吕姓。但宣统元年吕姓将树出拚时，遭到吴姓阻挠	1. 买主与卖主 2. 林木纠纷	1. 凭中劝息 2. 水口业内，吕姓存留厕所两只，余业栽培柏木兼之老树杂木，一同兴养水口，吴、吕永远不得砍伐	《徽州合同文书汇编》卷十一，第314页
32	光绪十七年（1891）	田界之争。允仁、允禄兄弟，因两家各有造路，遂有田界之争	1. 亲戚 2. 田土纠纷	1. 凭族中调处劝息 2. 以后各照所分之田，或监造或改菜园，总须除往来路，以便粪锄，毋得再行闭塞。界至亦照老阄所载，毋得妄争，违者即以背墨处治	《徽州合同文书汇编》卷十一，第249页
33	民国元年（1912）	取赎田业纠纷。道光年间，曹燕誉堂将乾隆年间置田，出当与曹灶福之祖名下，今向其取赎，被灶福抗赎图占，霸为己业	1. 卖主买主 2. 田土纠纷	1. 投至本图保台 2. 未记载结果	《中国徽州文书》（民国编）第二辑卷六，第364页
34	民国二年（1913）	田产之争。其田本洪永昌之祖遗，原无争竞。历三代之人，而洪茂恒晒谷有年，故生纠纷	1. 邻人 2. 田土纠纷	1. 凭亲友近邻劝息 2. 凭中划界分明，界内恒得，界外昌管，日后各管各业	《徽州合同文书汇编》卷十一，第334页
35	民国十二年（1923）	田业纠纷。因时德娘故后无嗣，继子汪瑞生与同族汪婢妾，为时德娘所遗田业争论	1. 同族 2. 田土纠纷	1. 凭亲族劝处 2. 将时德娘所遗之田进行划分，分给继子汪瑞生及汪婢妾次子德荣	《徽州文书》第三辑卷三，第124页

续 表

序号	时间	起因	双方关系及纠纷类型	处理方式及结果	资料来源
36	咸丰七年(1857)	盗卖祀坦纠纷。程世禄盗卖祀坦,被众发觉,自知情亏立甘约	1. 同族 2. 地业纠纷	1. 自知情亏,立甘约 2. 承诺本月内取契交众。如违,听凭合众驱逐境外并处治无词	《徽州文书》第一辑卷九,第44页
37	咸丰十年(1860)	地业侵占。许荫祠、许文会状告吴灶寿等,空口罩业、魆地强侵事	1. 未提及 2. 地业纠纷	1. 状投本都本图地保 2. 仰呈法究	《徽州文书》第三辑卷一,第231页
38	同治五年(1866)	地业纠纷。李理源咸丰年间承买俞仰高遗留下的茶号屋全堂一所,俞鸣夔同治三年检得契纸,则至该户造坟,引发地业归属纠纷	1. 邻人 2. 地业纠纷	1. 经中眷平息 2. 虽地业属于李理源,但为免纠纷,着李理源捐租额十秤,以作递年拜扫之资,以息纷争	《清至民国婺源县村落契约文书辑录》卷二,第43页
39	同治十三年(1874)	因地分管不明,引发道路纠纷。因祖屋坦前基地,其业各管均匀不一,引发承德与承九两人因道路相争纠纷	1. 同族 2. 地业纠纷	1. 经族劝谕平息 2. 其业未兴盖造,路道通行,不得闭塞	《徽州合同文书汇编》卷十一,第190页
40	光绪十九年(1893)	地界之争。因叶建堂与洪新喜地界昆连,其业不清,故有争论	1. 亲戚 2. 地业纠纷	1. 鸣中理处不清,后在两造亲谊调处下劝息 2. 立有合约,各管各业,毋得反悔。否则甘罚大洋二十千文整,以作公费	《徽州合同文书汇编》卷十一,第255页
41	民国十六年(1927)	地界纠纷。方起纯、方起惟因业毗连,纠葛不已	1. 同族 2. 地业纠纷	1. 凭族中劝释 2. 订定尺寸,公用道路毋得扦造堆塞	《徽州合同文书汇编》卷十一,第397页

续 表

序号	时间	起因	双方关系及纠纷类型	处理方式及结果	资料来源
42	光绪二十九年（1903）	屋基之争。程玉顺所买之屋与程玉春毗连，因口角之事，两相猜忌，致有嫌隙	1. 邻人 2. 屋业纠纷	1. 邻村亲戚朋友出为劝解 2. 让玉顺帮贴玉春洋四元，以作公墙，免后争长竞短。自今以往，永为公墙两家依靠，不得异言	《徽州合同文书汇编》卷十一，第289页
43	宣统元年（1909）	住屋及碓屋界限纠纷	1. 买卖双方 2. 屋业纠纷	1. 凭中保劝息 2. 重新划分界限	《徽州文书》第一辑卷一，第406页
44	民国六年（1917）	屋业霸占不还。洪桂新买得洪宝（鉴、泰）名下房屋，执契管业，因小厨房先年卖主租与洪春果住，今催其出屋，但春果恃其年高，需补偿一百四十元，否则盘踞不迁	1. 房主房客 2. 屋业纠纷	1. 上报对方耆长，斧判曲直 2. 未记载结果	《中国徽州文书》（民国编）第二辑卷六，第365页
45	民国十五年（1926）	房屋卖绝复霸纠纷。吴乞诉控本族吴来宝之孀妻，其夫早已将房屋出卖，孀妻因无屋居住，又想霸占	1. 同族 2. 屋业纠纷	1. 上告绅董 2. 未载最后结果	《徽州文书》第四辑卷九，第227、260页
46	民国十六年（1927）	屋业霸占不还。余土水之父，先年将民房借与张福光建造猪栏，未收分文。今余土水拟将该业收回自用，遭遇张福光霸占不交，并将民房拆毁	1. 邻人 2. 屋业纠纷	1. 上报本都本图保台做主 2. 未记载结果	《中国徽州文书》（民国编）第二辑卷六，第390页

续 表

序号	时间	起因	双方关系及纠纷类型	处理方式及结果	资料来源
47	光绪四年(1878)	霸占家产、侵吞田租。二哥詹廷柏状告四弟詹廷茂,霸占家产祀租四十秤二十九载,却不安亲葬祖;侵吞田租十三秤,肆意盗当盗卖	1.亲戚 2.产业纠纷	1.投文会乡约 2.未载明确结果	《徽州文书》第二辑卷四,第219—221
48	光绪三十三年(1907)	田租纠纷。孀妇金王氏与继孙金抡元,状告武生金殿魁兄弟、监生金显荣三人,杜卖盗买,埋奸故谋。金王氏称其氏姑多疑,害怕继孙金抡元年轻荡费家产,邀此三人做中分拨财产,他们借此时机,上下起手,杜卖盗买,待氏姑去世之机,谎称氏姑在日已将塘坞口、枫林丘等地田租卖给他们,托凭中人理论不理,不得已呈叩两学师台做主。武生金殿魁兄弟、监生金显荣则诉称塘坞口、枫林丘等地田租,乃其先父买于金王氏氏姑之手。孀妇金王氏不知此情,因而控案	1.同族 2.产业纠纷	1.呈叩两学师台做主 2.奉老师谕令,蒙戚族劝和,劝金抡元将贴己位土名白虎咀,大小租五秤二斤半,抵还塘坞口、枫林丘二号田租十秤,以永敦族好。双方写具切结销案	《徽州文书》第一辑卷十,第367、384、554页

续 表

序号	时间	起因	双方关系及纠纷类型	处理方式及结果	资料来源
49	民国元年(1912)	霸占祠屋公产。江有恒公支下长房,借口修理祠屋之机,恃强将老香火地基砖瓦踞为己业,二房托族向理数次不睬	1. 同族 2. 产业纠纷	1. 投族向理无效 2. 二房立合墨,议定章程讨回公道,若涉讼费,二房四股均摊	《中国徽州文书》(民国编)第二辑卷六,第323页
50	民国七年(1918)	霸产吞洋纠纷。洪明开状告洪彩云父子霸房吞洋,统凶拥抢事。彩云父子借洪明开跟随继父生活之际,霸占其房屋家产并侵吞其寄存在他手中的用于娶亲的洋元。见洪明开状告董事后,恼羞成怒,趁其回家看望母亲之际,统凶劫掠洪明开家,殴打洪明开之妻,不得已再投知事	1. 同族 2. 产业纠纷	1. 托文会、邻中调处被拒,不得已先投董事,再投知事 2. 未载处理结果	《清至民国婺源县村落契约文书辑录》卷二,第447—448页
51	民国十一年(1922)	霸产纠纷。周孝传状告周圣言兄弟,霸产灭祀,向理不睬纠纷	1. 同族 2. 产业纠纷	1. 状投本都总保 2. 未载最后结果	《徽州文书》第四辑卷八,第251页
52	咸丰元年(1851)	欠租纠纷。程端均因欠灯油会之租,致被呈控	1. 同族 2. 租佃纠纷	1. 托族清理平息 2. 承诺其租当即缴讫,日后身等再无得拖欠	《徽州文书》第一辑卷九,第5页
53	咸丰四年(1854)	吞租不交纠纷。许嗣远控程天柱吞租不交,致使其课祀两陷	1. 主佃 2. 租佃纠纷	1. 状投本都本图保老 2. 请求追租起业	《徽州文书》第三辑卷一,第226页

序号	时间	起因	双方关系及纠纷类型	处理方式及结果	资料来源
54	咸丰九年(1859)	吞租霸业纠纷。许方氏状投许贵,不仅吞租不交,而且将田退与他人,一派诱骗	1.主佃 2.租佃纠纷	1.状投本都本图保台 2.请求追业起租	《徽州文书》第三辑卷三,第46页
55	同治五年(1866)	抗租不交纠纷。黄余庆堂黄恩告,状投刁佃吴顺庆妇,连年抗租不交	1.主佃 2.租佃纠纷	1.状投贵都贵图保台 2.请求追租起业	《徽州文书》第三辑卷三,第324页
56	同治六年(1867)	欠租引发的盗割田禾纠纷。汪俞氏告,同治四年将田皮租给吴发来,经今三载,租利不交,今约中做主,将田归还。不想吴发来竟敢趁身夫外出之际,将田禾尽行割去	1.主佃 2.租佃纠纷	1.先投约中,再投知事 2.未载处理结果	《清至民国婺源县村落契约文书辑录》卷二,第376页
57	同治十三年(1874)	抗租不交纠纷。汪恒有状投刁佃汪胜,借业落虎腋之机,抗不交租	1.主佃 2.租佃纠纷	1.状投贵都图保台 2.请求追究	《徽州文书》第三辑卷二,第561页
58	光绪二十八年(1902)	欠租纠纷。田主控佃户欺懦吞租,恃强霸佃	1.主佃 2.租佃纠纷	1.上投贵都贵图保老 2.请求追租起业	《徽州文书》第四辑卷九,第175页
59	光绪三十一年(1905)	抗租纠纷。汪胡氏祖遗产业,本已凭族五股阄分完毕。但氏侄汪灶发之母,听信闲语,将本应轮氏经收的公众豆租,拒不交出,以致口角争殴,氏即呈验在案	1.同族 2.租佃纠纷	1.蒙族、房长排解调理平息 2.嗣后仍登亲谊,各照阄书经管,毋得生端反悔	《徽州合同文书汇编》卷十一,第300页

续 表

序号	时间	起因	双方关系及纠纷类型	处理方式及结果	资料来源
60	民国	欠租纠纷。田主状告佃户,因缺乏人手,欠交两载租谷	1.主佃 2.租佃纠纷	1.投鸣保甲 2.请求申明另招佃户耕种,该佃户毋得阻霸	《徽州文书》第四辑卷四,第72页
61	民国三年(1914)	吞租不交。佃户练来顺,佃种大买田一业,四年中籽粒未交,屡讨不吐	1.主佃 2.租佃纠纷	1.上报对方都图保台,做主执行 2.未记载结果	《中国徽州文书》(民国编)第二辑卷六,第390页
62	民国五年(1916)	租佃纠纷。清明祀会置有祀产,先年出召与长房支下贵德父辈作种,后因租金宕搁,支等意欲经理旧租,引发口角纠纷	1.同族 2.租佃纠纷	1.凭中劝息 2.依老召批,再立租折,日后永远不得欠少,亦不得征租起业	《徽州合同文书汇编》卷十一,第345页
63	民国十四年(1925)	霸业强种。洪有庆状投曹银安,霸业强种	1.主佃 2.租佃纠纷	1.上报本段保甲 2.未记载结果	《中国徽州文书》(民国编)第二辑卷六,第370页
64	咸丰五年(1855)	账目纠纷。吴观亮与堂侄,因往来账目未及时核结,产生口角纠纷	1.同族 2.经济纠纷	1.凭祠族劝息 2.将来来往账目公算明白,当日收讫,日后决无异言	《徽州文书》第四辑卷十,第431页
65	民国十年(1921)	账目、产业之争。兄弟因账目、产业发生口角之争	1.亲戚 2.经济纠纷	1.凭中劝谕 2.账目、产业各自理治,毋许争强论短,倚强欺弱	《中国徽州文书》(民国编)第二辑卷八,第209页
66	咸丰九年(1859)	银钱借还纠纷。许志禄控铁匠周璜,借其钱却延而不还,企图涎吞血本	1.债权人与债务人 2.经济纠纷	1.上控至保台 2.请求呈追本利,叩恩活命	《徽州文书》第三辑卷一,第230页

续　表

序号	时间	起因	双方关系及纠纷类型	处理方式及结果	资料来源
67	同治七年(1868)	欠钱不还。咸丰十年堂兄许圣智借许义滋银洋八十五元,除同治三年还过洋一元外,本利屡欠不还,引发纠纷	1.亲戚 2.经济纠纷	1.蒙中友劝息 2.许圣智自愿将土名斋堂前之地过户给许义滋,又找付洋十元,听凭其早晚取用无辞	《明清中人研究——以徽州为中心》(未刊稿),第94页
68	光绪十六年(1890)	银钱借还纠纷。程郑氏舅姑同治四年曾借太公六十元整。后因氏舅去世,氏舅姑出外,未发家用,程郑氏携两子在家,乏读书衣食等用,故向太公取讨此银	1.同族 2.经济纠纷	1.太公以家道拮据,又谊属同宗,故浼中议和 2.程郑氏自愿止利归本,让太公归还六十元即可	《徽州文书》第三辑卷一,第102页
69	清后期	私吞会金利息。会内族众投诉吴路来,借管账之机,私吞会金利息	1.同族 2.经济纠纷	1.状投本族绅董 2.未载最后结果	《徽州文书》第四辑卷九,第423页
70	民国九年(1920)	私吞祠内晋主丁银。同族人振远,借经手祠内晋主丁银之机,私吞银两。振远不但屡催不交,且其子瑞林反敢生端,顽抗不已	1.同族 2.经济纠纷	1.立合同对抗 2.倘若瑞林野蛮无端,起衅欺凌一人,在议之人全体对付,不得退缩。倘有临事畏缩,听凭公论,甘罚无辞	《徽州文书》第四辑卷九,第220页
71	光绪十七年(1891)	恶意拖欠茶款纠纷。叶用和状告汪清舫、汪炳齐伙骗图吞,欠身茶价本洋二百三十余元,期隔半载,屡取不吐,致使身无钱给付各收缴茶户	1.买主卖主 2.经济纠纷	1.状投知事 2.未载处理结果	《清至民国婺源县村落契约文书辑录》卷二,第399页

续 表

序号	时间	起因	双方关系及纠纷类型	处理方式及结果	资料来源
72	民国八年（1919）	霸占茶款纠纷。汪益新状投恶侄父子，见财起意，霸占茶款，且胆敢恶人先告状，问其账讨时，却遭其恶侄父子拥门狂殴，伤重遍体	1.亲戚 2.经济纠纷	1.状投知事 2.未载处理结果	《清至民国婺源县村落契约文书辑录》卷二，第450页
73	道光二十七年（1847）	父代不肖子立甘约。不肖之子奸盗窃抢，拐略魆逃，其父代立甘约	1.窃贼之父与失主 2.盗窃纠纷	1.凭文会、约保平息 2.其父代立甘约，不肖之子日后倘再犯事，凭文会、约保呈究	《清至民国婺源县村落契约文书辑录》卷八，第3436页
74	咸丰十一年（1861）	父代子立不再盗窃甘约。其子盗窃，失主欲鸣公理论，其父汪惟尚，代子立甘结	1.窃贼之父与失主 2.盗窃纠纷	1.再三哀求，蒙中劝谕平息 2.立甘还戒约，承诺不敢再违前情，如违，任凭执约到官惩治	《徽州文书》第四辑卷三，第5页
75	咸丰元年（1851）	盗窃窝匪案。潘三田状告贼匪潘应春，窃其公项、已项财物多件，潘洪竹窝匪包庇，致其公项难偿	1.失主与窃贼 2.盗窃纠纷	1.上告耆老大人执行 2.请求究窝儆贼，未载最后结果	《徽州文书》第三辑卷二，第317页
76	同治三年（1864）	盗窃纠纷。万舍之盗窃郭姓家中厨椅等物，被失主拿获	1.窃贼与失主 2.盗窃纠纷	1.再三求情，蒙失主开恩释放 2.立服辨字，承诺自今以后再不敢为非。如有再犯，听凭送官究治	《徽州文书》第二辑卷七，第452页

续　表

序号	时间	起因	双方关系及纠纷类型	处理方式及结果	资料来源
77	光绪九年（1883）	盗窃纠纷。吴鸿荣状投吴大璜，窃害无休	1.邻人 2.盗窃纠纷	1.状投本都图保老 2.请求追赃，未载最后结果	《徽州文书》第四辑卷六，第432页
78	光绪十三年（1887）	盗摘农作物纠纷。吴双全状告吴灶德，盗摘其地内成熟之豆	1.邻人 2.盗窃纠纷	1.分别状投本都图保老与祠长 2.请求追还原豆，并究突取之罪。未载最后结果	《徽州文书》第四辑卷十，第458—459页
79	光绪二十四年（1898）	盗用砖墙石脚纠纷。仇罗氏因需急用，将早年凭中已当去之砖墙石脚，盗用售卖	1.卖主与买主 2.盗窃纠纷	1.凭原中调理息讼 2.承诺日后期满取当时，照约扣除此次已盗之石脚砖石，且日后不得再私自拔毁石脚售卖	《徽州文书》第三辑卷二，第562页
80	民国三年（1914）	盗窃米谷案。徐寿林情因不法，盗窃梅金庆水碓内米谷	1.窃贼与失主 2.盗窃纠纷	1.凭捕中调解 2.写立包约，改过迁善	《中国徽州文书》（民国编）第二辑卷八，第199页
81	民国七年（1918）	木材被盗案。木商金炳章，具告曾顺星等，盗窃木排	1.失主与窃贼 2.盗窃纠纷	1.投至对方保台 2.未记载结果	《中国徽州文书》（民国编）第二辑卷六，第366页
82	咸丰七年（1857）	佃户盗割纠纷	1.主佃 2.农业纠纷	1.凭中平息 2.听凭田主起佃另招，毋得异言	《徽州文书》第一辑卷九，第43页
83	咸丰十年（1860）	霸占农具不归。周占梅状投帮工郑遂发，不仅将所种之田荒芜，而且霸占田主农具不还，十件不够其二	1.主佃 2.农业纠纷	1.状投本都本图保老 2.请求将未归农具归还	《徽州文书》第三辑卷三，第47页

续　表

序号	时间	起因	双方关系及纠纷类型	处理方式及结果	资料来源
84	光绪二十年(1894)	放水灌田之争。方宗贤、方德祥因放水灌田之争,两相兴讼,势不能释	1.同族 2.农业纠纷	1.凭邻亲友劝息 2.蒙依允,不复兴讼	《徽州合同文书汇编》卷十一,第257页
85	咸丰十年(1860)	辱骂长辈。姚程氏状告侄孙姚罗,因不满其请人照应田事,嫉妒在心,辱骂长辈,日夜吵闹不安	1.亲戚 2.家庭纠纷	1.状投本都本图保台 2.请求究处	《徽州文书》第三辑卷三,第48页
86	同治四年(1865)	口角纠纷。二兄大伸与弟大住,因客岁收谷,口角微嫌,以致成讼	1.亲戚 2.家庭纠纷	1.凭文会先生与族众,从中调处平息 2.二兄大伸将自己承分之田内,拨出腴田十六亩,贴补其弟,以息争端	《徽州文书》第三辑卷一,第97页
87	民国九年(1920)	滞女不回家庭纠纷。寡母不舍出嫁女儿,省亲后数十日不放归,致女婿误会,为免间隙,故和女婿订立信约,让女婿就近居住	1.亲戚 2.家庭纠纷	1.凭中相商 2.订立合约,照顾双方情感	《中国徽州文书》(民国编)第二辑卷六,第317页
88	光绪五年(1879)	无故毒打孀妇案。弟弟汪元兴替姐姐上告,称其孀居姐姐频遭服叔吴裕亨欺负,抢衣服金器,并趁姐在祠堂收胙饼之际,毒殴鳞伤	1.同族 2.人身伤害	1.分别状投文会、知事、房长、族长、乡约 2.未载处理结果	《清至民国婺源县村落契约文书辑录》卷三,第863—867页

续 表

序号	时间	起因	双方关系及纠纷类型	处理方式及结果	资料来源
89	光绪十六年(1890)	无故殴打身女纠纷。黄得保告族恶黄社富兄弟等,无故将身女重伤,反送其母索赖事	1.同族 2.人身伤害	1.状投约保 2.未载处理结果	《清至民国婺源县村落契约文书辑录》卷八,第3449页
90	光绪二十八年(1902)	逆侄无故殴婶纠纷。程洪氏状告逆侄胡广及其妻张氏,瞰氏子媳外出,无端寻衅,擒氏殴打,遍体鳞伤	1.亲戚 2.人身伤害	1.状投执事 2.未载处理结果	《清至民国婺源县村落契约文书辑录》卷二,第412页
91	民国三年(1914)	无故纵妻殴打身姐案。东一区洪灶元控詹炳燃,无故纵妻程氏,将身姐凶殴,遍体鳞伤	1.邻人 2.人身伤害	1.状投贵族长 2.未载处理结果	《清至民国婺源县村落契约文书辑录》卷三,第754页
92	光绪十一年(1885)	挟嫌殴打,激女服毒纠纷。戴大道诉身女戴氏,因口角之争,被邻居怀恨在心,扭殴威迫,激女服毒卧床,大病垂危,亟待医治保命,锄强以弭后	1.邻人 2.人身伤害	1.状投乡约 2.未载处理结果	《清至民国婺源县村落契约文书辑录》卷五,第1879页
93	光绪二十三年(1897)	挟嫌殴打身妻,伤重命危纠纷。因胡社泰夫妻监造房屋,引胡兴发兄弟不满,便纠集子侄拥入其家毁料,擒妻毒打,已投约族,验明确证	1.邻人 2.人身伤害	1.状投乡约 2.未载处理结果	《清至民国婺源县村落契约文书辑录》卷十五,第7696—7697页

续 表

序号	时间	起因	双方关系及纠纷类型	处理方式及结果	资料来源
94	光绪二十五年(1899)	挟嫌报复,殴打孀妇纠纷。弟弟替孀妇姐姐状告恶伯曹元富等,因欠租不还,转而挟嫌报复,昏夜拥门殴人	1.亲戚 2.人身伤害	1.状投约保 2.未载处理结果	《清至民国婺源县村落契约文书辑录》卷八,第3790页
95	咸丰六年(1856)	服兄误伤服弟。张五德误伤服弟,幸父老及时救息,致免鸣公究坐	1.同族 2.人身伤害	1.凭中劝息 2.立戒字为据,改悔前愆,不敢滋事,倘后再稍蹈不法,听凭公众送公究治	《徽州文书》第二辑卷十,第355页
96	光绪八年(1882)	养子不服管教,殴打乳母纠纷。汪日初状告逆侄色新,将其抱养后,不学无术,不服管教,殴打乳母	1.亲戚 2.人身伤害	1.状投执事 2.未载处理结果	《清至民国婺源县村落契约文书辑录》卷二,第387页
97	光绪二十一年(1895)	叔侄口角纠纷。叔侄口角至争,争则打骂有伤	1.亲戚 2.人身伤害	1.凭族众劝息 2.依旧和好,永不争竞	《徽州文书》第四辑卷八,第56页
98	光绪二十四年(1898)	叔嫂口角殴打纠纷。叙泰与其胞嫂口角,互相误伤	1.亲戚 2.人身伤害	1.经中平息 2.叙泰愿出英洋十元给胞嫂备补汤药	《清至民国婺源县村落契约文书辑录》卷八,第3789页
99	宣统二年(1910)	拒绝分摊修屋房款,纵子行凶。吴亦新状投族人锡恒,不仅拒绝分摊修众屋钱款,而且纵子行凶,将身提枪刺伤	1.同族 2.人身伤害	1.状投耆长 2.未载最后结果	《徽州文书》第四辑卷八,第71页

续　表

序号	时间	起因	双方关系及纠纷类型	处理方式及结果	资料来源
100	民国元年(1912)	由盗窃引发的斗殴。因失窃案,两相争斗	1. 失主与窃贼 2. 人身伤害	1. 凭中保劝谕 2. 日后不许私窃为非,两亦有伤,请医生调治。如违,凭中鸣保究办,责罚无辞	《中国徽州文书》(民国编)第二辑卷八,第208页
101	民国	封禁荫木引发的非法拘禁案。地保向所长控诉,因其秉公执法,封禁荫木,遭洪有广打击报复,拘禁殴打,请求所长做主,儆强横而肃法纪	1. 邻人 2. 人身伤害	1. 投鸣所长 2. 未记载明确结果	《中国徽州文书》(民国编)第二辑卷七,第23页
102	宣统三年(1911)	人命案。王汪氏之孙王连生,因与方大顺口角纠纷,一时自忿服毒身亡,引发再次纠纷	1. 邻人 2. 人命案	1. 凭中劝息 2. 念王汪氏年老无依,让被告出洋一百七十五元以为养老安殁之费,并将王连生尸身备棺成殓安葬,此后不得生端异言	《徽州民间私约研究及徽州民间习惯调查》上册,第219—220页
103	民国元年(1912)	挟嫌殴侄致死案。黄招财状告曹及弟之子春发等,其与他人口角之时,身侄黄成林仗义直言,其便泄愤将侄重伤致死	1. 死者之叔与凶手 2. 人命案	1. 分别状投乡约、保甲 2. 未载处理结果	《清至民国婺源县村落契约文书辑录》卷八,第3803—3804页
104	民国十四年(1925)	盗卖祖坟引发的人命案。法贵、春闵盗卖本堂祖坟与人安葬,支下邦文等,向其理论,不料被其持斧逞凶毙命	1. 同族 2. 人命案	1. 立合同 2. 法贵、春闵,在生不得入村,如违,凭族究办。出具族内规定,抚恤为族利益毙命的邦文家属	《中国徽州文书》(民国编)第二辑卷六,第318页

续 表

序号	时间	起因	双方关系及纠纷类型	处理方式及结果	资料来源
105	同治元年(1862)	拐卖妇女。王长魁拐卖妇女被查获,立甘约求宽恕	1. 邻人 2. 妇女纠纷	1. 跪求再四 2. 蒙息宽恕轻释,当自改过自新,不敢再行入村。如蹈前辙,任凭送官处死	《徽州千年契约文书》(清民国编)卷三,第12页
106	光绪五年(1879)	拐略妇女案。吴来聚状告族弟吴讨饭,将其妻廖氏带拐外地,交身带归后又恃强霸占	1. 同族 2. 妇女纠纷	1. 状投本族尊长 2. 未载结果	《徽州文书》第三辑卷一,第145页
107	光绪八年(1882)	拐卖妇女。吴锡荣状告族叔公,诱母拐卖	1. 同族 2. 妇女纠纷	1. 分别状投本族族长、耆长 2. 请求以整纲常,未载最后结果	《徽州文书》第四辑卷六,第431页
108	光绪五年(1879)	强奸妇女与欠钱不还之互控案。吴箭竹控吴讨饭,不仅与吴来聚之妻有奸情,并趁身妻往山割草之机,企图强奸,使得身妻重伤流产。吴讨饭则反驳辩解,称因吴箭竹欠其身谷洋,屡次向讨不还,因而编造其与吴来聚之妻廖氏奸通,并强奸其妻情节,其妻身上伤痕乃是其自将妻挞伤,以图诈命身家而已	1. 同族 2. 妇女纠纷	1. 状投族长 2. 未载结果	《徽州文书》第三辑卷一,第146页

续 表

序号	时间	起因	双方关系及纠纷类型	处理方式及结果	资料来源
109	民国六年(1917)	木牌索诈纠纷。汪玉衡、汪胡辉状告汪仲卿,恃强平空封牌索诈,不让商人所买之树放牌运走,不得叩公锄诈扶商	1. 未提及 2. 索诈纠纷	1. 状投执事 2. 未载处理结果	《清至民国婺源县村落契约文书辑录》卷十七,第8505页
110	咸丰六年(1856)	维护族内名分。王福寿公秩下逆裔王清池,不遵宗谱规定,抱异姓之子为后;圣玑、王际旸等人违反婚姻不缔于不重之门规定,娶妻于张、汤二姓	1. 同族 2. 名分纠纷	1. 立合同公约对抗 2. 族众议论除将旸等诣祠削除、不载入谱外,还公立合同对抗之	《明清徽商资料选编》,第32页
111	民国十至十二年(1921—1923)	学款腐败。新安公立甲等商业学校现任校长沈钰、文牍员程学典等,举报原校长江慊及经理员耿少安,借职权之便,侵吞由紫阳书院租金划拨而来的学款。为杜绝此类纠纷,向省教育厅申请紫阳学款应彻查清理,新安公立甲等商业学校划归省办。	1. 同事 2. 学务纠纷	1. 上报全徽教育联合会及省教育厅处理 2. 紫阳学款应继续清理;新安公立甲等商业学校改为省立,屡呈教育厅,均归无效,只得缓议	《中国徽州文书》(民国编)第二辑卷七,第178、199、212、214—219、225—230页

二　上告官府诉讼案件（66件）

序号	时间	起因	双方关系及纠纷类型	处理方式及结果	资料来源
1	同治九年(1870)	重立禁碑，饬杨良玉迁移榨坊案。汪氏宗族裔孙翰林院编修汪鸣銮等，状告府胥杨良玉，在吴清山墓祠侧创设油榨坊，震伤地脉，有碍祠墓风水	1. 邻人 2. 坟茔纠纷	1. 告到徽州府 2. 惊动了分巡道、省按察司、巡抚以及两江总督，案后颁布加禁告示，押令杨良玉将榨坊物件迁尽，房屋交迁原主，并其请迁之梨树塘地方，亦不准开设取具，嗣后断不敢在汪姓免征地界附近五里以内开设榨坊	《中国徽州文书》(民国编)第二辑卷五，第301页；《重建吴清山墓祠征信录》
2	清后期	坟冢被毁纠纷。方郑氏控方顺扬，将安葬已山之先夫坟冢拆毁，并诬供倒制，反称其盗葬	1. 亲戚 2. 坟茔纠纷	1. 状投县主 2. 方郑氏遣子绘图呈叩，并要求官府提方顺扬到案，质讯究诬。文书未载明确结果	《徽州文书》第三辑卷一，第271页
3	清末民初	盗葬。江秀山诉金步云，坟傍盗葬	1. 未提及 2. 坟茔纠纷	1. 上控县主 2. 堂断：江秀山等既无契据，不得以有祖坟与毗连之处，混指他人强占，况金步云所呈印契，粮税确凿，该地系金姓世业，似无疑议。并取具双方切结销案	《徽州文书》第一辑卷四，第315页
4	民国九年(1920)	盗卖强占祖坟案。胡光明祖上将地卖与汪福庆安葬祖坟，因张德洪垂涎该地，勾串胡光明又出字据，胡光明又复卖与张德洪。得手后，张德洪即恃强盗挖祖坟，鸣中无效，故奔城申诉追还	1. 先后买主 2. 坟茔纠纷	1. 鸣中无效，投鸣歙县知事公署 2. 已立案补传被告到庭迅究，但未记载结果	《中国徽州文书》(民国编)第二辑卷六，第367—368页；第二辑卷七，第5页

序号	时间	起因	双方关系及纠纷类型	处理方式及结果	资料来源
5	咸丰六年(1856)	禁碑被毁案。族长程汝森、房长程加书等,控程佛根,打毁用于保护坟山荫木而树立的禁碑	1.同族 2.坟山纠纷	1.投地保后程佛根不理,不得已上控县主 2.未载明确审判结果。官府仅批示:程汝森等,尔等恐荫木被砍,加立禁碑,支丁程佛根何得遽行打毁,有无别故,候饬差提案,讯明察究	《徽州文书》第一辑卷三,第73—74页
6	同治九年(1870)	坟山归属纠纷。王锡林控黄唐,劈空阻葬。黄唐辩称王锡林所葬之坟山,其祖上早已卖绝与黄姓	1.邻人 2.坟山纠纷	1.上告祁门县主 2.因两造供词各执,县主碍难遽断,未载最后结果	《徽州文书》第四辑卷三,第20—30页
7	同治后期	坟山盗种盗葬纠纷。谢端人、谢三元控告倪成章在身祖坟旁盗种茶柯;汪启级、倪成章二姓盗厝、盗葬	1.邻人 2.坟山纠纷	1.托中无效,不得已状告县主 2.请求研讯详办,保祖保墓,未载最后结果	《徽州文书》第四辑卷五,第372页
8	清中后期	私卖坟山纠纷。倪光进等贪金,将与身共承祖之坟山,私自盗卖与吴寿。身托中劝吴寿退价缴契不理,情急奔禀在案,吴寿等仍置若罔闻	1.卖主共业人与买主 2.坟山纠纷	1.托中不理,故凭中保,将盗卖契稿上呈,请求县主做主。 2.祁门县批:候吊契察讯	《徽州文书》第二辑卷二,第180页
9	清后期	侵占坟山。王泰积控叶长秀,借两家坟山毗连,不仅占种伤冢,而且先发制人,诬告身盗砍	1.邻人 2.坟山纠纷	1.上告县主 2.原告王泰积因对县主初判不服,再次请求其赏提原卷原契,究占保坟,以还清白。宪批:催县录详、察核	《徽州文书》第二辑卷二,第332页

续表

序号	时间	起因	双方关系及纠纷类型	处理方式及结果	资料来源
10	光绪六至九年(1880—1883)	盗占坟地纠纷。余棠控朱庆春、汪佛金抬棺盗占,投地保后被告置之不理,因而状告。朱庆春则称此坟地是其与汪佛金合买之地,旧腊身母亡故,准备与父墓合厝,遭城中盛族余棠影射刁谋、埋奸倒置,诬身盗占而控案,地保因在其中未遂其欲,因而伙同作梗	1. 邻人 2. 坟山纠纷	1. 投地保不理,不得已上控县主 2. 未载明确判决结果	《徽州文书》第一辑卷二,第333—361页
11	清中后期	盗砍坟荫案	1. 同族 2. 坟荫纠纷	1. 鸣保验明现行后,上控官府,请求叩拿律究 2. 未载明确审判结果	《徽州文书》第一辑卷十,第566页
12	同治九年(1870)	盗砍坟荫纠纷。倪水发、倪喜孙等,控告叶永清、永达,串通拼客倪计孙、正孙等,盗砍其祖坟山荫木	1. 邻人 2. 坟荫纠纷	1. 先托中人向理无效,不得已状告祁门县 2. 仰原役将原、被、拼客克日带案,但拼客倪计孙抗不投案。未载最后结果	《徽州文书》第四辑卷五,第362—366页
13	民国六年(1917)	汪清源与陈天松坟山争木案。汪、陈二姓,均持有七号山契据。陈姓砍伐坟山树木,私自出拼获得价银,引起汪姓不满	1. 坟山共业人 2. 坟荫纠纷	1. 上诉至县政府 2. 承审员判:以契据记载与坟山安葬为凭,汪、陈二姓各得其部分所有权,陈姓卖得拼山价三十四元,汪姓得余价十七元	《中国徽州文书》(民国编)第二辑卷七,第15页

续 表

序号	时间	起因	双方关系及纠纷类型	处理方式及结果	资料来源
14	同治十年(1871)	保护山场坟茔。山场屡被不法之徒焚毁,不但附近居民采用柴薪困难,也有碍于厝棺。故监生倪、胡、汪三姓合立规约束,并上报祁门县,请求支持	1.业主与产业 2.保护山场	1.上告祁门县,请求给予告示严禁 2.准给严禁告示	《徽州千年契约文书》(清民国编)卷三,第59页
15	光绪三十一年(1905)	山业归属纠纷。鲍鹤林等检阅远年阄书,发现五号山业与锦时山业相符,故禀究在案	1.同族 2.山场纠纷	1.虽禀究在案,但后经族众排解平息 2.锦时贴鲍鹤林英洋十五元整,以作了事	《徽州文书》第三辑卷一,第260页
16	民国	山场归属纠纷。方启文违背共养山场合约,串通香严院一姓,擅自占拼五姓共有山场,拼前未通知,拼后独享利益	1.山场共有人 2.山场纠纷	1.上诉至县长 2.遵从合约规定,该山柴草,汪、方、王、曹、詹及香严院六姓均得樵割;该山树木,听凭除王姓以外的五姓公共掌蓄;方姓拼得价洋款,其他四姓按照税业多寡摊分;嗣后出拼该山,拼时通知各姓,拼成所得利益,永远照此例摊分,以杜争竞	《中国徽州文书》(民国编)第二辑卷六,第383—385页;第二辑卷七,第12、25页
17	咸丰同治年间	私行出拼山木纠纷。方记发控生员叶含芬,觊觎身等山场山木成材,私行出拼身家山木,向理不睬	1.未提及 2.林木纠纷	1.向理不睬,只得上控祁门县 2.县发传票,传令差役,将原、被告五日内传集赴县,以凭察讯	《徽州文书》第二辑卷二,第330页

续 表

序号	时间	起因	双方关系及纠纷类型	处理方式及结果	资料来源
18	清中后期	盗伐树木。原告控黄正兴等棍徒,趁其山大杂树被风折断,倒其田中之机,将树木占有。经中劝息后,反咬一口,上诉官府诬告其树倒害苗	1. 邻人 2. 林木纠纷	1. 凭中劝息后,被告又上诉县主 2. 原告请求官府审究盗砍,详申正法,保业保命。未载最后结果	《徽州文书》第四辑卷三,第75页
19	光绪二十四年(1898)	基地强占纠纷。监生程肇荣、生员程象离、程津等呈称:程灶发强占云谷文会所造文昌阁基地旧址,胆建屋榔一所,将来文昌阁复建,则基址不敷布置,且此屋榔与本族始祖墓风水也有冲突,故而上告。但程灶发反驳称,此地基是他向程兴富购买,只因买地时未邀程肇荣为中,寻身好处未答应,故串出程象离等,捏以侵占文昌阁基地,希图讹索,借众压制	1. 同族 2. 地业纠纷	1. 上告绩溪县 2. 仰役前往,协同地保,传程肇荣、程灶发原被告来案,并将证人、原卖主程兴富、契据要件随带呈验。经审问后,和息结案。认为两造既属一本,不可因小忿致结讼仇。程灶发回家邀同程兴富及亲友,再为理处,能了甚好。否则约程兴富来案质讯	《徽州千年契约文书》(清民国编)卷三,第285—316页

续表

序号	时间	起因	双方关系及纠纷类型	处理方式及结果	资料来源
20	民国二年(1913)	基地纠纷。郑遂意等与陈振家等,因师姑坦基地发生纠纷	1. 邻人 2. 地业纠纷	1. 先投本乡自治员乡绅,陈振家不理,不得已上告县主,奉批仍投自治员乡绅,后凭亲友劝息 2. 郑遂意位于桑围弯地内之造佛基地,仍归郑姓,永远出租无异;师姑坦基地,凭中议决,内取分借,除陈振家原有坟地外,凑便与租户廖敬文名下为业,以为茶号预备应用,陈振家等得价洋一百三十元	《徽州文书》第四辑卷一,第13—32页
21	同治光绪年间	霸占房屋。吴□□状告其族叔与族弟,以替身家修理房屋之名,欺弱霸占身屋,致有家难回	1. 同族 2. 屋业纠纷	1. 上控县主 2. 未载最后结果	《徽州文书》第四辑卷七,第152页
22	光绪十年(1884)	共屋道路出入纠纷。程德安控程梓馨,将共屋之左手大门封锁闭塞,恃蛮逞凶,不容出入,陷身屋业成废	1. 亲戚 2. 屋业纠纷	1. 上告绩溪县 2. 断令按原契所载,居住于共屋右边的程德安家,如遇婚姻寿事等,宾客往来,准由程梓馨左屋大门出入,程梓馨不得阻止。平时此门关闭,各由各门出入。另为免纠纷,程德安亦不许在右屋开灯卖烟。两造取具遵结附卷结案,若有不遵,定即提案讯究	《徽州千年契约文书》(清民国编)卷三,第127—163页

续 表

序号	时间	起因	双方关系及纠纷类型	处理方式及结果	资料来源
23	民国六年(1917)	取赎房屋纠纷。洪发贵与洪正远,赎屋涉讼	1. 邻人 2. 屋业纠纷	1. 上诉至歙县政府 2. 因取赎年限早已超三十年定限,驳回洪发贵赎屋请求,此屋仍归洪正远居住	《中国徽州文书》(民国编)第二辑卷七,第20页
24	咸丰六至八年(1856—1858)	盗卖口食田亩。婺源詹汪氏,控长孙良柯,盗卖其口食田四十亩零	1. 亲戚 2. 产业纠纷	1. 因田在江西省万年县,故上告江西省万年县县主 2. 良柯承认错误,愿将所分己田补还,詹汪氏考虑婺、万遥远,故将补还田亩变卖回籍	《徽州文书》第二辑卷四,第224—226页
25	清道光年间	过继后田产归属纠纷。汪大顺早年过继给其叔为嗣,父临终时当其三弟与四弟面,将若干田租、豆租拨与自己,十余载无异。不料近期四弟大旺反悔,霸阻耕种并殴身妻	1. 亲戚 2. 产业纠纷	1. 投保查明后上控县主 2. 判决:尔既出继,本不应分得生父母产业,但与汪大旺究属同胞兄弟,饬汪大旺嗣后务念同胞之谊,勿再恃强□争,致干重究,尔后不得饬词争种该田,贸然兴讼,有伤手足情分	《徽州文书》第一辑卷二,第254页
26	清中后期	继子盗卖膳产纠纷。郭查氏起诉继子郭兴钟,过继后不孝,盗卖膳产	1. 亲戚 2. 产业纠纷	1. 上控县主 2. 官府批示:着即邀同族亲,严加训斥继子不孝行径。如再不悛,禀候提究	《徽州文书》第一辑卷五,第463页
27	清中后期	产土被卖,分文不给。康裕泰控服弟康標等,勾哄孀妇弟媳魁卖产土,却分文不给	1. 同族 2. 产业纠纷	1. 上告县主,请求追价究课、斩骗扶懦、究匪杜患 2. 未载最终结果	《徽州文书》第二辑卷一,第379页

续 表

序号	时间	起因	双方关系及纠纷类型	处理方式及结果	资料来源
28	光绪年间	霸占田产案。兄控诉其弟，霸占田产，殴伤其夫妇二人	1. 亲戚 2. 产业纠纷	1. 上控县主 2. 县主委学官，调停解决，具切结存案	《清至民国婺源县村落契约文书辑录》卷六，第2645页
29	光绪二十年(1894)	祖产霸占案。程八春呈控族叔程金元，霸占与其相连之身屋基、厕所、山林等祖产，欲凭公人理论息争，却凶悍莫制，不得已上控。程金元则指责逆侄八春不务正业，专嗜游荡，嫖赌吸烟，因欲卖祀产，遭身阻止，故挟恨在心，月前八春盗砍同祖坟荫杉木二株，身投鸣甲董、地保，比令其向祖告罪，不料八春居然来案捏诬，妄指身强占其祖业	1. 同族 2. 产业纠纷	1. 上告绩溪县 2. 官府派差役协同图保，将原、被、公人、地保等各人传集带县审问，未载审判结果	《徽州千年契约文书》(清民国编)卷三，第195—209页
30	宣统元年(1909)	无后之人产业处置纠纷。同族人将绝门族叔遗下厢房三间卖与赵富，族人赵得山却借端讹赖，致生控告	1. 同族 2. 产业纠纷	1. 上控官府 2. 经中人说合，又给赵得山洋银二元，制钱一吊五百文，自立字之后，永断葛藤，再无呈控讹索等情，同中言明，各无反悔	《徽州千年契约文书》(清民国编)卷三，第444页

附录

续 表

序号	时间	起因	双方关系及纠纷类型	处理方式及结果	资料来源
31	民国十六至十七年(1927—1928)	独占祖祠纠纷。查姓独占原属卢、吴、查三姓祖祠之张公祠	1. 亲戚 2. 产业纠纷	1. 控诉县政府 2. 因查姓钱广力大,故卢、吴二姓对县政府的偏断不服,立约存据	《徽州文书》第一辑卷一,第337—349页
32	道光二十年(1840)	吞租不交。孙学健控汪大旺等,吞租不交纠纷	1. 主佃 2. 租佃纠纷	1. 上控县主 2. 判决被告将祖遗典首作抵,原主可另招佃耕种	《徽州文书》第一辑卷二,第250—252页
33	清中后期	欠租不交纠纷。田主控诉闵松寿、闵来寿,趁自己外出贸易多年,欠租不交纠纷	1. 主佃 2. 租佃纠纷	1. 投鸣地邻乡保后恶棍不理,只有上告县主 2. 未载明确结果	《徽州文书》第一辑卷十,第379页
34	咸丰同治年间	欠交祀租。族内人控吴春妹及子吴松茂,恶意欠交祀租	1. 同族 2. 租佃纠纷	1. 上告县主 2. 请求赏准立案,以保祀产而安宗祀。未载最后结果	《徽州文书》第四辑卷九,第140页
35	咸丰七年(1857)	佃户吞租不交。方润禀控汪闃佑,自咸丰五年至今,全吞共计三十三秤;曹四德骨租也欠十三秤四斤,均屡取不交,投约蛮拒	1. 主佃 2. 租佃纠纷	1. 先投乡约无效,再控县 2. 仰役协同约保,即将后开有名人证限期赴县讯究	《清至民国婺源县村落契约文书辑录》卷十,第4494页
36	光绪年间	佃占主田,租吞不交	1. 主佃 2. 租佃纠纷	1. 上告县主 2. 批:仰两造各执契据前来,以凭验讯,实究虚坐	《清至民国婺源县村落契约文书辑录》卷四,第1652页

续 表

序号	时间	起因	双方关系及纠纷类型	处理方式及结果	资料来源
37	咸丰年间	方廷杰与陈钰臣经济互控案。方廷杰诉陈钰臣侵吞茶银两千二百三十余元,畏案临审脱逃,显有差役贿纵情弊。陈钰臣诉方廷杰骗去其水脚银一千二百余元,迄今三载,茶洋两空	1. 合伙人 2. 经济纠纷	1. 状投官府 2. 候勒提讯究	《清至民国婺源县村落契约文书辑录》卷九,第3936—3937、3949、3951、3964页
38	咸丰三年(1853)	借钱不还。程汪氏控其房侄程端堦借钱不还,致其无钱抚养继子,先托族中调解,房侄非但不理,反而逞凶,故上告官府。程端堦则申辩,自己已经托族将田租抵还债务,只是婶母程汪氏及姑侄汪朝升从中作梗,硬要立契程汪氏名下,不立程汪氏名下,因而结怨,故唆使婶母程汪氏捏以忿讨逞凶等谎控案	1. 亲戚 2. 经济纠纷	1. 先投中调解无果,后上告县主 2. 准提讯究,后程端堦写切结,申明自己并无阻继、赖账逞凶等弊后结案	《徽州文书》第一辑卷八,第455—459页;第一辑卷九,第16页
39	同治五年(1866)	借钱不还。倪惟则先年借陈绍尧钱八十两,其去世后,其妻胡氏申明会将房屋茶柯卖掉抵还,不料胡氏又去世了,向其侄倪成章论说,不料其侄含混不睬,被迫控在案	1. 债权人与债务人 2. 经济纠纷	1. 虽控在案,但倪成章再三托亲友劝谕平息 2. 陈绍尧念倪惟则无嗣,只好按本钱做一折归还,即收其侄八两钱,了结此事	《徽州文书》第四辑卷五,第346页

续 表

序号	时间	起因	双方关系及纠纷类型	处理方式及结果	资料来源
40	光绪二十年(1894)	僧徒纠纷。天王寺僧如南,控诉徒孙明辉,忤逆不守清规,带刀逞凶。明辉则辩称,因自己私收了在外做法事的六百文钱,师父查知不肯,将钱退还后,仍不肯罢休	1. 师徒 2. 经济纠纷	1. 上报县主 2. 因僧明辉已悔悟,写具切结后释放,令其以后遵师约束。如再犯,从重究办	《徽州千年契约文书》(清民国编)卷三,第248—254页
41	光绪二十二年(1896)	账簿纠纷。黄发魁陈述,其因追祠内欠款与黄炎松互讼,故将本族账簿租簿以及谷米一同交付祠内黄济升收去。不料黄炎松反诬身藏匿账簿,请官府明查做主	1. 同族 2. 经济纠纷	1. 上告祁门县主 2. 未记载结果	《徽州千年契约文书》(清民国编)卷三,第258—259页
42	同治元年(1862)	商业纠纷。黟县商人吴敬修控丁云藻阻茶放行案。丁云藻之弟丁佩芳,曾与吴敬修合开泰丰钱店,丁佩芳病故后,丁云藻在店员煽动下,以抽簿图吞罪名控告吴敬修,并得到曾经放款给泰丰钱店之曹正卿支持,请求封存吴敬修之箱茶抵债,从而引发钱债纠纷	1. 商业合伙人 2. 经济纠纷	1. 先后控告至黟县、休宁县、祁门县、皖南道、两江总督。后由皖南道审结 2. 皖南道判决吴敬修胜诉。复隆泉、永昌、福昌所欠吴敬修泰丰钱店之款,作抵给曹正卿,用于还其欠款	《安徽师范大学馆藏千年徽州契约文书集萃》卷二,第415—740页

续 表

序号	时间	起因	双方关系及纠纷类型	处理方式及结果	资料来源
43	光绪二十三年(1897)	商业欠款追缴案。休宁李王氏,乃屯溪李泰来靛青行老板李维城之妻,禀称公和染坊、许义泰染坊、耿源兴染坊等九家店铺恃强措欠,阻夺乡账。之前官府判决若各县乡账措欠不还,准氏夫在案下禀追。但雇人追讨不力,故遵批将措欠九家名单粘单上呈,请求饬查严追九家店铺却反驳措欠。如耿源兴染坊说,李王氏家运来的五担靛青,四担因质量问题已退回,只收了一担;许义泰染坊声称已交完欠款;公和源记染坊说,所欠款乃前店主汪月明所开公和染坊所为,与今日新开公和源记染坊无涉	1. 商业合伙人 2. 经济纠纷	1. 上诉至徽州府,由府批回绩溪县,要求遵照查明各户欠账实情后,再上报徽州府回话 2. 绩溪县遵批着差役协同图保,传讯被告赴县讯审,但两月过去,案情进展并未报府。徽州府不得已又札催,速传公和等三家染坊到案,将欠款查明,克日追缴解府,毋任措欠延宕 3. 几天后,绩溪县在对案情调查之后就对徽州府做了详覆回报。但未记载具体案件审判结果	《徽州千年契约文书》(清民国编)卷三,第268—284页
44	光绪年间	衣物被窃。失主汪氏,控贼将身家衣物窃走,投保不仅不理,且窝藏贼匪肥身,故害村坊,因而上控官府	1. 失主与窃贼 2. 盗窃纠纷	1. 投保不理,上控官府 2. 未载明确审判结果	《徽州文书》第一辑卷二,第422页

续 表

序号	时间	起因	双方关系及纠纷类型	处理方式及结果	资料来源
45	民国六年(1917)	耕牛被窃案。吴瑞坤、吴瑞茂诉为耕牛被吕灶富等窃走案,身即向理追讨不睬,不得已上告	1. 失主与窃贼 2. 盗窃纠纷	1. 投鸣官府 2. 未记载明确结果	《中国徽州文书》(民国编)第二辑卷六,第365页
46	同治十二年(1873)	堂弟奸占养女并砍伐桑树案。冯运桂诉称,堂弟冯大旺乘身不家,奸占养女成婚,比凭地保亲戚理论,愿送聘金赎罪。但经身催讨,则怒将身家桑树砍伐,并殴打身家,上告官府后,愈加变本加厉,将桑树砍伐一光,陷身养蚕无业	1. 亲戚 2. 家庭纠纷	1. 上告绩溪县 2. 未记载结果	《徽州千年契约文书》(清民国编)卷三,第69页
47	光绪八年—九年(1882—1883)	续娶之孀妇儿媳不愿随公公回原籍。吴美标之子吴爽泉,先在徽娶张氏,不育后在客籍地续娶朱氏,爽泉病故后,其原配张氏接公公吴美标回籍,朱氏不愿跟随,引发纠纷	1. 亲戚 2. 家庭纠纷	1. 上告歙县后,凭旧交熟人劝息 2. 朱氏情愿守节,恳求免于回籍	《徽州文书》第四辑卷九,第169—170页
48	民国十二年(1923)	岳母匿妻,措不放归案。女婿状告岳母匿妻,不让妻回。但其岳母说法则大相径庭,说其私婚于前,又凌虐遗弃于后,请求判离	1. 亲戚 2. 家庭纠纷	1. 上诉至休宁县县长 2. 无明确审判结果	《中国徽州文书》(民国编)第二辑卷六,第372—375页

续 表

序号	时间	起因	双方关系及纠纷类型	处理方式及结果	资料来源
49	道光年间	身女讨债被殴案。被告赊原告棺材一副，原告着女前去要账，居然被其子殴打，并抹账糊抵	1.买主卖主 2.经济纠纷引发的人身伤害	1.叩公核究 2.未载处理结果	《清至民国婺源县村落契约文书辑录》卷四，第1413页
50	咸丰元年(1851)	无故私绑殴打身子案。俞灶林、俞进谷等人，平地生波，突纠多人，蜂拥氏门，将氏子俘去捆绑关禁，私用酷刑，大干例条	1.邻人 2.人身伤害	1.上告官府 2.未载审判结果	《清至民国婺源县村落契约文书辑录》卷六，第2382页
51	光绪七年(1881)	殴打寡嫂。倪人松控吴天寿，殴打其寡嫂	1.未提及 2.人身伤害	1.先鸣族证，再诉县主 2.未记载审判结果	《徽州文书》第二辑卷六，第156页
52	光绪十三年(1887)	无故殴打孕妇案。戴洪氏诉为唆纵凶殴，胎孕莫保事。戴洪氏之夫远佣，其一人在家待产，戴灶福之妻俞氏悍泼，被戴德林唆使，闯门寻殴，毁碎什物，氏弱难逃，蒙邻村知事解劝，但他们怒骂知事，仍纠集多人蜂拥氏家，使得身胎孕莫保	1.邻人 2.人身伤害	1.秉公处理 2.未载审判结果	《清至民国婺源县村落契约文书辑录》卷五，第1880页

续 表

序号	时间	起因	双方关系及纠纷类型	处理方式及结果	资料来源
53	光绪二十年(1894)	因牛食禾苗,两造互殴引发的伤害案。武生倪广进称:女婿陈承华家禾苗,被其族叔陈德福家耕牛践踏残食,其女与其理论,反遭殴打,次日陈德福还持铁锹打至陈承华家,生即将门紧闭,幸未让其撞开。保甲经董理论莫制,不得已上告。 陈德福辩称,此事实因陈承华之叔陈德福,素与身弟有旧怨,故倚武生倪广进之势,欲占身侄瑞安继产而起。并反诉倪广进素来武断乡曲,此案中带男妇多人,打至身弟媳家内,后又将身家内物品打毁,请宪老爷明查	1. 同族 2. 人身伤害	1. 状投保甲经董无效,上告绩溪县 2. 陈德福并不候讯,覆以抄毁,本应分别重究,因念一本,从宽宥释。武生倪广进系案外之人,伊婿又系成丁,何须出名插讼,实属不合。陈福有既充书办,何得临讼投税,着罚洋十六元。陈德福欠粮至五六年之久,被告临讼始出完粮,着罚洋十二元,概归修理衙署之用,各具遵结完案	《徽州千年契约文书》(清民国编)卷三,第210—245页
54	光绪二十八年(1902)	人命案。余汪氏以伊子被讼棍舒兆铎谋唆舒大洸,合谋将其诈害身死等情控案	1. 未提及 2. 人命案	1. 上告县主 2. 仰原役协保前往,立将舒兆铎一名,限期带县以凭	《徽州千年契约文书》(清民国编)卷三,第358页
55	同治七年(1868)	奸拐妇女案件。冯雨芝控吴金保,奸拐妇女,卷掳魆逃,有关风化事	1. 未提及 2. 妇女纠纷	1. 上诉县主 2. 未记载审判结果	《徽州文书》第二辑卷六,第123页

续 表

序号	时间	起因	双方关系及纠纷类型	处理方式及结果	资料来源
56	同治七年(1868)	强奸案。胡岩松状告胡进富,乘身外出倚势霸奸被身撞获,请求送究以正人伦	1.未提及 2.妇女纠纷	1.叩公法究 2.未载处理结果	《清至民国婺源县村落契约文书辑录》卷四,第1637页
57	民国	强奸未遂案。曹秋顺状告恶棍胡苟妹,强奸其妻未遂	1.邻人 2.妇女纠纷	1.召谈胡姓族房长无果,故上诉至歙县地方法院解决 2.因该犯逞凶后蛮横异常,故请求严厉处分,长期监禁	《中国徽州文书》(民国编)第二辑卷七,第16页
58	光绪二十四年(1898)	强抢孕孀案。绩溪民人张观庆等,控监生程尚金串抢孕孀。但程尚金陈述,此孕孀乃其续娶之妻。因尚金在外经商,原发妻身故,家中七旬老母无人侍奉汤药,故在得知张了头遗孀细女丧夫在家后,便托张家房亲张观庆等人说亲。尚金支财礼钱后,将怀有遗腹子的细女迎娶回家,双方家族均无异说。祸因数日之后张观庆向程尚金借贷未成,心生记恨,便纠集张氏族人诬告程尚金强抢孕孀。	1.邻人 2.妇女纠纷	1.上告绩溪县 2.和息结案。绩溪县判:大抵妇女再嫁作合多不循礼,迨一涉诉公庭,则两造仗义执言矣。积习相沿最为可恨,本应彻究。但据两造供称细女即张章氏已过程尚金门多日,姑免离异。为息纷争,着程尚金二十日内再出财礼一百元为其故夫张了头嗣续之用,再付二十五元听凭张姓需用。张章氏遗腹子产后不论男女让张姓领会抚养成人。	《徽州千年契约文书》(清民国编)卷三,第318—347页

续 表

序号	时间	起因	双方关系及纠纷类型	处理方式及结果	资料来源
59	民国六年(1917)	强抢孀妇案。黄兴贵状告汪成章,强抢其孀居寡嫂案	1. 未提及 2. 妇女纠纷	1. 上诉至休宁县 2. 勒令黄兴贵速将其寡嫂带案一同研讯	《中国徽州文书》(民国编)第二辑卷七,第24页
60	民国元年(1912)	卖妻案。鲍兆隆等控洪观林,因好赌荡家,先将妻子程氏卖掉,后又将程氏抢回,串骗搭台作案	1. 未提及 2. 赌博纠纷	1. 上诉至官府 2. 未记载判案结果	《中国徽州文书》(民国编)第二辑卷六,第380页
61	清中后期	诬赌纠纷。对方借贷不成,进而上告诬赌泄愤	1. 邻人 2. 赌博纠纷	1. 上告县主 2. 未载明确审判结果	《徽州文书》第一辑卷五,第285页
62	洪宪元年(1916)	耕牛被抢。王周文控诉胡祥林凶抢耕牛泄愤	1. 未提及 2. 抢劫案	1. 投鸣官府 2. 未记载明确结果	《中国徽州文书》(民国编)第二辑卷六,第382页
63	同治三年(1864)	中人索诈纠纷。原告在俞焕森等作中下,购买俞氏本家兄弟土库楼房一栋,但俞焕森却居中不中,作中背中,希图诈索	1. 买主与中人 2. 索诈纠纷	1. 上诉官府 2. 未载审判结果	《清至民国婺源县村落契约文书辑录》卷二,第41页
64	清末民初	诬告纠纷。吴社妹因受外戚汪立德蛊惑,诬告族弟妹借钱未还,并有殴打情事	1. 同族 2. 诬告	1. 虽上控官府,后在族房长劝息下销案 2. 原被告双方写具遵结,销案	《徽州文书》第四辑卷七,第163—165页

续 表

序号	时间	起因	双方关系及纠纷类型	处理方式及结果	资料来源
65	光绪九年(1883)	乞允按时应试。汪绍谟前控童生黄肇华已捐监生,不能应试。因试期渐逼,黄肇华愿缴监生执照,请求官府做主,准予按时参加考试	1. 未提及 2. 学籍纠纷	1. 上告祁门县 2. 未载审判结果	《徽州千年契约文书》(清民国编)卷三,第120页
66	道光□年	擅戴顶戴纠纷。乡约状告约内细民,趁皇恩浩荡,赏赐耆老顶戴之际,冒充身份,胆敢擅行顶戴,诚恐宪恩稽查或细民借此进身混冒,故上告县主	1. 邻人 2. 身份纠纷	1. 上告祁门县主 2. 请求差查,以杜混冒,以免后累。未载最后结果	《徽州文书》第四辑卷二,第522页

附表4 清末民初徽州讼费筹集一览[①]（52件）

序号	时间	起因及讼费来源	资料来源
1	同治五年(1866)	1.起因:朱元雄同侄朱崑,今被族中朱祐嫂讼害无措 2.讼费来源:卖田筹费,得受价洋钱七元整	《徽州千年契约文书》(清民国编)卷三,第32页
2	民国十二年(1923)	1.起因:公序彝堂因讼费无措 2.讼费来源:将二亩一分两厘大买田塘税,托中立契出卖与叶达成名下为业,时值卖价大洋三十元	《中国徽州文书》(民国编)第一辑卷一,第138页
3	同治十二年(1873)	1.起因:因受同治九年黄义伦祠秩下子孙黄正圣等与王锡林互讼案件之累急需讼费 2.讼费来源:变卖义伦公祀各家输助的六十余秤租,以筹讼费	《徽州文书》第四辑卷三,第40页
4	民国八年(1919)	1.起因:因上诉费用紧急 2.讼费来源:王德裕公祀秩下三堂人等,公议卖实租七秤整,时值价英洋三十五元	《徽州文书》第四辑卷三,第386页
5	光绪十一年(1885)	1.起因:缘因土名古塘头争控众业,在案未结,所控之钱,并无出水 2.讼费来源:公议将澄公社会来龙山大松木一株,出拼与澄公支孙吴双全名下,三面言定时值大钱五千文整	《徽州文书》第四辑卷十,第456页
6	民国十一年(1922)	1.起因:考祥堂秩下九房人等,公议卖祠右基地,以筹措建祠费用,不料遭王从大借口生端,希图阻造 2.讼费来源:照依基地丈尺均派	《徽州文书》第四辑卷三,第422页

① 参见王钰欣、周绍泉主编:《徽州千年契约文书》(清民国编)20卷,花山文艺出版社1991年版;刘伯山主编:《徽州文书》一至六辑,广西师范大学出版社2005年、2006年、2009年、2011年、2015年、2017年版;俞江主编:《徽州合同文书汇编》11册,广西师范大学出版社2017年版;黄山学院编:《中国徽州文书》(民国编)第一辑,清华大学出版社2010年版;黄山学院编:《中国徽州文书》(民国编)第二辑,合肥工业大学出版社2016年版;张海鹏、王廷元主编:《明清徽商资料选编》,黄山书社1985年版。

序号	时间	起因及讼费来源	资料来源
7	咸丰六年(1856)	1. 起因：承祖业田租，寄种于金松贵等，不期黑夜被贼窃去田谷大小十一块，佃来投鸣，闻说胆敢斛用割打，明系同种者监守自盗。齐心立文，商议出邑具控，凭官究治 2. 讼费来源：照租挨次而出	《徽州文书》第一辑卷九，第31页
8	光绪四年(1878)	1. 起因：因祖置田地山场，常遭邻村破坏山场竹木茶笋，故贤源社内四柱人等立合约，公同对付 2. 讼费来源：若有讼费，照灶摊派	《徽州合同文书汇编》卷十一，第199页
9	民国十二年(1923)	1. 起因：方元端公支下阖村人等，鉴于远近山场被盗不止，故公议合约，立定章程，抵御外侮 2. 讼费来源：照灶科派	《中国徽州文书》(民国编)第二辑卷八，第198页
10	道光三十年(1850)	1. 起因：祖买祖产，因祀支懦弱，被祀外强占，业不由主 2. 讼费来源：近前锅烟十家有四，每家扣饥积钱三千文，归于讼内，以作讼费	《徽州文书》第二辑卷二，第67页
11	清后期	1. 起因：逆丁盗拼坟荫古木，因太平天国运动后难查卷宗，故立合文保祖 2. 讼费来源：照□房均出	《徽州文书》第一辑卷九，第202页
12	清中后期	1. 起因：程杰公祀秩下庆、荣二公等祖冢被地棍侵犯，托地邻、保长验明向理，恃强不采，只得公同嘀议齐心保祖 2. 讼费来源：照庆、荣二公祀均出	《徽州文书》第一辑卷九，第185页
13	民国七年(1918)	1. 起因：吴正旺、吴鸿泰，租种邵岩旺、邵岩福公支下祖遗之业，抗租不归，希图谋业 2. 讼费来源：邵岩旺、邵岩福两公均派	《中国徽州文书》(民国编)第二辑卷六，第246页
14	民国十四年(1925)	1. 起因：汪姓族人想建□仓一所，不料李姓称其有碍祖坟，欲强行拆毁，汪族商议赴官禀治，费用均摊，以免族人再被外姓欺凌 2. 讼费来源：挨户均派	《中国徽州文书》(民国编)第二辑卷六，第312页

续 表

序号	时间	起因及讼费来源	资料来源
15	道光二十六年(1846)	1. 起因:祖坟边余地被佃户私自转售他人,公议合同,准备起业另租,以保祖坟与租额 2. 讼费来源:倘被逞凶不法,公议讼费,照男妇丁口科派	《徽州文书》第四辑卷八,第92页
16	同治十三年(1874)	1. 起因:康姓二世祖公子冲墓山三垄,被仆人陈舍贵等开挖殆尽,经中经保理论,不理不报,故公立合同议单保祖 2. 讼费来源:按每丁出钱一千文标准交纳,如不足另议	《徽州文书》第二辑卷一,第375页
17	同治十三年(1874)	1. 起因:康静斋公祠祖墓,被逆仆开挖锄种,向理不睬,反为上邑控案 2. 讼费来源:公议阄出费用,每丁出洋三元,同治乙亥年收一半,丙子年收清;每家茶叶一担,抽厘钱五百文;牧猪一只,不问大小,出栏之日,抽厘钱一百文。限定十年,以乙亥年起,至甲申年为止	《徽州文书》第二辑卷一,第376页
18	光绪二十二年(1896)	1. 起因:潘光启堂山场田业,被佃户朱半当于光绪年间屡次欠租,并遭罩业故害,混入业内强葬风水,损祖伤生,故公同对付 2. 讼费来源:议定各房照丁科派	《徽州合同文书汇编》卷十一,第262页
19	宣统三年(1911)	1. 起因:郑国相公支下首事人等,因祖坟前护荫树木,被人劈丫焚树侵害。向理却遭恃强詈骂不休,故议合同,同心相应,公同对付 2. 讼费来源:挨丁科派	《徽州合同文书汇编》卷十一,第325页
20	民国六年(1917)	1. 起因:祖遗山场蓄养荫木,历年已久,因山落倪姓肘腋,屡被侵害盗窃 2. 讼费来源:照丁派费,各任其劳	《徽州文书》第二辑卷二,第188页
21	民国六年(1917)	1. 起因:方良仕公支下人等,因来龙地业,光绪年间租给方承塘名下为业作种,至今三十余年,霸占不取,恃强掘挖,倚势欺良。故邀集同众啇议,须要同心相应,公同对付 2. 讼费来源:照依丁口,均匀派出	《徽州合同文书汇编》卷十一,第349页

续　表

序号	时间	起因及讼费来源	资料来源
22	民国十四年(1925)	1. 起因:方琴公支下祖坟余地一块,被族内不端之人正里、承富,将此业内盗卖与方悦来名下,族内支丁向其取契,而悦来瞒弊,支丁痛恨,以致公同酌议章程,呈官究治 2. 讼费来源:照丁均出	《徽州合同文书汇编》卷十一,第386页
23	民国十六年(1927)	1. 起因:方社贵公支下方镇善等,仗人丁众多,悖墨欺祖,突起谋心,将祖坟明堂碓石阻塞,损祖殃丁。故方社孙公支下任事人等,公同啇议,酌议章程,公同对抗 2. 讼费来源:照丁科售	《徽州合同文书汇编》卷十一,第396页
24	民国十三年(1924)	1. 起因:方姓觊觎周敦睦祠祖业,屡欲谋占,故需公同对抗 2. 讼费来源:均照支丁科派	《中国徽州文书》(民国编)第二辑卷六,第247页
25	同治九年(1870)	1. 起因:倪姓祖坟荫木,被叶先孙等强拼 2. 讼费来源:若结讼,倪姓商议照股均开	《徽州文书》第四辑卷五,第361页
26	同治十三年(1874)	1. 起因:因汪社荣公支下来龙荒业,在郑姓山后,为保护本支来龙,出资购买郑姓之山,并立合同,以养荫木,以护来龙,以免掘挖伤脉 2. 讼费来源:倘日后有人故害,公议讼费,照股均派	《徽州合同文书汇编》卷十一,第191页
27	光绪三十一年(1905)	1. 起因:立议合墨人方国宠、国槐公支下,因邻党不端,屡为窃害山场,故公议合同对付 2. 讼费来源:照股均派	《徽州合同文书汇编》卷十一,第301页
28	民国十一年(1922)	1. 起因:十二人联成十二股,凭中租方氏名下为业,禁养山场十年,为防私窃私砍,合立禁山议约 2. 讼费来源:照股科费	《中国徽州文书》(民国编)第二辑卷八,第182页
29	民国十一年(1922)	1. 起因:彦仁公裔孙三房人议定:为防人心不古,声明共有树木,不得任意拼砍,应公用公拼 2. 讼费来源:按清明股,派出丁费	《中国徽州文书》(民国编)第二辑卷六,第251页

续 表

序号	时间	起因及讼费来源	资料来源
30	咸丰三年（1853）	1. 起因：倪姓借吴士怀、吴德侯等山场业落其肘腋之机，将山场概行盗砍 2. 讼费来源：费用亦照六股均出	《徽州文书》第二辑卷二，第69页
31	民国元年（1912）	1. 起因：族内两房议定修祠，但长房恃势行强，将老祠地基砖瓦据为已业，次房托族向理数次无效，故议定章程公同对抗 2. 讼费来源：二房子孙四股均派	《中国徽州文书》（民国编）第二辑卷六，第323页
32	民国十年（1921）	1. 起因：江能彩等祖遗熟地，被支下佛霖一人出当 2. 讼费来源：倘有用费，江能彩与侄媳两股均派	《中国徽州文书》（民国编）第二辑卷六，第311页
33	光绪八年（1882）	1. 起因：立合墨寿公、卤公支下人等，因祖坟被汪社发等，借此地业毗连，屡屡混争涎占。鸣中保无效后，不得已两族诉案 2. 讼费来源：规定所用之费，两族四六分。即寿公支下人等派四分，卤公支下派六分	《徽州合同文书汇编》卷十一，第219页
34	光绪二十八年（1902）	1. 起因：因徐灶云被人嫁祸飞冤，情不得已，邀请族戚，立此合墨，公同对付 2. 讼费来源：所用银数若干，徐灶云十分，该出五六，先自应承。蒙众各自量力，不计其数，救弱扶倾，是为至美。以后倘有外人无故生端侵侮，本支均照此例	《徽州合同文书汇编》卷十一，第288页
35	同治六年（1867）	1. 起因：因长房福孙、旺九等，违祖生端，恃势强霸祖业，黄步高、黄云升等立合墨对抗 2. 讼费来源：所有用费，众姓照出	《徽州合同文书汇编》卷十一，第164页
36	光绪八年（1882）	1. 起因：仁源众姓人等往接主坛七公圣驾，不料被绵潭渡船首事诬为修渡之费不出，从而阻渡并辱我仁源众姓人等，情理难甘。因渡船经往乃我仁源之要路，于是仁源众姓开始商议共建渡船之事，倘日后渡有拦阻，被人暗害，则仁源众姓，通同抵敌。 2. 讼费来源：众姓照出	《徽州合同文书汇编》卷十一，第215页

续　表

序号	时间	起因及讼费来源	资料来源
37	光绪二十八年(1902)	1.起因:因人心不古,各割薪而盗松杉,以挖松而害竹笋,至此山场几同不毛。因此公议合同保护山场 2.讼费来源:倘有官前使费,各姓科众均出	《徽州合同文书汇编》卷十一,第286页
38	咸丰元年(1851)	1.起因:程训公秩下逆丁程端均,私卖祖坟山于族逆茂钧,茂钧持推单交付册局收税,故被发觉。合房人等议立齐心合文,出名具控 2.讼费来源:尽行开支	《徽州文书》第一辑卷九,第1页
39	光绪二十七年(1901)	1.起因:李怡庆堂秩下裔孙等,其与叶姓之共有山场,被叶姓私拼与他人,族众情知理阻,比托中保向叶姓理谕无果,即将未搬去细小杉木数节搬回,叶姓欺身懦弱,情不得已只好合众嘀议对付 2.讼费来源;公同派出,各不执拗	《徽州合同文书汇编》卷十一,第283页
40	光绪三十二年(1906)	1.起因:因嘉禾秀实,屡被偷窃,竹木葱茏,每遭盗伐。故立合同制定措施,保护农业生产 2.讼费来源:公同派出	《徽州合同文书汇编》卷十一,第309页
41	民国六年(1917)	1.起因:立议合文李怡庆堂秩下裔孙等,因汪福九佃种岁岁少欠故荒田租,公面到伊门取讨,托中向理均无效,不得已鸣官理治 2.讼费来源:公同派出	《徽州合同文书汇编》卷十一,第350页
42	宣统元年(1909)	1.起因:族恶吴进财同侄吴天命等,势强欺弱,一再盗砍偷窃吴广丰、吴广兴、吴大纲、吴大锦四人之祖遗苗山之木 2.讼费来源:四人均派均出	《徽州文书》第二辑卷二,第173页
43	民国十五年(1926)	1.起因:本村蓄养山场内,盗砍屡禁不止,故成立同禁会,议定章程加以严禁 2.讼费来源:公派摊认	《中国徽州文书》(民国编)第二辑卷八,第184页

续 表

序号	时间	起因及讼费来源	资料来源
44	光绪二十七年(1901)	1. 起因:金天合堂秩下四户人等鉴于山场松杉苗木残害一光,故立合约制定新规,保护山场 2. 讼费来源:倘有恃强不遵,照约具名鸣官究治,所有费用,公事公支	《徽州文书》第一辑卷十,第536页
45	光绪三十二年(1906)	1. 起因:因嘉禾、良木屡被偷窃,故方、王两姓立合同制定措施,保护农业生产 2. 讼费来源:讼事众需,都归社会抽出,兼以每年各户出茶一百斤,捐钱一百文。出白术一百斤,亦捐钱一百文,均入众公兴会生息,以资公用	《徽州合同文书汇编》卷十一,第310页
46	咸丰六年(1856)	1. 起因:王福寿公秩下逆裔王清池不遵宗谱规定,抱异姓之子为后;圣玑、王际旸等人违反婚姻不缔于不重之门规定,娶妻于张、汤二姓。故族众议论除将旸等诣祠削除、不载入谱外,还公立合同对抗之 2. 讼费来源:尽系中秋神会出备,不得累及出身之人,讼完之日,誓神交账	《明清徽商资料选编》,第32页
47	道光二十一年(1841)	1. 起因:会内山产,遭邻居生端罩占 2. 讼费来源:公议若有争端,费用先取会内余积浮本支应,如其不给,照灶派出助用	《徽州文书》第四辑卷十,第426页
48	道光三十年(1850)	1. 起因:砍伐后山杂树残椿修理祠堂,却被对方以害祖伐荫控县,又控闭塞墓道,经害三载。本族对署宪判决不服,准备上控府台 2. 讼费来源:祠内公办	《徽州文书》第一辑卷九,第465页
49	同治九年(1870)	1. 起因:来龙命脉处被恶(杰兄弟)横行锄种苞芦肥己害人,程加湑等人认为这不但于人丁有损且使房屋受害,故准备涉讼 2. 讼费来源:若结讼,讼费先各出钱六千文整,若不够再行公派	《徽州文书》第一辑卷九,第107页

续 表

序号	时间	起因及讼费来源	资料来源
50	同治九年（1870）	1.起因:到源祠支下世长与金苟二人口角争讼,浼求祠内房族劝解,不料金苟居然相邀尾滩余姓亲戚前来,倚势为强殴打房族中人,又返呈诬告,是以祠内支孙拟呈官理治 2.讼费来源:倘有呈官用费,由支孙搬助钞文,商定:到源祠愿出钞四十千文,世长出钞二十四千文,佛财出钞二十四千文,以作呈官费用。倘如用空仍余之外,众支孙自愿照丁科派	《徽州合同文书汇编》卷十一,第168页
51	同治十三年（1874）	1.起因:陈姓魆地葬坟一所于康静斋公祠祖坟上,诚恐日后以坟占山,加冢侵害。祠内人等是以束心立有保祖合文,议定司事之人往邑控案 2.讼费来源:均系众办众用,恐费不敷,暂移应用,候事毕,经手之人将账算明,秩丁摊派归款	《徽州文书》第二辑卷一,第374页
52	宣统二年（1910）	1.起因:邵有林等突起不良之心,纠集多人将所斫之树挖来,诬身等窃害伊之杉木,后又诬身造伪契,要呈官律办。身实弱门,有口难分辨,故邀集祖业山场有分人等嘀议,同心协力,患难与共 2.讼费来源:倘有伤重命毙者,医治报官之费,先将众业变卖,用空之钱,照丁科派	《徽州合同文书汇编》卷十一,第322页

附表5 《陶甓公牍》所载诉讼案例情况[①]（72件）

纠纷类型	序号	案情简介	双方关系	审判结果
一、户婚纠纷（9件）	1	违例不娶。叶娣入夫家二十载，但其婆母仍未同意其子完娶，被祁门县县令断令离异	婆媳	要求祁门县将因何断离、有无纵子奸占等情查明后，立即详复察办
	2	私奔。曹登瀛状告其妻曹程氏，听从曹成炤之蛊惑诱骗，席卷金银细软逃走另嫁	夫妻	县令断：斥革曹成炤衣顶提究例办，但曹登瀛不满县令判决，任意牵控喋喋上告。遭知府大加申斥，骂其不知自反，提醒该职谨慎修身，并仰绩溪县立即勒提情虚久避不案之曹成炤，究详察办
	3	诱拐妇女。程济达控汪观盈等，串谋诱拐其妾，霸匿不放案	前夫与现任	训诫程济达作为书香世家，竟发生了如此之事有辱家门，并仰祁门县查明汪观盈有无串谋诱拐、差捕有无留难索费情形。如果属实，立即改差严提悉数拿案详惩察办，并移行黟县知照
	4	诱拐妇女。朱程氏夫故守志，却遭柯太龙沟通地痞，将其诱拐作妾	孀妇与人贩	近日拐带妇女，伤天害理之事层出，非遇案严切究办，断不能息此恶氛。仰歙县立即提集原被人证讯明案情，按律究办

① 需要说明的是，为更好地还原案件发生的场景，制作此表时，“案情简介”与“审判结果”两栏，基本上摘录的都是此书作者的原文。至于“纠纷类型”，则是笔者根据案情简介自行归纳的，疏漏与不到之处，敬请方家指正。

续 表

纠纷类型	序号	案情简介	双方关系	审判结果
一、户婚纠纷（9件）	5	诱拐妇女。胡月仙状告主婚人汪文宝诱拐其儿媳逃走。胡月仙抚养抱子胡德明长大并在汪文宝主婚得聘下，娶新媳程武。但成婚仅两月，主婚人汪文宝即诱令其新媳程武席卷逃走	主家与主婚人	因胡月仙作为未嫁女，抱子抚养名不正言不顺，故应将胡月仙所立胡德明继书并所聘其媳程武礼书，一并追出当堂撕碎；汪文宝所骗聘钱也勒令退出，拨扫地方公用。仰歙县立即勒差提集汪文宝等到案，研讯确情，遵照知府批示办理
	6	诱拐妇女。孙告化状告徐守中父子拐略霸占其妻萧氏。其岳父萧士禄佐证指出其女萧氏是被其妻俞氏诱归拐走的，不知何故落入徐守中父子之手，后被其婿孙告化撞获，赴官控追萧氏	前夫与现任	指责萧氏姘居徐姓，恐亦未必得好结果；斥责帮徐氏父子代写状纸之孙锦富贪财故冒险为其代言；书记生周之德近在附郭，当知此案梗概却纠集一帮人任意填砌，颠倒是非，停止办公一月，以示薄惩
	7	诱拐妇女。汪吴氏控方文光诱拐妇女抗匿不交等情。因上年五月控县，批饬提究无果，因而控府	未提及	被告方文光如果凭媒价买，执有婚据，何不早为呈验，案延一载，始行出诉？显系设法装点，希图抵制。仰歙县即传原告人等到案调查，验明婚据真伪，分别究断，报覆察夺
	8	骗婚图诈。洪瑞麟状告其遭遇新娶之妇胡氏娘家搭台骗婚。胡氏夫故后，在其姑叶江氏立据得价媒妁证明下再醮与洪瑞麟为妻。不料成婚两月后，胡氏突然告发胡瑞麟违背其意愿串抢其来家成婚	夫妻	此类案件，皆为图财起见，并无名节之可言，胡氏既无心再留，洪瑞麟也不必强行匿留不放，仰歙县立即验据集证，讯实情酌量办理，终不能使洪瑞麟人财两空，方为平允。并督促歙县将胡氏娘家退还财礼之期限注明，并问明胡氏今后是否承诺不复嫁卖情由录案详覆察夺

续 表

纠纷类型	序号	案情简介	双方关系	审判结果
一、户婚纠纷（9件）	9	孀妇再嫁。吴程氏家聘定洪吴氏之女为孙媳，不料接娶过门仅两月其孙就不幸夭亡，引发洪吴氏之女去留纠纷	亲家	洪吴氏之女方十三岁，无论曾否成婚，名分已定。嫁守由尔自主，吴程氏家不得借口霸占。仰歙县立即传集人证，秉公讯断
二、过继纠纷（3件）	10	霸占继产。余查氏控余启呈霸产。初，余查氏分别过继余启呈之八岁子昌宏、余启稼之子昌宠为嗣，议定继产二人均分。不料余启呈之子昌宏九岁即亡，为达霸占继产目的，余启呈私自在宗谱内将亡子昌宏虚增七岁，并捏假将家骐过继给昌宏为嗣，以此欺蒙余查氏。对于余启呈恶行，族人调处无一人据理力争，五控不准。余启呈既匿契据于其子身亡之前，又复妄图霸产于其子身亡之后，故余查氏愤而上告，先府控再省控	同族	责令余启呈将藏匿余查氏的契据，限五日内缴出，当堂呈阅
	11	阻挠过继。程曹氏亲生三子俱亡，故当堂过继二子以承后。不料同族程志濂伪造继书有意刁难，理屈词穷后又借祠例反对	同族	着即如详立案，以安程曹氏母子之心。徽属陋习凡暮年无子之人薄有资产则刁族蠹胥狼狈而来。嗣后无论何人翻控者，概不准理，如查有讼棍从中播弄者，并即从严惩治，以维风化而警刁顽

纠纷类型	序号	案情简介	双方关系	审判结果
二、过继纠纷（3件）	12	阻挠过继。周锡淮、周锡淦乃俩兄弟。锡淮无嗣，锡淦为防同族家产之争，以其殇子懋学为之后，引发族内纠纷	同族	周锡淦所立分书，子孙自当遵守，仰绩溪县验明分书，秉公定断，勿任同气相残
三、产业纠纷（8件）	13	山木归属纠纷。汪洋林、胡得福因山木归属发生纠纷	邻人	山木归属以有无契据为断，胡得福所执契纸较早，土名相符，故应归其所有。汪姓族众抗断不遵，本属非是，姑仍候婺源县详到，日后再行核示饬遵
	14	田产纠纷。王江氏控鲍振炳霸占田产，请求勒还	未提及	王江氏控词前后矛盾，显系该氏年迈无知，听人唆使，故其所请饬提鲍振炳勒还之处，应毋庸议
	15	盗卖祠产。族丁巴冠山、巴作周盗卖祀产与不知情之买主僧人后，族人巴长庚毁塍拔秧，巴锡麟等状告县主	同族	子孙盗卖祀产例应加等治罪，买主不知情者不坐。指责该族不能约束族丁盗卖祠产，反而迁怒于出价受买之无辜僧人，指示黟县一面勒传巴传庚治以毁伤田禾之罪；一面勒传买主僧人，当堂呈契验明虚实后再请示本府，以期切实而儆凶横
	16	寺庵归属纠纷。叶延禧为僧道争寺庵上控	未提及	斥责叶氏为僧道争庵多事，认为寺庵应在淘汰之列，故提归地方公用。仰黟县遵批，集讯酌断
	17	卖屋纠纷。冯观长将浮住屋卖与教民黄金聚，待黄金聚前往拆屋，遭汪元英堂之族丁汪社保阻拦，声称此屋建造时汪元英堂曾贴洋二十元，其应有此屋部分产权	邻人	堂判：冯观长建屋时汪元英堂贴洋，此与赏赐无异，无需偿还；断令买主黄金聚可前去拆卸屋料，汪姓不得阻拦；惟此屋为浮住屋，故地基仍属汪姓所有；汪族携去门板两张，责成汪社保交出，此屋未拆卸之砖瓦，如有短少藏匿，惟汪社保是问

续 表

纠纷类型	序号	案情简介	双方关系	审判结果
三、产业纠纷（8件）	18	房屋产权纠纷。吴、江两姓为房屋产权发生纠纷，状告歙县后江姓不服判决，请求知府前往亲验	房屋共有人	赞同歙县县主与前知府判决，即吴、江二姓对房屋产权各承其半，并斥责江姓不候讯断就敢擅自拆卖之举，支持县主买回重盖之正义判决
	19	房屋产权纠纷。程仲沅之兄程松乔故后无嗣，滕绍周为霸占店屋，凭空插讼，诬陷程松乔身前曾写押店字据，转代挪借银五十两，故请封屋充公，假公逞忿	未提及	程松乔故后无嗣，所有产业应归其胞弟程仲沅继承。即使松乔有过借款，但滕姓已收店租十余年，完全可抵松乔之欠银。仰婺源县立即传集人证，秉公定断结报
	20	重复出卖纠纷。胡舜传状告已故之胡海林重复出卖，倚势强盗等情	未提及	胡舜传买时出洋六十元，县断追给四十元。因折耗无多，况胡海林已死，故劝胡舜传从此息事，岂非便宜？仰祁门县立即查明案情，录详察夺，勿任缠讼
四、租佃纠纷（1件）	21	欠租纠纷。邵鹏控称恶佃欠租	主佃双方	仰歙县查明欠租真相，秉公结断，据实详夺
五、经济纠纷（4件）	22	房款分配不均纠纷。服兄弟李应元与李应庚，因房款分配不均引发斗殴。应元控应庚殴婶，应庚控应元殴兄，双方控县后再控府	服兄弟	劝谕原被双方，经济纠纷即或兑付未清，可凭原议与房族中人商量厘清，不必听书蠹挑唆，缠讼于公堂。仰休宁县立即勒集质讯秉公定断具报，但时历数月休宁县仍不讯不结，故再次勒令休宁县毋再任差延宕，别生枝节
	23	欠款纠纷。余崇发欠余查氏先翁旧债拒不归还，狡不到案，引发纠纷	同族	此案拖累二年，幸该族出为排解，余崇发自知理亏，归还余查氏旧债，应准如详销案

续　表

纠纷类型	序号	案情简介	双方关系	审判结果
五、经济纠纷（4件）	24	欠款纠纷。宁建文控寺僧欠钱，并指使秀才盛清为其公然作护、出为狡赖	债权人与债务人	斥责秀才盛清之荒谬行径，认为法善神事，本不干己却任意填砌。仰祁门县立即集讯，断究结报，毋任越渎
	25	欠款纠纷。程际隆状告程青渥设谋贿串，以五百两之母银利上加利，滚折三千七百余两之巨款，此等高利贷不当得利，应公款公追	兄弟	指责程际隆假公济私、泄愤于程青渥，该族亦无需受制于程际隆。此案公堂审判，必凭公理。仰祁门县遴派正绅会同核算，亦是正当办法，酌断录案详核
六、坟葬纠纷（2件）	26	义冢私垦。何家洲本系程、何二家义冢，但却被何姓私行召垦，引发纠纷	坟业共有人	义冢既属公产并经勒石永禁，自不能以个人利己之私，遂间渔人之计。仰休宁县即将查勘情形，妥议通禀察办勿延
	27	坟山盗卖。金观林私自盗卖金姓公共坟山与不知情之陈姓买主，引发陈姓买主之棺木是否起迁纠纷	亲属	祁门县初断陈姓起迁，复断望金姓推念亲谊，不必强令其起迁。金姓族人因先后讯断两歧，频频上控。本府认为陈姓之应迁与否，应以其棺是否安葬为断。若已安葬，强令起迁会累及朽骨，作为补偿，可照原买价值，再贴金姓二十元，划清界址，永久相安。仰祁门县查照批示结报，以免争竞而杜借口
七、坟荫纠纷（1件）	28	坟树归属纠纷。因洪正财砍斫一坟树，遭洪钲昆等人私捆，引发纠纷	未提及	因坟树归属尚未断明，故仰歙县立即勒提一干人等讯明断究具报，如洪正财实系被捆，并即先行押令释放
八、人命（3件）	29	意外身亡。陈排子与陈莲蓬乃两兄弟，口角后陈排子身亡，其妻陈叶氏要求查验死因	兄长与弟媳	兄弟口角原所难免，一听外人离间遂生出种种枝节。毋论陈排子是否病故，陈莲蓬当格外体恤，不容再生衅隙。仰休宁县立即查案，饬遵具覆，毋许外人干预，是为至要

续 表

纠纷类型	序号	案情简介	双方关系	审判结果
八、人命（3件）	30	谋杀。程朱氏状告程进裕，谋杀程德昌后再捞捆其夫程林昌致死，故今举家老小有性命之忧，不得已上告	未提及	除饬将该氏家属幼孩妥为保护外，仰歙县立即遵照，前往该处查看德昌、林昌尸身，分别验填详报，一面严限勒拿各要凶，从重究办，切勿再延，致贻隐患
	31	暴毙。陈干氏来府喊冤，其夫陈复泰以私售灯吸罪被祁门县捉去，不料三天后即暴毙，该县验查死因五十余日，未有通报结果	被告与县衙	仰祁门县立即将是案办理情形连同验讯缘由，据实通详。察核差役江义、李发有无索诈威逼情事并即彻底根究，勿稍姑息
九、差役腐败（10件）	32	差役勒索。叶松等三十余人联名具控差役江华等人，在窃石案件中既获要证，故匿不交，计诱地保，勾结班馆家丁拷诈开销，强加勒索，致王富顺鬻其幼女，得洋十二元。江华同党王鑑等四十余人驳斥叶松之词，声称王富顺为同谋窃石之人	原告与差役	斥责王鑑等人无证据之谬论，仰歙县立即将该差江华密速致案，发押严讯追赃禀办，一面将是案该差勒集讯明例究，其余无干冤押之人当堂立予省释，饬令速回安业，并将管班二人即行撤遣，另派谨愿者俾充斯役，仍随时严谕督察，不准婪索分文，以杜民害，是为至要
	33	差役勒索。休宁县孀妇项金氏呈批朱天喜挟嫌诬窃，总董、捕保人等已经调处完毕，服礼息事。差役却做出圈套再次栽赃朦控	被告与差役	核词情节奇离，恐有不实不尽，至该衙门差役无事生事勒索私费，诚恐难免。已经监禁之革役孙进是个榜样，何犹不知戒惧，亦应一并彻查，仰休宁县立即传集人证彻讯究断，详覆察夺，勿稍姑息

纠纷类型	序号	案情简介	双方关系	审判结果
九、差役腐败（10件）	34	差役勒索。程德楷诉称居住在休宁的七旬孀妇程项氏，因遭歙县书差敲索，几不保命	未提及	该氏居住休宁县，歙县书差何以能越境锁带？该都董保又何以无一人诘阻？程项氏究欠钱粮若干？赃由何人过付？此中殊滋疑窦甚多，来禀又未缕晰声明，应令切实呈复，到日再行核办以昭核实而杜借口
	35	蠹书敲诈。王成们控告劣生蠹书朱宗煌等勾串无赖游民，借尸串控，搭台敲诈至八百之多，至王成们父子破产荡家	原告与蠹书	仰婺源县立即勒提被控人等彻讯追究详办，勿稍含糊轻纵，并勒缉在逃人犯，勿使一人漏网。最后堂判如下：革书朱宗煌听从劣绅董晋吉借命作案，分赃银二十元，应监禁十五年，限令缴洋三百六十元，革书朱绍庄充当歇家复代，虽分赃银无多，但惟开销讼费有浮冒，应监禁三年，缴洋一百八十元，讼费八十元；革保王灶能听从作案，混供诬指，应监禁五年；金志和冒充尸亲，赫诈多赎，本应严惩，惟年近七旬，量从宽减，应管押二年；王成们老实可欺，无辜被诈，及因讼花费八百元，已由各犯分摊给予，以恤良懦
	36	代书索费。知府偶讯原告吴旺科，得知其在诉讼案中每次需被迫交纳代书李正本代书费六元、五元、三元不等	原告与代书	令李正本自行归还，斥责追究在案。不料该代书不知服罪，希以辩求，并推卸责任与歇家身上，可谓积猾。令其将三次浮收洋元限两日内缴案，听候充公，再行核办，违即发县押追不贷

续 表

纠纷类型	序号	案情简介	双方关系	审判结果
九、差役腐败（10件）	37	门丁索费。朱汪氏之子朱裕良被朱鸿经控告盗挖祖窨，但却无实在证据。门丁邓缙等竟敢明目张胆需索规费致五百洋元之多	被告与门丁	门丁名目，久奉宪饬裁革，何以该县阳奉阴违，致使门丁需索规费，实属荒谬。仰休宁县即将朱汪氏之子先行释放，录案详夺，一面查明门丁需索实据，从严究追报办，慎勿自误致干亲提
	38	差役把持。金有松等控蠹役江华，在其与汪贵有互控案中，利用职权趁机唆谋把持	原告与差役	查江华系三十三年间因案批饬拿办之犯，胆敢更名江盛，复充县役，可谓积猾。此案无论有无把持，断不容其盘踞公门，重为民害。仰歙县立即拘提该蠹役江华彻究详办，一面查明该民与汪贵有互控情节，切实覆讯定案，无任延讼
	39	差役疲玩。吴清沛与吴高升互控案中，因差棍玩庇，致案延无期	被告与差役	仰歙县立即严比勒集，讯究速结，以警刁顽而安良懦
	40	捕役伙吞。商人胡承椿越诉至府，控告捕贼伙吞	商人与捕快	批评该商舍近求远，不赴县状告，反而跋涉二百里之遥来府控告，似此荒谬，本不准理。惟控关捕贼伙吞，非严讯彻追亦不足起疲癃而去蠹贼，仰黟县立提比追，勿任弊纵
	41	刑书串弊。王锡时替父鸣冤，再三省控称其父与被告在烧香拜佛中发生冲突，致烧香顶礼忽变为放火斗殴。虽经县主审判，但因革书许良玉串弊被告，致使被告不讯不结	原告与革书	卷查许良玉革卯已久，何复有充当刑书串弊之事，因该县书役积毒已深，毋再姑息养奸，仰婺源县立将此事肇衅及讯断缘由，克日录详察夺，毋得违延

续 表

纠纷类型	序号	案情简介	双方关系	审判结果
十、诬告诈骗（10件）	42	诬告图诈。洪汉云无事生非，掺和方姓铁井圈失窃案，仅以传闻之言谓王姓偷去方姓之物卖与吴姓，以期借故讹索。被县令判罚十元充公后，不但拒不缴款，且诬告差役向其勒索钱款物品	被告与差役	洪汉云居心险恶，实属可恶，应予诬告反坐之律，从严惩儆；县差虽在此案中无勒索确据，但也应未雨绸缪由县随时考察，犯即立惩；其余因洪汉云之害讼累二年的无辜人等，着即回家安业。各具遵结备案
	43	诬告图诈。黄许氏状告寺僧海云，称其强迫其侄肇青剃发为僧，并串通游手数人将肇青之父致死	僧俗	揭穿原告黄许氏谎言，指出其侄肇青之父是收了寺僧给予的卖身钱而默许其子修行的，现黄许氏因想将侄还俗承续，而额外生枝控告，迹近图诈，且不待县主讯断，直接越府控告。并斥责被告寺僧海云等人不懂情理，对知府棒喝置若罔闻，殊不知买卖人口，本干例禁。仰歙县立即吊验明确，传集质讯定断具报，毋任缠讼
	44	借尸图诈。管廷镕因弟客死异乡，企图讹诈	未提及	尔弟之死，事在上年十月，且桐城与休宁相距不过四五百里，乃迟至五月有余才始行控县请求相验，非常不近人情，显系图诈，断难轻准。惟事关人命，仰休宁县访查实情，禀覆察核
	45	借尸图诈。徐子春因发痧致死，该县已经验明准确。汪源桂、孙可旺却移尸纠党，企图讹诈。县主不严究诬罔，反将无干之胡丙荣械禁	未提及	仰黟县立提汪源桂等研讯究办，并将验讯缘由填格通详察办，胡丙荣等果系无干，即行释放

续 表

纠纷类型	序号	案情简介	双方关系	审判结果
十、诬告诈骗（10件）	46	索讼抬诈。萧士禄之女萧氏控告胡兆麟等唆讼抬诈。既得现钱，又复勒索期票八百六十九元之多，且因讼开销多至一千一百元	原告与讼棍	似此赌串妄诈，实属骇人听闻，目无法纪。候札县派差协同府役，按名提集解府，以凭亲讯追究并给予堂判。事后被诈之款当堂追缴；到案时被诈之款，包括差费与阻讯费均当堂追缴；劣县差除周炳、汪发免责外，周亮、程辉、汪太、罗正均重责仍革役；府户书汪均甫，虽与萧氏姻亲，但却不知自爱，仍革卯；胡兆麟、方嘉寿得赃最多，又系抬诈老手，仍饬拿究重办，讼棍胡老兆抗避不案，札歙县严拿究办；所有期票，应即一律取消，追缴入公作兴办农林及编纂要政之用，到期不准再付；萧氏被追回的金饰，可变价作报答其父萧士禄之用；讼费由追款内酌提三十元分给书役以杜弊
	47	诬告被欺。孀妇程曹氏控程茂华擅停尸棺，且抢掠其家物品	未提及	程茂华如有尸棺停放，氏家自当予以押迁，所称被掳各物，数目与物品不符，想乃程曹氏任意填报之故。仰绩溪县立即录案，详覆察夺
	48	诬告被殴。吴国祥诬告汪恒，称被其捆吊逼写期票	未提及	吴国祥称被汪恒等吊打，乃二十日前之事，当时为何未有赴县控诉，且汪恒既为赌棍，怎会邀尔吃饭，又无故吊打汝，可谓刁健之极。仰歙县立即将此案确情据实，录供缕详察办，以遏刁风

续 表

纠纷类型	序号	案情简介	双方关系	审判结果
十、诬告诈骗（10件）	49	诬告名节。江兆垲诬告其已故孀妇儿媳，指责儿媳生前与人暧昧，希图霸占儿媳衣饰	公媳	责骂江兆垲，其子故去已七年，儿媳生前并未回家守节，待至儿媳病故，始以暧昧情词猜疑妄控，污言秽语，该职真乃毫无羞耻心也
	50	诬告强奸。吴黄氏诬告朱四，称其因强奸其侄妇不成，遂告氏夫吴绍儒涉赌泄愤	未提及	驳斥吴黄氏谬论，认为若朱四强奸尔侄妇，何以侄妇隐忍不发？青年妇女事不干己，毋得出头兴讼。仰歙县查明禀复
	51	诬良为仆。潘姓、汪姓合力控告蒋姓不仅诬良为仆，且有捆人掠畜情节	邻人	潘、汪两姓既与蒋姓立有广计户合同，则非蒋姓之仆。可持批与董保知之，所控捆人掠畜情节，应听候该县查明虚实，酌量办理
十一、学务纠纷（7件）	52	摊派学捐纠纷。绅学界汪希以、葛光汉等控绩溪二都周星聚赌嗜烟，并由赌界烟界羼入绅界、污我学界，借办学堂之机，公然自名监督，摊派勒捐	士绅	一面当即斥退周星，并仰绩溪县立即秉公查明，具覆核夺。一面会同正绅，公举闲练学务之士人接办该学堂事宜，以免中辍而求实际
	53	摊派学捐纠纷。童生王彬因与潘廷佐素有讼嫌，拟按村摊派学捐被知府制止后，即挟嫌报复，状告潘廷佐教唆潘荣干等盗刈早稻，截抢洋元	未提及	潘廷佐与尔虽有讼嫌，案结即应冰释，亦何至纠众寻仇？所控盗刈早稻，截抢洋元，究竟何人见证，尔乃怀挟前嫌以之牵扯混控耶？本府随堂察讯该童生王彬实非安分之人，乃屡思插足学界，染指学捐，不遂所欲，则舞刀弄枪以搏击攻讦，为能亦多见，其不知量矣，似此荒谬，本应责惩，姑宽先行申斥，倘再无理取闹，定即发县讯惩不贷

续 表

纠纷类型	序号	案情简介	双方关系	审判结果
十一、学务纠纷（7件）	54	教员学生纠纷。绩溪县东山高等小学堂学生宋征、董杰等状告学堂教师胡嗣运年老耳聋，旷课任意，照章应令辞退。且该县已聘孙家仁训导接任，但胡嗣运尚思破坏	师生	宋征等人入校不过五学期，在校年数程度不符，未能获得毕业奖励，乃欲虚载表录分数以掩饰之。被老师胡嗣运拒绝后乃敢以教员旷课任性、有意破坏等语，率尔来府具控，实属淆乱是非，不知自爱。若不择尤惩戒，何以副名实而式浮縻？仰绩溪县立即秉公查明，严切整顿
	55	教员堂长纠纷。学堂教员胡嗣运被学生告发后业已乞退，但堂长周懋和却斤斤计较、缠讼不已	上级与下属	谕饬周懋和好自为之，从此力加整顿，力戒浮靡便是止谤自修之道，仰绩溪县传知遵照。
	56	教员堂长纠纷。学堂教员胡嗣运控堂长周懋和醉心私利，滥用职权。私聘曹诚琪之弟曹诚瑾为该学教员，并煽动学生宋征等要求提前毕业。周懋和则控胡嗣运之子胡荣璆朦没公款、隐没租洋	上级与下属	知府行县彻查在案，派府学教授周赟查得案件实情：胡嗣运因不满学堂堂长职位在教员之上，经学教员反在西学教员之下的现状，郁郁不平已久。恰遇学生宋征等以略加钟点赶速毕业为请，一触即发此次纠纷。学生宋征等赴县禀控教员胡嗣运衰迈重听无故怒骂，该县诣县调停师生双方无效后，无奈以孙家仁训导暂代胡嗣运之职。此案中教员胡嗣运被乞退、堂长周懋和年终辞去，学生宋征等各记过一次。知府认为此案中胡嗣运涵养未到，学生矜躁未除，尤不能宽恕者乃堂长周懋和，办学四年靡费巨万未收一效，且有冒支膳费之控待查，倘有浮支，即令如数缴出。至周懋和所控胡荣璆隐没书院公款一节，既有簿据可查，应另案确核清追，以重公款

续　表

纠纷类型	序号	案情简介	双方关系	审判结果
十一、学务纠纷（7件）	57	教员煽动学生罢课。贡生李训诰因故辞去教员之职后，利用同族之便竟煽动族中学生趁机罢课	师生	告诫李训诰，一县之大不患无可招之学生，不患无可佣聘之好教习，该贡生果无挟私破坏之心，正应从此息喙，否则阳示远嫌，阴怀阻挠，上宪具有见闻，毋谓一禀可文饰也
	58	学生挟众罢课。新安中学堂监督洪汝闿因事辞去，学生挽留未允，故联名具禀公叩作主	师生	学生挟众罢课、联名具禀，最为学堂恶习，俟新接任之黄家驹监督详细访查确实。如有不守规则再蹈前非者，即行牌示开除，并严追在校费用，以示惩儆
十二、警务纠纷（2件）	59	警务、学务经费冲突。高维干状呈警局筹定之款被小学堂再三拨去，警务将不可支	未提及	仰绩溪县立即查明原有经费若干，拨归学堂若干，是否足敷巡警之用，务须并顾兼筹，勿稍畸重，是为至要
	60	警民、绅商冲突。孀妇客民吴程氏赴府状告警员任恒智等，声称其子吴士林在屯溪灾后救济中，因拟多籴米粮，被警局外委任恒智喝勇凶殴至重伤。德厚昌店东曹英因早年与任恒智结怨，值此之际也挟嫌报复，诬陷任恒智嗜烟纵赌，请求官府将任恒智撤职、警局停巡	贫民与警员，士绅与商人	查得屯溪水灾甚重，为有序开展灾后救济，规定每人日籴两升，吴程氏及其子吴士林不服管制，强欲多籴，引发警民冲突。德厚昌店东曹英等之所以借机发难，在于警务经费一直都是由铺户捐和茶业捐各任其半，商民狃于积习，押运茶洋等事皆争先拨勇当差，小不如意则立起冲突，不认警捐，故各商号与巡警局积怨已久，吴士林多籴纠纷恰好为其提供了报复契机。经查吴士林伤势，仅为微伤，从宽免究；自行殴人局勇已由县责惩，任恒智并无喝令警勇凶殴及嗜烟纵赌情节。刘汝骥上书宪台请求借此时机整顿警局，警局经费一事仍照旧章抽收，若商不出资，则由县派差追缴，以求进步而杜阻挠

续 表

纠纷类型	序号	案情简介	双方关系	审判结果
十三、教案纠纷（2件）	61	阻教恃教案。天主堂牧教士听信冯观长言语，必欲加吴克明、叶德彪等得赃过付之罪。声称吴克明收受汪社保贿赂、恃教害人。故态度强横以势压人，特函令省城费司铎晋谒前宪台，要求严厉惩办吴克明等人	教民	宪台札同前因抄发函单到府，据知府查判：吴克明以生员入教，屡受教民排挤，其受贿证据不足，认为既不办汪社保行贿之罪，就不能科吴克明、叶德彪二人以得贿过付之条。叶德彪以武生奉教，平时亦未确守教规。应请将吴克明律拟杖八十，罚款鹰洋一百元，叶德彪拟笞四十，罚鹰洋五十元，一并拨充地方公用，拨作徽郡巡警经费。汪社保缴洋一百元给予冯观长，因其无钱完缴，照章作工四十日。后因牧司铎病故，前来接任的谈司铎办事平和，以期教民相安，故饬令吴克明、叶德彪遵谈司铎意愿，是日晚即出具安分切结，并承诺限十日遵断缴洋，遂与省释安业，并札洋务局一体销案。后又因吴、叶二人无力缴银，且已羁押八月之久，请宽免折工结案
	62	教士与书差纠纷。教士告发书差作祟	教民	查该书差并无各项劣迹证据，倘该教士再为函请，该县即可据理辩驳，以维主权
十四、烟赌纠纷（2件）	63	招赌卖烟。葛玉恒、程灶祚以娼寮为掩护据点，招赌卖烟	未提及	本应详革例办，绩溪县堂仅仅罚洋宽免，未免轻纵。仰新任县桂令立即发封变价，拨充巡警经费。一面勒拿该娼妇到案，提同葛玉恒等研讯明确，分别斥革详办，并移该代令知照

纠纷类型	序号	案情简介	双方关系	审判结果
十四、烟赌纠纷（2件）	64	革役吞烟抵瘾。革役孙进系奉抚宪批示监禁之犯，本念其母老子幼，从宽酌减年限以示法外之恩。至其被拘之夕，孙进烟瘾大发拟吞烟泡以之抵瘾，被发现后竟谎称吞烟自尽	未提及	闻有吞烟自尽情事，讯供系吞烟泡以之抵瘾实非欲图自尽，并将洋火盒余存烟泡当堂呈验，该革役身罹法网，尚不思戒除烟瘾，实属冥顽不灵，着即勒令戒断。至看守夫役如有递给烟泡互相隐朦情事，查明一律究办
十五、其他（8件）	65	盗窃纠纷。牛肉牛皮失窃。吕松柏等控县学宰杀之牛，除交公秤肉二十斤给县外，余连牛皮四张均被人避匿不还	失主与窃者	仰歙县立即会同府县二学，严行查究新牛之肉及各牛皮张系何人吞匿，即行追缴到县，倘积久肉败，着吞匿者按值赔偿
	66	盗窃纠纷。箱箧失窃。监生吴永銮控程苏氏母子趁其看会离开之机，串窃其箱箧	未提及	该监固无实据，差禀亦不可信。总之，真赃正贼不能不上紧缉拿。仰歙县立即查访明确殿讯究追，毋稍轻纵
	67	迷信。接送神像，致起争端	未提及	斥责廪贡生程作霖，作为读书明理之人应化导乡愚，却在接送神像中挟忿纠众，擅起争端。仰绩溪县集讯察究，勿稍偏抑
	68	迷信。求雨祈福，致起争端。唐牧师控汪银喜因求雨祈福产生过节，辄至王万春家滋闹，捣毁家具什物	未提及	札饬休宁县谕董妥处约束，告诫该处居民不许借端滋事
	69	挟嫌报复。胡月仙控，因刘洪氏之子频遭其母及姘夫张裁缝虐待不敢回家，其见怜收养刘洪氏之子后，频遭强盗破户、匪徒撞门等不可思议之恶剧	未提及	人心之坏、风俗之伧败坏如此，除将幼孩函送该县派人看护外，仰歙县传集应讯人证，质明究断，并将盗案分别具报勿延

续 表

纠纷类型	序号	案情简介	双方关系	审判结果
十五、其他（8件）	70	私买违禁物品。硝磺分所司事方义盈控汪俊有私买硝磺	未提及	此案业经该县提传究办，该司事不候讯明辄口不择言，目无长官自高自大。仰休宁县彻底追究，分别惩办具报
	71	有伤风化。俞友生于黉夜时分被人从妇女房中捆送出来，是奸是盗，二者必居其一	未提及	此等害群之马实不可再事姑息，乃该县不加深究希图省事，适遂其毒蛇反噬之计，殊不可解。仰婺源县立即专提俞友生到案，严惩究详察办，勿稍依违模棱致贻养痈之患，是为至要
	72	国丧期间理发。周之德状告警局委员在国丧期间理发	未提及	本欲传验核辨，不料该警局委员家属称其因生病赴休就医暂不在家。无论托故与否，因事前并无禀明，旷官之咎已定，应即先行撤差，以示薄惩

主要参考文献

一、史料文献

（一）方志

[1]嘉靖《徽州府志》，明嘉靖四十五年刻本。
[2]万历《祁门县志》，明万历二十八年刻本。
[3]万历《休宁县志》，明万历三十五年刻本。
[4]万历《歙志》，明万历三十七年刻本。
[5]康熙《黟县志》，清康熙二十二年刻本。
[6]康熙《祁门县志》，清康熙二十二年刻本。
[7]嘉庆《黟县志》，清嘉庆十七年刻本。
[8]光绪《婺源乡土志》，清光绪三十四年活字印本。
[9]民国《重修婺源县志》，民国十四年刻本。
[10]民国《歙县志》，民国二十六年铅印本。

（二）族谱

[1]（明）程弘宾编修：《歙西岩镇百忍程氏本宗信谱》，明刻本。
[2]崇祯《重修古歙城东许氏世谱》，明崇祯七年家刻本。
[3]雍正《歙县潭渡孝里黄氏族谱》，清雍正九年刻本。
[4]雍正《休宁茗洲吴氏家典》，清雍正十一年木活字本。

[5]乾隆《重修古歙东门许氏宗谱》，清乾隆十年刻本。

[6]嘉庆《黟县南屏叶氏族谱》，清嘉庆十七年木活字本。

[7]咸丰《婺源槐溪王氏支谱》，咸丰六年木活字本。

[8]同治《歙县金山洪氏宗谱》，清同治十二年刻本。

[9]民国《绩溪周氏重修族谱正宗》，民国元年木活字本。

[10]民国《绩溪涧洲许氏宗谱》，民国三年木活字本。

[11]民国《古黟环山余氏宗谱》，民国六年木活字本。

[12]民国《绩溪鱼川耿氏宗谱》，民国八年木活字本。

[13]民国《绩溪明经胡氏龙井派宗谱》，民国十年木活字本。

[14]民国《绩溪龙川胡氏宗谱》，民国十三年木活字本。

[15]民国《绩溪长标东陵邵氏宗谱》，民国十九年木活字本。

（三）资料汇编

[1]张海鹏、王廷元主编：《明清徽商资料选编》，黄山书社1985年版。

[2]安徽省博物馆编：《明清徽州社会经济资料丛编》第一集，中国社会科学出版社1988年版。

[3]中国社会科学院历史研究所徽州文契整理组编：《明清徽州社会经济资料丛编》第二集，中国社会科学出版社1990年版。

[4]王钰欣、周绍泉主编：《徽州千年契约文书》（宋元明编）20卷、（清民国编）20卷，花山文艺出版社1991年版。

[5]田涛、郑秦点校：《大清律例》，法律出版社1999年版。

[6]刘伯山主编：《徽州文书》第一至六辑，广西师范大学出版社2005年、2006年、2009年、2011年、2015年、2017年版。

[7]黄山学院编：《中国徽州文书》（民国编）第一辑，清华大学出版社2010年版。

[8]黄山学院编：《中国徽州文书》（民国编）第二辑，合肥工业大学

出版社2016年版。

[9]张传玺主编：《中国历代契约粹编》上中下三册，北京大学出版社2014年版。

[10]李琳琦主编：《安徽师范大学馆藏千年徽州契约文书集萃》10册，安徽师范大学出版社2014年版。

[11]黄志繁、邵鸿、彭志军编：《清至民国婺源县村落契约文书辑录》18册，商务印书馆2014年版。

[12]卞利编著：《明清徽州族规家法选编》，黄山书社2014年版。

[13]俞江主编：《徽州合同文书汇编》11册，广西师范大学出版社2017年版。

（四）文集、征信录及调查报告等

[1]（明）傅岩：《歙纪》，明崇祯刻本。

[2]（清）胡正仁编：《遗爱堂征信录》，清道光间刊本。

[3]（清）贺长龄辑：《皇朝经世文编》，清道光七年刊本。

[4]（清）赵吉士：《寄园寄所寄》，清光绪刊本。

[5]汪慰纂修：《重建吴清山墓祠征信录》，民国十四年刻本。

[6]（清）方大湜：《平平言》，载《官箴书集成》编纂委员会编：《官箴书集成》第7册，黄山书社1997年版。

[7]（清）刘汝骥：《陶甓公牍》，载《官箴书集成》编纂委员会编：《官箴书集成》第10册，黄山书社1997年版。

[8]（清）汪辉祖著，赵子光注释：《一个师爷的官场经》，九州图书出版社1998年版。

[9]前南京国民政府司法行政部编，胡旭晟、夏新华、李交发点校：《民事习惯调查报告录》，中国政法大学出版社1998年版。

[10]许承尧撰，李明回、彭超、张爱琴校点：《歙事闲谭》，黄山书社2001年版。

[11]田涛：《徽州民间私约研究及徽州民间习惯调查》，法律出版社2014年版。

[12]李琳琦、梁仁志整理：《徽商会馆公所征信录汇编》，人民出版社2016年版。

二、研究论著

[1]叶显恩：《明清徽州农村社会与佃仆制》，安徽人民出版社1983年版。

[2][德]马克斯·韦伯著，洪天富译：《儒教与道教》，江苏人民出版社2003年版。

[3]冯尔康：《中国宗族社会》，浙江人民出版社1994年版。

[4]梁治平：《清代习惯法：社会与国家》，中国政法大学出版社1996年版。

[5][日]滋贺秀三等著，王亚新、梁治平编：《明清时期的民事审判与民间契约》，法律出版社1998年版。

[6]《安徽文化史》编纂工作委员会编：《安徽文化史》，南京大学出版社2000年版。

[7]王钰欣等编：《徽州文书类目》，黄山书社2000年版。

[8][美]施坚雅主编，叶光庭等译：《中华帝国晚期的城市》，中华书局2000年版。

[9]梁其姿：《施善与教化：明清的慈善组织》，河北教育出版社2001年版。

[10]王振忠：《徽州社会文化史探微：新发现的16~20世纪民间档案文书研究》，上海社会科学院出版社2002年版。

[11]李琳琦：《徽商与明清徽州教育》，湖北教育出版社2003年版。

[12]王日根：《明清民间社会的秩序》，岳麓书社2003年版。

[13][日]滋贺秀三著，张建国、李力译：《中国家族法原理》，法律出版社2003年版。

[14]韩秀桃：《明清徽州的民间纠纷及其解决》，安徽大学出版社2004年版。

[15]赵华富：《徽州宗族研究》，安徽大学出版社2004年版。

[16]卞利：《明清徽州社会研究》，安徽大学出版社2004年版。

[17]那思陆：《清代中央司法审判制度》，北京大学出版社2004年版。

[18]唐力行：《徽州宗族社会》，安徽人民出版社2005年版。

[19]严桂夫、王国健：《徽州文书档案》，安徽人民出版社2005年版。

[20][日]夫马进著，伍跃、杨文信、张学锋译：《中国善会善堂史研究》，商务印书馆2005年版。

[21]那思陆：《清代州县衙门审判制度》，中国政法大学出版社2006年版。

[22]范金民等：《明清商事纠纷与商业诉讼》，南京大学出版社2007年版。

[23]刘道胜：《明清徽州宗族文书研究》，安徽人民出版社2008年版。

[24]杨国桢：《明清土地契约文书研究》，中国人民大学出版社2009年版。

[25]阿风：《明清时代妇女的地位与权力——以明清契约文书、诉讼档案为中心》，社会科学文献出版社2009年版。

[26]张晋藩：《中国法律的传统与近代转型》，法律出版社2009年版。

[27][日]中岛乐章著，郭万平、高飞译：《明代乡村纠纷与秩序：以徽州文书为中心》，江苏人民出版社2010年版。

[28]瞿同祖：《中国法律与中国社会》，商务印书馆2010年版。

[29]陈瑞：《明清徽州宗族与乡村社会控制》，安徽大学出版社2013年版。

[30]黄宗智：《清代的法律、社会与文化：民法的表达与实践》，法律出版社2014年版。

[31]费孝通：《乡土中国 生育制度 乡土重建》，商务印书馆2015年版。

[32]唐力行：《延续与断裂：徽州乡村的超稳定结构与社会变迁》，商务印书馆2015年版。

[33]胡恒：《皇权不下县？——清代县辖政区与基层社会治理》，北京师范大学出版社2015年版。

[34]彭信威：《中国货币史》，上海人民出版社2015年版。

[35]阿风：《明清徽州诉讼文书研究》，上海古籍出版社2016年版。

[36]费成康主编：《中国的家法族规》，上海社会科学院出版社2016年版。

[37]张小坡：《旅外徽州人与近代徽州社会变迁研究》，中华书局2018年版。

三、学术论文

[1]刘序功：《略谈清初徽州的所谓“奴变”》，《史学工作通讯》1957年第1期。

[2]卞利：《明清徽州民俗健讼初探》，《江淮论坛》1993年第5期。

[3]陈柯云：《明清徽州宗族对乡村统治的加强》，《中国史研究》1995年第3期。

[4]卞利：《明代徽州的地痞无赖与徽州社会》，《安徽大学学报》（哲学社会科学版）1996年第5期。

[5]范金民：《清代江南会馆公所的功能性质》，《清史研究》1999年第2期。

[6]范金民：《清代徽州商帮的慈善设施——以江南为中心》，《中国史研究》1999年第4期。

[7][韩]权仁溶：《从祁门县“谢氏纷争”看明末徽州的土地丈量与里甲制》，《历史研究》2000年第1期。

[8]王振忠：《晚清徽州民众生活及社会变迁——〈陶甓公牍〉之民俗文化解读》，《徽学》2000年卷，安徽大学出版社2001年版。

[9][日]中岛乐章：《围绕明代徽州一宗族的纠纷与同族统合》，《江淮

论坛》2000年第2、3期。

[10]谢宏维：《清代徽州棚民问题及应对机制》，《清史研究》2003年第2期。

[11][日]中岛乐章：《清代徽州的山林经营、纷争及宗族形成——祁门三四都凌氏文书研究》，《江海学刊》2003年第5期。

[12][韩]金仙憓：《从祁门县“谢氏诉讼”看明代中期徽州的诉讼处理和里老》，《上海师范大学学报》（哲学社会科学版）2005年第4期。

[13]黄宗智：《集权的简约治理：中国以准官员和纠纷解决为主的半正式基层行政》，载黄宗智主编：《中国乡村研究》第五辑，福建教育出版社2007年版。

[14]陈瑞：《明清时期徽州宗族内部的社会秩序控制》，《安徽师范大学学报》（人文社会科学版）2007年第2期。

[15]陈瑞：《明清时期徽州宗族对社会问题的控制》，《中国农史》2007年第4期。

[16]张萍：《清代徽州民间社会秩序初探——以清康熙三十二年一佃仆纠纷为例》，《淮南师范学院学报》2008年第1期。

[17]春杨：《清代民间纠纷调解的规则与秩序——以徽州私约为中心的解读》，《山东大学学报》（哲学社会科学版）2008年第2期。

[18]郑小春：《明清徽州宗族与乡村治理：以祁门康氏为中心》，《中国农史》2008年第3期。

[19]郑小春：《清代徽州的民间合约与乡村治理》，《安徽大学学报》（哲学社会科学版）2009年第1期。

[20]卞利：《明清时期徽州的宗族公约研究》，《中国农史》2009年第3期。

[21]陈瑞：《明清时期徽州宗族内部合同条约的控制功能》，载《徽学》第六卷，安徽大学出版社2010年版。

[22]郑小春：《地方志所见太平天国时期的徽州团练》，《广州大学学报》（社会科学版）2011年第3期 。

[23]张小坡：《民国时期旅外徽州人所办刊物与改造徽州社会的舆论动员》，《安徽大学学报》（哲学社会科学版）2011年第4期。

[24]童旭、丁亚兰：《论清代徽州禁约合同——兼议与禁约告示、禁约碑之区别》，《西南政法大学学报》2013年第5期。

[25]陈瑞：《明清时期徽州保甲组织的职能发挥及其影响因素》，载常建华主编：《中国社会历史评论》第十四卷，天津古籍出版社2013年版。

[26]梅立乔：《兵祸与文化传承——以晚清徽州为例》，《山西大学学报》（哲学社会科学版）2014年第2期。

[27]陈云朝、童旭：《论清代徽州禁约合同——以俞藏48件徽州禁约文书为中心》，《安徽师范大学学报》（人文社会科学版）2014年第4期。

[28]王灿：《〈陶甓公牍〉视野下的晚清徽州社会探析》，《运城学院学报》2014年第4期。

[29]刘道胜：《清末保甲编制与村族社会治理——基于光绪年间徽州三种保甲册的考察》，《安徽师范大学学报》（人文社会科学版）2015年第5期。

[30]郑小春：《谱牒纷争所见明清徽州小姓与望族的冲突》，《安徽大学学报》（哲学社会科学版）2016年第3期。

[31]张萍：《晚清徽州的绅商冲突——以〈陶甓公牍〉中记载的屯溪水灾救助纠纷为例》，《温州大学学报》（社会科学版）2017年第2期。

[32]卜宪群：《中国古代“治理”探义》，《政治学研究》2018年第3期。

[33]陈瑞：《明清徽州官府和社会力量对停丧不葬问题的管控与治理》，《安徽大学学报》（哲学社会科学版）2019年第5期。

[34]张佩国：《徽州茶商与地方善举——清末民初屯溪公济局个案研究》，《学术界》2019年第8期。

[35]王振忠：《晚清民国徽州的日常生活与乡村治理——以稿本〈开检可观〉为例》，《安徽大学学报》（哲学社会科学版）2020年第1期。

后　记

本书是在我的博士学位论文《清末民初徽州民间纠纷及其治理研究（1840—1928）——以徽州文书为中心的考察》的基础上修改、补充而成的，是我硕博阶段关于徽学研究方面的一点体会和总结。

我对徽学研究的兴趣起源于2003年在厦门大学求学时期。那时为了完成学科作业，进入厦门大学图书馆查找资料时偶然翻到王钰欣、周绍泉主编的《徽州千年契约文书》，发现里面有很多有趣的文书资源，便慢慢沉下心来细细抄阅，并将自己的研究兴趣跟导师王日根教授及时交流。王老师非常支持我做徽州文书研究，说这是块新领域肯定能大有作为。遗憾的是在我以此资料为基础完成硕士学位论文《从〈徽州千年契约文书〉看清代徽州民间纠纷和诉讼》后，便进入高校从事繁忙的辅导员与行政工作，徽学研究就此中断了八年，直至2014年又在王日根老师的鼓励和引荐下，投入安徽师范大学李琳琦老师门下攻读博士学位。

在确定博士学位论文选题时，我还是选择了自己以前的兴趣和方向，即以徽州地区为研究范围，以徽州文书为基础，广泛搜集徽学研究资料，以此来拓展我的研究领域。但时隔八年，重新拾起可想而知是如何艰难：一方面自己对学术研究动态和学术写作规范已然陌生，需要全部重新学起；另一方面繁琐的行政工作，每日的家庭琐事等常让我分身乏术，也愈益焦躁不安。李琳琦老师学术严谨，非常关爱学生，在我迷茫之际，他给了我宽阔的学术成长空间，让我可以调整心态，从收集资料做起，进入写作状态。为从纵向上准确把握清末民初“小徽州”本土民间纠纷主要内容及时代特色，我历时两年多，日日往返于安师大皖南历史文化研究中心与住所之间，开始了艰苦的资料收集和分类整理工作，在翻阅数十万份原始文书，以及大量方志、家谱、官方文集、征信录资料的基础上，整理出自明代至民国初年数百年中近五百份纠纷案例，为开展科学客观的研究夯实了基础。此外由于徽商经营的特殊性，在“无徽不成镇”的传统下，我又从横向上把徽商旅居之地之“大徽州”纳入本书研究范围，探究相同时空背景下“大小徽州”不同地域民间纠纷内容及宗族、徽商和官府的治理措施，由此我的博士学位论文也慢慢定型，并于2020年6月顺利通过博士答辩。博士毕业后，为了进一步开拓我的学术视野，我于2021年9月申请进入南京大学历史学院做访问学者，师从著名学者范金民教授，希望在范老师的指引下，能在学术方面有所突破和成长，此书的出版也是我访学经历中最大的收获。

本书出版过程中，获得安徽省哲学社会科学规划一般项目的资助。在资料收集过程中，我的导师李琳琦教授，安徽师范大学历史学院王世华教授、梁仁志教授，安徽师范大学图书馆董家魁研究员都曾给我极大的帮助，同门郭睿君、赵忠仲、李曼曼等人都曾给予我支持和鼓励。安徽师范大学出版社编辑翟自成、蒋璐认真审校了本书，给我提供了很多修改建议，令本书增色不少，在此一并致谢。

此外我还要感谢我的家人，感激父母在我读博期间辛苦的付出，特别是我的母亲，为了支持我完成学业和本书出版，毫不犹豫地替我揽下照顾两个幼女的重担。感谢弟弟弟媳对我学业的支持，把母亲“分配”给我，他们自己却在上班与照顾孩子之间分外忙碌。感谢爱人汪剑良先生对我的理解、呵护及对家庭的付出！因为有你们，我才可以在工作之余专心学业，才可以有一个一个微小的满足与收获！

张　萍

2021年10月